潛夫論

〔漢〕王符 撰
〔清〕汪繼培 箋

齊魯書社
·濟南·

圖書在版編目（CIP）數據

潛夫論 / (漢) 王符撰 ; (清) 汪繼培箋. -- 濟南 : 齊魯書社, 2024. 9. -- (《儒典》精粹). -- ISBN 978-7-5333-4930-1

Ⅰ. B234.93

中國國家版本館CIP數據核字第2024MP4651號

責任編輯　劉　强　馬素雅
裝幀設計　亓旭欣

潛夫論

QIAN FU LUN

〔漢〕王符　撰　〔清〕汪繼培　箋

主管單位	山東出版傳媒股份有限公司
出版發行	齊魯書社
社　　址	濟南市市中區舜耕路517號
郵　　編	250003
網　　址	www.qlss.com.cn
電子郵箱	qilupress@126.com
營銷中心	（0531）82098521　82098519　82098517
印　　刷	山東臨沂新華印刷物流集團有限責任公司
開　　本	880mm × 1230mm　1/32
印　　張	18.25
插　　頁	3
版　　次	2024年9月第1版
印　　次	2024年9月第1次印刷
標準書號	ISBN 978-7-5333-4930-1
定　　價	148.00圓

《〈儒典〉精粹》出版説明

《儒典》是對儒家經典的一次精選和萃編，集合了儒學著作的優良版本，展示了儒學發展的歷史脉絡。其中，《義理典》《志傳典》共收録六十九種元典，由齊魯書社出版。鑒於《儒典》采用套書和綫裝的形式，部頭大，價格高，不便於購買和日常使用，我們决定以《〈儒典〉精粹》爲叢書名，推出系列精裝單行本。

叢書約請古典文獻學領域的專家學者精選書目，并爲每種書撰寫解題，介紹作者生平、内容、版本流傳等情况，文簡義豐。叢書共三十三種，主要包括儒學研究的代表性專著和儒學人物的師承傳記兩大類。版本珍稀，不乏宋元善本。對於版心偏大者，適度縮小。爲便於檢索，另編排目録。不足之處，敬請讀者朋友批評指正。

齊魯書社

二〇二四年八月

《〈儒典〉精粹》書目（三十三種三十四册）

孔氏家語	荀子集解	孔叢子
春秋繁露	春秋繁露義證	鹽鐵論
新序	揚子法言	白虎通德論
潛夫論	中説	太極圖説　通書
龜山先生語録	張子語録	傳習録
張子正蒙注	先聖大訓	近思録
四存編	孔氏家儀	帝範
帝學	温公家範	文公家禮
聖門禮樂誌	東家雜記	孔氏祖庭廣記
伊洛淵源録	伊洛淵源續録	國朝漢學師承記
國朝宋學淵源記	孔子編年	孟子年表

解題

潛夫論十卷，漢王符撰，清汪繼培箋，清嘉慶二十二年刻湖海樓叢書本

王符字節信，安定臨涇（今甘肅鎮原）人。與馬融、竇章、張衡、崔瑗等友善，約生活在東漢和帝、安帝、順帝、桓帝時。王符耿介不同於流俗，志意藴憤，隱居著書三十餘篇，以譏時政得失，不欲彰顯其名，故稱《潛夫論》，指訐時短，討謫物情，足以見當時風政。傳見《後漢書》本傳。

《潛夫論》一書，三十五篇，敘録一篇，共三十六篇，略符《後漢書·王符傳》所舉之數。《隋書·經籍志》以下皆著録爲十卷，蓋相承舊本皆如此。宋、元刻本今已不可見。明代刊鈔諸本，訛奪錯簡，棼如散絲。至清汪繼培爲校箋，始厘然可讀。

汪繼培字厚叔，一字因可，號蘇潭，浙江蕭山人，汪輝祖子。清嘉慶十年（一八〇五）進士，官吏部主事。輯《尸子》三卷，箋校《潛夫論》九卷行世。

汪繼培箋校《潛夫論》以元大德刻本爲底本，校以明程榮本、何鏜（實爲何允中）本，以及《群書治要》《元和姓纂》《太平御覽》《路史》諸書所引，復采獲盧文弨、王宗炎、王紹蘭諸家之説，詳加校訂，疏證其義。今《潛夫論》元大德本已不見，祇能通過汪繼培此書略知仿佛。《潛夫論箋》問世之後，得到學者較高的評價。王紹蘭《潛夫論箋序》稱：『汪主事因可績學超奇，通心而敏，會萃舊刻，網羅佚聞，宏罶雅言，審定文讀。』陳春《湖海樓叢書序》稱『吏部（汪繼培曾官吏部主事）方箋釋《鹽鐵》《潛夫》二論，鈎稽乙注，眇極藺絲』。

李振聚

目録

嘉慶丁丑仲夏

潛夫論汪氏箋

蕭山湖海樓陳氏雕版

潛夫論三十五篇行世本譌奪錯簡棼如亂絲范史
所載僅五篇又經蔚宗刪改元和姓纂太平御覽路
史諸書每有徵引淮別滋多唐宋以來久無善本求
是去非蓋其難也昔者吾友汪主事因可績學超奇
通心而斂會萃舊刻網羅佚聞宏覽雅言審定文讀
草創於嘉慶己巳庚午閒時紹蘭譴謫家居晨夕化
我耳剽緒言頗詳辛未服闋握手河干方諄諄以鹽
鐵論託其校勘答言纔就是書續行屬草鄭重而別
江關閒闊忽忽者七八年紹蘭奉職無狀罷官歸而
因可墓有宿草鍵戶省愆故人長往庭高門雀不復

聞空谷足音矣一日陳子東爲告以因可書久歲已
爲代謀剞劂因昕之書而屬之叙愛而讀之竊恚因
可豐於學齋於年又喜其能以書行延其年東爲愛
因可莫能[illegible]年而能行其書以延其年皆可貴也
它日徧讀之歎其解謬達恉傳信闕疑博訪通人致
精極覈且能規節信之過而理董之自衡曰雙宗鄭
申毛之義意在斯乎惟采及芻言是謂狐裘羔袖
如斷訟篇誅率公羊隱五年衛師入盛傳君將不言
率師書其重者也何休注云分別之者責元帥當時
未舉以相告又如志氏姓篇蘽疑是裘尚有風俗通

裴氏伯翁之後見後漢書桓帝紀注亦未引證則紹蘭之疏略可知今索居多暇溫尋舊文又得如干條要皆淺說謬言無裨百一九原不作質正未由紹蘭竊自惟質鈍學荒罕問揚雄奇字之亭莫窺蔡邕異書之帳又無西州漆簡之授徒諷南閣篆文之遺深慕禮堂寫定之勤殊媿任城墨守之陋是以瑟縮經年不能下筆東爲款迫不已重其嗜古籍竺故交迺略書原委附錄鄙說於後勉副盛心焉嘉慶己卯秋七月王紹蘭序

浮侈篇於彈外不可以禦寇內不足以禁鼠　於

當爲其太平御覽兵部引作其彈外不可禦盜內不足禁鼷鼠

挍飾車馬多畜奴婢　鹽鐵論散不足篇今富者連車列騎驂貳輜軿中者微輿短轂煩尾掌蹄夫一馬伏櫪當中家六口之食亡丁男一人之事又云今庶人富者銀黃華璲結綏韜杠中者錯鑣塗采珥靳飛軨又云今縣官多畜奴婢坐稟衣食私作產業爲姦利百姓無斗筲之儲官奴累百金黎民昏晨不釋事奴婢垂拱敖游也此車馬奴婢浮侈之證

王符潛夫論行於今者有明程榮本何鏜本何本出於程不爲異同別有舊本與白虎通德論風俗通義合刻風俗通義卷首題云大德新刊三書出於同時蓋元刻也元刻文字視程本爲勝邊議巫列相列夢列釋難諸篇僞編脱亂不如程本其務本遏利愼微交際明忠本訓德化志氏姓諸篇各本脱亂並同以意屬讀得其端緒因復是正文字疏證事辭依採經書爲之箋註謹案王氏精習經術而達於當世之務其言用人行政諸大端皆按切時勢令今可行不爲卓絕詭激之論其學折中孔子而復涉獵於申商刑

名韓子雜說未爲醇儒然猶以邊隅一縫掖閔俗陵
替發憤增歎未能涉大廷與論議以感動人主又不
得典司治民以效其能獨蓄大道托之空言斯賈生
所爲太息次公以之畧觀者已是本以元刻爲據其
以別本及他書所引改補者曰舊作某據某本某書
改舊脫某據某本某書補其以已意改補者止曰舊
脫某舊作某采獲衆說各稱名以別之嘉慶十有九
年歲在甲戌三月汪繼培序

潛夫論目錄

潛夫論卷第一

蕭山汪繼培箋

讚學第一

天地之所貴者人也（孝經子曰天地之性人爲貴春秋繁露人副天數篇云天地之精所以生物者莫貴於人荀子王制篇云水火有氣而無生草木有生而無知禽獸有知而無義人有氣有生有知亦且有義故最爲天下貴也）聖人之所尚者義也（論語子曰君子義以爲上尚與上通）德義之所成者智也明智之所求者學問也（漢書董仲舒傳云彊勉學問則聞見博而知益明知與智通）雖有至聖不生而知（論語子曰我非生而知之者好古敏以求之者也）雖有至材不生而能（說苑建本篇子思曰學所以益才也）故志曰黃帝師風后（史記五帝紀云黃帝舉風后）顓

頊師老彭帝嚳師祝融鄭語史伯云黎爲高辛氏火正以淳燿敦大天明地德光照四海故命之曰祝融韋昭注高辛帝嚳黎顓頊之後也堯師務成白虎通辟雍篇云帝堯師務成子按荀子大略篇云堯學於君疇舜學於務成昭新序雜事五又作務成跗舜師紀后禹師墨如盧學士文弨云墨如疑是墨台繼培按路史後紀四云禹有天下封怡以紹烈山是爲默台國名紀一云怡一曰默怡卽墨台禹師墨如或云墨台湯師伊尹呂氏春秋尊師篇云湯師小臣高誘注小臣謂伊尹白虎通云湯師伊尹文武師姜尚呂氏春秋云文王武王師呂望白虎通云文王師呂望武王師尚父史記齊世家云太公望呂尚者本姓姜氏從其封姓故曰呂尚周公師庶秀孔子師老聃白虎通云孔子師老聃若此言之而信則人不可以不就師矣昭十九年穀梁傳云羈貫成童不就師傅父之罪也夫此十一君者皆上聖也猶待學問其智乃博其德

乃頑博碩韻淮南子泰族訓云人莫不知學之有益于已也然而不能者嬉戲害人也人皆多以無用害有用故智不博而日不足詩簡兮云碩人俁俁毛傳碩人大德也而況於凡人乎呂氏春秋云此十聖人六賢者未有不尊師者也今尊不至于帝智不至于聖而欲無尊師奚由至哉新序云此十一聖人未遭此師則功業不著乎天下名號不傳乎千世此言十一君名與新序同是故工欲善其事必先利其器論語士欲宣其義必先讀其書舊作智据魏徵羣書治要改孟子云誦其詩讀其書說文云讀誦書也易曰君子以多志前言往行以畜其德大畜象詞志王弼本作識釋文云劉作志按周禮保章氏鄭康成注云志古文識是以人之有學也猶物之有治也韓詩外傳二云玉不琢不成器人不學不成行家有千金之玉不知治猶之貧也良工宰之則富及子孫君子學之則爲國用故夏后之璜定四年左傳云分魯公以夏后氏之璜淮南子精神訓云有夏

后氏之璜者匣匱而藏之寶之至也 楚和之璧 韓非子和氏篇云楚人和氏得玉璞文王使玉人理其璞而得寶焉遂命曰和氏之璧 雖有玉璞卞和之資 史記鄒陽傳云卞和獻寶 不琢不錯 說文云厝厲石也經典多假借用錯 不離礫石 楚辭惜誓云相與貴夫礫石王逸注小石爲礫 夫瑚簋之器 哀十一年左傳云胡簋之事杜注胡簋禮器名夏曰胡周曰簋按禮記明堂位云殷之六瑚周之八簋 朝祭之服其始也乃出野之木蠶繭之絲耳 禮記月令云蠶事既登分繭稱絲效功以共郊廟之服說文云繭蠶衣也絲蠶所吐也 使巧倕 山海經海內經云義均是始爲巧倕是始作下民百巧書堯典作垂 加繩墨而制之以斤斧女工加五色而制之以機杼則皆成宗廟之器黼黻之章 鹽鐵論殊路篇云孔子曰觚不觚觚哉觚哉故人事加則爲宗廟器淮南子說林訓云黼黻之美在于杼軸羣書治要載尸子勸學篇云夫繭舍而不治

則腐蠹而棄使女工纈之以爲美錦大君服而朝之可羞於鬼神可御於王公羞舊作著據治要改隱三年左傳云可羞于王公可薦于鬼神而況君子敦貞之質察敏之才大戴禮五帝德云長而敦敏攝之以良朋詩既醉云朋友攸攝常棣云每有良朋教之以明師漢書董仲舒傳云興太學置明師以養天下之士文之以禮樂論語導之以詩書讚之以周易明之以春秋治要讚上有幽字王先生宗炎云明下有脫字當與幽讚對其不有濟乎有字舊脫據治要補程本作不有晉語胥臣曰質將善而賢良贊之則濟可俟詩云題彼鶺鴒載飛載鳴我日斯邁而月斯征夙興夜寐無忝爾所生小宛鶺鴒今作脊令是以君子終日乾乾進德修業者易乾文言非直爲博已而已也淮南子精神訓高誘注直猶但也博已即論語言博我蓋乃思述

祖考之令問而以顯父母也孝經云立身行道揚名于後世以顯父母引大雅云無念爾祖聿修厥德按毛傳云聿述孔子曰吾嘗終日不食終夜不寢以思無益不如學也耕也餒在其中學也祿在其中矣君子憂道不憂貧論語箕子陳六極書洪範國風歌北門詩衛風故所謂不憂貧也豈好貧而弗之憂邪蓋志有所專昭其重也是故君子之求豐厚也僖廿四年左傳云豐厚可也非爲嘉饌美服淫樂聲色也莊子至樂篇云所樂者身安厚味美服好色音聲也乃將以底其道孫侍御志祖云底與致同論語云君子學以致其道而邁其德也莊八年左傳夏書曰皐陶邁種德夫道成於學而藏於書學進於振而廢於窮王侍郎紹蘭云振當作賑說文云賑富也賑窮對文下文

家富也身貧也是其證是故董仲舒終身不問家事見漢書凡史記兩漢書有列傳者云見某書者景君明經年不出戶庭漢書京房字君明賢難篇考績篇並稱京房景京古通用急就篇有景君明得銳精其學方言後劉子駿與揚雄書云經年銳精以成此書而顯昭其業者家富也富佚若彼而能勤精若此者漢書董仲舒傳云蓋三年不窺園其精如此呂氏春秋博志篇云蓋聞孔子墨翟晝日諷誦習業夜親見文王周公旦而問焉用志如此此其精也高誘注精微密也材子也文十八年左傳云有才子八人才與材通倪寬賣力於都巷巷當作養漢書云倪寬詣博士受業貧無資用常為弟子都養顏師古注都凡衆也養主給烹炊者也一切經音義六引蔡邕勸學注云傭賣力也匡衡自鬻於保徒者漢書云匡衡好學家貧庸作以供資用按鬻布傳云窮困賣庸于齊為酒家保孟康注保庸也可保信故謂之保身貧也貧阨若彼而能

進學若此者秀士也禮記王制云命鄉論秀士升之司徒當世學士漢書董仲舒傳云學士皆師尊之恒以萬計而究塗者爾雅釋言云究窮也究塗言非半塗而廢也無數十焉其故何也其富者則以賄玷精貧者則以乏易計或以喪亂朞其年歲朞疑稽之誤後漢書列女傳樂羊子妻曰稽廢時日此其所以逮初喪功而及其童蒙者也及疑反之誤荀子不苟篇云獨行而不舍則濟矣濟而材盡長遷而不反其初則化矣楊倞注既濟則材性自盡長遷不反其初謂中道不廢也王先生云逮疑違是故無董景之才倪匡之志而欲強捐身出家曠日師門者鹽鐵論相刺篇云七十子之徒去父母捐室家負荷而隨孔子漢書酷吏傳郅都曰已背親而出身固當奉職韓信傳云曠日持久後漢書桓榮傳顯宗報書云去家慕鄉求謝師門必無幾矣幾讀爲冀韓非子姦劫弑臣篇云負千鈞

之重陷於不測之淵而求生也必不幾矣
夫此四子者耳目聰明忠信廉勇未必無儔也
爾雅釋詁云仇匹也儔爲仇仇之假借
而及其成名立績
韓非子功名篇云明君之所以立功成名者四爾雅釋詁云績功也
德音令問不已
詩南山有臺云德音不已文王云令聞不已釋文聞音問漢北海淳于長夏承碑作令問不已
而有所以然夫何故哉
漢書賈誼傳云誼具道所以然之故
徒以其能自託於先聖之典經
禮記文王世子云凡始立學者必釋奠於先聖先師漢書蔡義傳云竊以聞道於先師自託於經術也後漢書胡廣傳云稽之典經
結心於夫子之遺訓也
禮記祭義云結諸心周語云必問於遺訓
是故造父疾趨百步而廢自
舊作而何本改作使並誤
託乘輿
孟子云今乘輿已駕矣
坐致千里水師泛軸
周語云水師監濯韋昭注水師掌水軸當作舳謂舳艫也說文云漢律名船方長爲舳艫王先生云軸車軸所

以持輪者也解維則溺方言云維之謂之鼎郭注繫船爲維自託舟楫坐濟江河是故君子者性非絕世善自託於物也荀子勸學篇云假輿馬者非利足也而致千里假舟檝者非能水也而絕江河君子生非異也善假於物也大戴禮勸學篇生作性韓非子姦劫弒臣篇云託於犀車良馬之上則可以陸犯阪阻之患乘舟之安持檝之利則可以水絕江河之難此託字所本人之情性未能相百而其明智有相萬也此非其眞性之材也必有假以致之也韓詩外傳四云人同材鈞而貴賤相萬者盡心致志也說苑建本篇云質性同倫而學問者智君子之性未必盡照史記李斯傳云陛下富於春秋未必盡通諸事徐廣曰通或宜作照及學也聰明無蔽心智無滯前紀帝王顧定百世荀子儒效篇云鄉也效門室之辨混然曾不能決也俄而原仁義分是非圖回天下於掌上而辨白黑豈不愚而知矣哉不苟篇云

君子箝後王之道而論於百王之前若端拜而議此則道之明也而君子能假之以自彰爾夫是故道之於心也猶火之於人目也墨子經說下篇云智以目見而目以火見中霄深室幽黑無見及設盛燭則百物彰矣禮記仲尼燕居云譬如終夜有求於幽室之中非燭何見此則火之燿也非目之光也而目假之則爲已明矣舊脫巳字依下文例補天地之道神明之爲易繫辭下傳云陰陽合德而剛柔有體以體天地之撰以通神明之德不可見也學問聖典心思道術荀子哀公篇孔子曰所謂士者雖不能盡道術必有率也禮記鄉飲酒義云古之學術道者將以得身也鄭注術猶藝也則皆來覩矣此則道之材也非心之明也而人假之則爲已知矣是故索物於夜室者莫良於火管子君臣上篇云猶

夜有求而得火也索道於當世者莫良於典典者經也太平御覽六百八引釋名云經徑也常典也先聖之所制先聖得道之精者以行其身欲賢人自勉以入於道故聖人之制經以遺後賢也漢書翼奉傳云臣聞之於師曰天地設位懸日月布星辰分陰陽定四時列五行以視聖人名之曰道聖人見道然後知王治之象故畫州土建君臣立律歷陳成敗以視賢者名之曰經賢者見經然後知人道之務則詩書易春秋禮樂是也譬猶巧倕之爲規矩準繩以遺後工也事物紀原七引尸子云古者倕爲規矩準繩使天下倣焉昔倕之巧目茂圓方茂當作成禮記仲尼燕居云目巧之室鄭注目巧謂但用巧目善意作室不由法度韓非子有度篇云巧匠目意中繩皆目成圓方之意心定平直又造規繩矩墨以誨後人試徐奚仲公班之徒定元年左傳云奚仲居薛以爲夏車正公班卽

禮記檀弓公輸般釋此四度而傚倕自制必不能也淮南子修務訓云無規矩雖奚仲不能以定方圓無準繩雖魯般不能以定曲直凡工妄匠□規秉矩空格程本作執蓋以意補之他皆倣此以錯準引繩說文云措置也經典多假借用錯則巧同於倕也韓非子用人篇云去規矩而妄意度奚仲不能成一輪廢尺寸而差短長王爾不能半中拙匠守規短尺寸則萬不失矣是故倕以其心來制規矩舊脫故字其字依下文例補後工以規矩以上五字舊脫盧學士補往合倕心也故度之工度上脫一字王先生云疑脫信字孟子云工不信度幾於倕矣王先生云幾上疑脫巧字先聖之智心達神明性直道德又造經典漢書孫寶傳云著於經典以遺後人試使賢人君子釋於學問抱質而行淮南子繆稱訓云懷情抱質必弗具也及使從師就學按經

而行後漢書班彪後固傳東都賦云案六經而校德李固傳云俯案經典按典案通依也聰達之明德義之理亦庶矣是故聖人以其心來造經典造程本作就後人以經典以上五字盧補往合聖心也舊脫也字依上文例補故修經之賢漢書儒林傳序云諸儒始得修其經學德近於聖矣詩云高山仰止景行行止車舝日就月將學有緝熙於光明敬之是故凡欲顯勳績揚光烈者書立政云以覲文王之耿光以揚武王之大烈漢書外戚傳班倢伃賦云揚光烈之翕赫兮莫良於學矣

務本第二

凡為治之大體治舊作人据治要改北堂書鈔卅九引亦作治韓非子有大體篇漢書鼂錯傳云明於國家之大體莫善於抑末而務本莫不善於離本而

飾末呂氏春秋孝行覽云凡爲天下治國家必務本而後末夫爲國者以富民爲本管子治國篇云凡治國之道必先富民民富則易治也民貧則難治也以正學爲□禮記學記云古之王者建國君民敎學爲先史記儒林傳轅固曰公孫子務正學以言無曲學以阿世坌格程本作基民富乃可教論語冉有曰既富矣又何加焉子曰敎之說苑建本篇河閒獻王曰管子稱倉廩實知禮節衣食足知榮辱夫穀者國家所以昌熾士女所以姣好禮義所以行而人心所以安也尚書五福以富爲始子貢問爲政孔子曰富之既富乃敎之也此治國之本也漢書食貨志云食足貨通然後國實民富而教化成學正乃得義民貧則背善鄧析子無厚篇云凡民有穿窬爲盜者有詐僞相迷者此皆生於不足起於貧窮學淫則詐僞呂氏春秋知度篇云至治之世其民不好淫學流說高誘注不學正道爲淫學入學則不亂得義則忠孝故明君之法務此二者以爲成太平之基

致休徵之祥禮記仲尼燕居云天下太平書洪範曰休徵漢書董仲舒傳云諸福之物可致之祥莫不畢至楚元王傳劉向封事云百異消滅而衆祥並至太平之基萬世之利也藝文類聚五十二引此文祥作隆夫富民者以農桑爲本以游業爲末管子五輔篇云明王之務在於強本事去無用然後民可使富治國篇云先王知衆民強兵廣地富國之必生於粟也故禁末作止奇巧而利農事牧民篇云務五穀則食足養桑麻育六畜則民富漢書文帝紀二年詔曰農天下之大本也民所恃以生也而民或不務本而事末故生不遂昭帝紀元平元年詔曰天下以農桑爲本百工者以致用爲本易繫辭上傳云備物致用立成器以爲天下利以巧飾爲末周禮司市凡市偽飾之禁在工者十有二胥師察其詐偽飾行儥慝者鄭注云謂飾行儥慝謂使人行賣惡物於市巧飾之令欺誑買者禮記月令云毋或作爲淫巧鄭注淫巧謂偽飾不如法也商賈者以通貨爲本周禮太宰九職任萬民六曰商賈阜通貨賄以鬻奇爲

末類聚貨作乏奇作貨按漢書食貨志云通財鬻貨曰商三者守本離末則民富離本守末則民貧貧則阨而忘善富則樂而可教教訓者以道義爲本以巧辯爲末辭語者以信順爲本以詭麗爲末漢書揚雄傳云諸子各以其知舛馳大氐詆訾聖人即爲怪迂析辯詭辭以撓世事雖小辯終破大道而或眾王襃傳云辭賦大者與古詩同義小者辯麗可喜列士者若子大畧篇云子贛季路故鄙人也被文學服禮義爲天下列士風俗通論士云列士百不易之分見意林以孝悌爲本論語云子貢問士子曰宗族稱孝焉鄉黨稱弟焉以交遊爲末禮記曲禮云交遊稱其信也孝悌者以致養爲本禮記祭義曾子曰眾之本教曰孝其行曰養以華觀爲末孟子云非直爲觀美也人臣者以忠正爲本六韜盈虛篇云吏忠正奉法者尊其位淮南子主術訓云人主貴正而尚忠忠正在上位執正

營事則讒佞姦邪無由進矣以媚愛爲末晉語云其臣競諂以求媚詩假樂云媚於天子鄭箋媚愛也五者守本離末則仁義興離本守末則道德崩興崩韻愼本略末猶可也舍本務末則惡矣夫用天之道分地之利孝經六畜生於時百物聚於野此富國之本也管子立政篇云桑麻殖於野五穀宜其地六畜育於家瓜瓠葷菜百果備具國之富也游業末事以收民利昭廿六年左傳云大夫不收公利後漢書朱暉傳云往來市珍寶收采其利此貧邦之原也兩也字並據治要補忠信謹愼此德義之基也虛無譎詭此亂道之根也故力田所以富國也漢書文帝紀十二年詔曰力田爲生之本也今民去農桑赴游業披采衆利聚之一門雖於私家有富然公計愈貧矣管子治國

篇云民舍本事而事末作則田荒而國貧矣禁藏篇云民多私利者其國貧百工者所使備器也考工記云審曲面埶以飭五材以辨民器謂之百工器以便事爲善鹽鐵論國病篇云器足以便事以膠固爲上爾雅釋詁云膠固也今工好造彫琢之器漢書王吉傳云古者工不造琱瑑商不通侈靡彫琢義與琱瑑同淮南子齊俗訓云車輿極於雕琢器用逐於刻鏤巧僞飭之以欺民取賄漢書禮樂志云桑閒濮上鄭衛宋趙之聲並出巧僞因而飾之以營亂富貴之耳目庶人以求利列國以相閒巧僞飭之治要作僞飾之巧其義亦通見上以巧飾爲末句注雖於姦工有利而國界愈病矣商賈者所以通物也以上二十字舊脫據治要補界當依上下文作計計界聲相近漢書地理志琅邪郡計斤顏師古注即春秋左傳所謂介根也語音有輕重此其其比也白虎通商賈篇云商之爲言商也商其遠近度其有亡通四方之物故謂之商也賈之爲言固也固其有用之物以待民來以求其利

者也物以任用爲要以堅牢爲資禮記月令云命工師效功必功致爲上淮
南子時則訓作堅致爲上高誘注堅致功牢也鹽鐵論力耕篇云工致牢而不僞今商競鶩
無用之貨尚書大傳云聖人在位其商不通無用之物淫侈之幣淫下舊有極字
卽淫之駁文据治要刪以惑民取產雖於淫商有得然國計愈
失矣後漢書桓譚傳注引東觀漢記載譚言云賈人多通侈靡之物羅紈綺繡雜綵玩好以淫人耳
目而竭盡其財是爲下樹奢媒而置貧本也求人之儉約富足何可得乎齊策云爲國計者過矣高誘注
過誤失也此三者外雖有勤力富家之私名漢書高帝紀云不能治產
業不如仲力服虔曰力勤力也疏廣傳云令子孫勤力其中易家人六四富家大吉然內有損
民貧國之公實治要作費故爲政者明督工商勿使淫僞
困辱游業勿使擅利史記平準書云高祖令賈人不得衣絲乘車重租稅以困辱之

寬假本農而寵遂學士（晉語云通商寬農漢書翟方進傳云可少寬假使遂其功名此以寬假寵遂連言蓋即本於彼）則民富而國平矣夫教訓者所以遂道術而崇德義也今學問之士好語虛無之事（漢書揚雄傳贊桓譚曰昔老聃著虛無之言兩篇薄仁義非禮學然後世好之者尚以為過於五經）爭著彫麗之文（後漢書樊宏後準傳云儒者競論浮麗）以求見異於世品人鮮識（品人猶言衆人晏子春秋外篇云今品人飾禮煩事羨樂淫民崇死以害生三者聖王之所禁也）鍵而高之此傷道德之實而或矇夫之大者也（論衡量知篇云人未學問曰矇或與惑通稷本作惑）詩賦者所以頌善醜之德（周禮太師鄭注頌之為言誦也容也）洩哀樂之情也故溫雅以廣文（漢書揚雄傳云司馬相如作賦甚弘麗溫雅）興喻以盡意（周禮太師注興見今之美嫌於媚諛取善

事以喻勸之 今賦頌之徒苟爲饒辯屈蹇之辭 饒疑撓之誤淮南子齊俗訓云詆文者處煩撓以爲慧爭爲佹辯久稽而不訣 競陳誣罔無然之事以索見怪於世愚夫戇士 說文云戇愚也淮南子氾論訓云愚夫惷婦高誘注惷亦愚無知之貌也惷與戇通 從而奇之此悖孩童之思 說文云誖亂也或从心作悖孟子云孩提之童 而長不誠之言者也 韓非子難二云言語辯聽之說不度於義者必不誠之言也史記高祖紀云人乃以嫗爲不誠 盡孝悌於父母正操行於閨門 盡舊作內据治要改鹽鐵論孝養篇云閨門之內盡孝焉閨門之外盡悌焉 所以爲列士也 舊脫爲字列作烈据治要補改 今多務交游以結黨助偷世竊名 世治要作勢按管子牧民篇云偷取一世韓非子詭使篇云巧言利辭行姦軌以倖偷世者數御世字似不誤 以取濟渡 濟渡以涉水爲喻詩匏有苦葉毛傳舟子舟人主濟渡 夸末

之徒從而尚之此逼貞士之節漢書匈奴傳贊云城郭之固無以異於貞士之約王先生云逼疑違而眩世俗之心者也眩舊作衒据治要改淮南子原道訓高誘注眩惑也養生順志所以爲孝也禮記內則曾子曰孝子之養老也樂其心不違其志樂其耳目安其寢處以其飲食忠養之孟子云曾子養曾晳必有酒肉將徹必請所與問有餘必曰有若曾子則可謂養志也今多違志儉養約生以待終韓詩外傳一曾子曰窘其身而約其親者不可與語孝終沒之後乃崇飭喪紀以言孝禮記月令云飭喪紀文王世子鄭注紀猶事也盛饗賓旅以求名晉語云禮賓旅韋昭注旅客也誣善之徒從而稱之此亂孝悌之真行而誤後生之痛者也鹽鐵論散不足篇云古者事生盡愛送死盡哀故聖人爲制節非虛加之今生不能致其愛敬死以奢侈相高雖無哀戚之心而厚葬重幣者則稱以爲孝顯名立於世光榮著於俗故

黎民相慕效至於發屋賣業羣書治要載崔寔政論云送終之家亦無法度至用檽梓黃腸多藏寶貨烹牛作倡高墳大寢是可忍也孰不可忍而俗人多之咸曰健子天下跂慕恥不相逮念親將終無以奉遺乃約其供養豫修亡殁之備老親之飢寒以事淫佚之華稱竭家盡業甘心而不恨後漢書趙咨傳云廢事生而榮終亡替所養而爲厚葬豈云聖人制禮之意乎意與此同**忠正以事君信法以理下所以居官也**魯語臧文仲曰居官者當事不避難**今多姦諛以取媚**昭七年左傳云從政有所反之以取媚也**撓法以便佞**漢書酷吏甯成傳云所愛者撓法活之所憎者曲法滅之論語云友便佞治要作玩法以便已**苟得之徒**舊脫徒字淮南子人閒訓云忠臣事君也計功而受賞不爲苟得繆稱訓云小人之從事也曰苟得君子曰苟義**從而賢之此滅貞良之行**史記秦始皇紀琅邪臺刻石辭云姦邪不容皆務貞良**而**舊脫**開亂危之原者也**舊脫者字据治要補**五者外雖有振**與震

同賢才之虛譽管子明法解云羣臣以虛譽進其黨內有傷道德之至實凡此八者皆衰世之務而闇君之所固也荀子王霸篇云闇君必將急逐樂而緩治國孔安國論語注固蔽也雖未卽於篡弒然亦亂道之漸來也夫本末消息之爭易豐彖曰與時消息爭疑事皆在於君非下民之所能移也夫民固隨君之好管子法法篇云凡民從上也不從口之所言從情之所好者也從利以生者也商子君臣篇云臣聞道民之門在上所先故民可令農戰可令游宦可令學問在上所與上以功勞與則民戰上以詩書與則民學問民之於利也若水於下也四旁無擇也民徒可以得利而爲之者此下舊有故君子曰一段凡二百卌七字今考定入過利篇是故務本則雖虛僞之人皆歸本居末則雖篤敬之人論語云行篤敬皆就末且凍餒之所在民不得

不去也溫飽之所在民不得不居也論語云富與貴是人之所欲也不以其道得之不處也貧與賤是人之所惡也不以其道得之不去也鹽鐵論褒賢篇論衡問孔篇刺孟篇高誘注呂氏春秋有度篇後漢書陳蕃傳處並作居漢書敘傳幽通賦云物有欲而不居兮亦有惡而不避用論語文抱朴子博喻篇亦云不以其道則富貴不足居故衰闇之世本末之人未必賢不肖也禍福之所下有脫字勢不得無然爾故明君莅國晏子春秋諫下云莅國子民必崇本抑末鹽鐵論本議篇云王者崇本退末之以遏亂危之萌此誠治之危漸當作治亂之漸危亂字形相近又誤倒之字於上也不可不察也

遏利第三

世人之論也靡不貴廉讓而賤財利焉及其行也多

釋廉甘利之於人文有脫誤王先生云疑是多釋廉而甘利釋舍通之於字衍人字屬下句徒知彼之可以利我也而不知我之得彼亦將爲利人也利人疑倒宜十四年左傳晏桓子曰貪必謀人謀人人亦謀己知脂蠟之可明鐙也說文云鐙錠也徐鉉曰錠中置燭故謂之鐙鐙燈正俗字而不知其甚多則冥之知利之可娛已也不知其稱而必有也文有脫誤疑當作不知其積而必有禍也襄廿八年左傳晏子曰利過則爲敗昭十年傳晏子謂桓子曰蘊利生孽皆此意也前人以病後人以競僖七年左傳云諺有之曰心則不競何憚於病此用其文楚辭離騷云衆皆競進而貪婪兮庶民之愚而衰闇之至也春秋繁露云民之皆趨利而不趨義也固其所闇也予故嘆曰何不察也願鑒於道勿鑒於水吳語申胥云王其盍亦鑒於人無鑒於水象以齒焚身蜂以珠

剖體襄廿四年左傳云象有齒以焚其身賄也淮南子說林訓云蜷象之病人之寶也高誘注蜷大
蛤中有珠象牙還以自疚故人得以爲寶本經訓云蟷蜂蠆高注蟷猶開也開以求珠也匹夫無
辜懷璧其罪桓十年左傳辜今作罪嗚呼問哉問疑闕無德而富
貴者固可豫弔也貴者二字舊空据程本補漢書景十三王傳贊云亡德而富貴謂之
不幸且夫利物莫不天之財也莫不猶言莫非周語芮良夫曰夫利百物之所
生也天地之所載也天之制此財也猶國君之有府庫也賦賞
奪與各有衆寡民豈得强取多哉故人有無德而富
貴是凶民之竊官位盜府庫者也終必覺覺必誅矣
盜人必誅況乃盜天乎得無受禍焉漢書朱博傳云得無不宜顏師
古注得無猶言無乃也鄧通死無簪見史記佞幸傳勝跪伐其身跪當作詭

公孫勝羊詭見史記梁孝王世家王先生云伐疑戕是故天子不能違天富無功諸侯不能違帝厚私勸王先生云私勸疑是私歡非違帝也非違天也帝以天爲制天以民爲心民之所欲天必從之襄卅一年左傳太誓云民之所欲天必從之是故無功庸於民而求盈者未嘗不力顛也周禮司勳國功曰功民功曰庸晉語穆子曰無功庸者不敢居高位王先生云力當作立周語高位實疾顛疾顛即立顛也繼培按力蓋危字之壞管子宙合篇云高爲其居危顛莫之救淮南子人閒訓云天下有三危少德而多寵一危也才下而位高二危也身無大功而受厚祿三危也呂氏春秋務大篇云嘗試觀於上志三王之佐其名無不榮者其實無不安者功大故也俗主之佐其欲名實也與三王之佐同其名無不辱者其實無不危者無功故也有勳德於民而謙損者未嘗不光榮也韓詩外傳八孔子曰天道虧盈而益謙地道變盈而

流謙鬼神害盈而福謙人道惡盈而好謙謙者抑事而損者也持盈之道抑而損之又云德行寬容而守之以恭者榮自古於今上以天子下至庶人至舊作止据程本改禮記大學云自天子以至於庶人蔑有好利而不亡者好義而不彰者也荀子榮辱篇云先義而後利者榮先利而後義者辱昔周厲王好專利見周語芮良夫諫而不入退賦桑柔之詩以諷毛傳序云桑柔芮伯刺厲王也言是大風也必將有隧舊作遂據班祿篇作隧與今詩同是貪民也必將敗其類王又不悟故遂流死於彘周語虞公屢求以失其國桓十年左傳公叔戍崇賄以為罪定十三年左傳桓魋不節飲食以見弒哀十四年左傳云宋桓魋之寵害於公公使夫人驟請享焉而將討之弒當為討王先生云公羊昭廿五年傳昭公謂子家駒曰季氏為無道僭於公室久矣吾欲弒之

何如是上殺下亦可謂之弑也
此皆以貨自亡用財自滅
老子云多藏必厚亡楚語云積貨滋多蓄怨滋厚不亡何待
楚鬬子文三爲令尹而有飢色妻子凍餒朝不及夕
子文舊作文子楚語云鬬子文三舍令尹無一日之積楚策莫敖子華曰令尹子文朝不謀夕
季文子相四君馬不餼粟妾不衣帛
成十六年左傳云季孫於魯相二君矣妾不衣帛馬不食粟杜注二君宣成襄五年季孫行父卒傳云季文子之忠於公室也相三君矣而無私積疏云行父以文六年見經則爲卿久矣宣八年仲遂卒後始文子得政故至今爲相三君也此云四君蓋并文公數之
子罕歸玉
襄十五年左傳
晏子歸宅
昭三年左傳按宅與夕帛韻
此皆能棄利約身
老子云絕巧棄利吳語云身自約也漢書王莽傳云克身自約論語云克己復禮爲仁馬融注克己約身也皇侃疏云言能自約儉己身
故無怨於人
禮記中庸云正己而不求於人則無怨鄭注無怨人無怨之者也論語云

放於利而行多怨世厚天祿論語云天祿永終令聞不止止疑亡伯夷叔齊餓於首陽論語白駒詩小雅介推僖廿四年左傳遯逃於山谷顏原公析顏回原憲公析哀也史記游俠傳云季次原憲讀書懷獨行君子之德義不苟合當世終身空室蓬戶褐衣疏食不厭死而已季次哀字也因饉於郊野守志篤固爾雅釋詁云篤固也秉節不虧寵祿不能固威勢不能移孟子云富貴不能淫貧賤不能移威武不能屈固疑回之誤回猶僻也昭卅一年左傳云不爲利回遹周書官人解云深導以利而心不移或云固讀爲蠱文夫人之蠱惑也雖有南面之尊易說卦傳云聖人南面而聽天下公侯之位德義有殆禮義不班班與辨通孟子云萬鍾則不辨禮義而受之撓志如芷負心若芬負當是熏易艮九三厲熏心馬融注熏灼其心漢書路溫舒傳云虛美熏心按熏籀文作𤑔𤑔負字形相近固弗爲也

故雖有四海之主弗能與之方名列國之君不能與之鈞重荀子儒效篇云彼大儒者雖隱於窮閻漏室無置錐之地而王公不能與之爭名禮記投壺鄭注鈞猶等也守志於□程本作一廬之內而義溢乎九州之外信立乎千載之上而名傳乎百世之際孟子云奮乎百世之上百世之下聞者莫不興起也故君子曰君字疑誤財賄不多衣食不贍聲色不妙威勢不行非君子之憂也行善不多申道不明節志不立德義不彰君子恥焉是以賢人智士之於子孫也呂氏春秋察微篇云智士賢者厲之以志弗厲以詐詐字與下複何本作辭按三畧云厲之以辭勸之以正弗勸以詐示之以儉弗示以奢禮記檀弓曾子曰國奢則示之以儉貽之以言弗貽以財說苑

雜言篇晏子曰吾聞君子贈人以財不若以言是故董仲舒終身不問家事而疏廣不遺賜金並見漢書疎漢書作疏廣韻六魚疏字注云疏姓漢有太子太傅東海疏廣俗作疎按晉書束晳傳云漢太子太傅疎廣之後也王莽末廣曾孫孟達避難自東海徙居沙鹿山南因去疏之足遂改姓焉是漢時已以疏為疎矣子孫若賢不待多富若其不賢則多以徵怨漢書疏廣傳云賢而多財則損其志愚而多財則益其過且夫富者衆之怨也吾既亡以教化子孫不欲益其過而生怨昭卅二年左傳云無徵怨於百姓杜注徵召也故曰無德而賄豐禍之胎也昔曹羈有言守天之聚必施其德義德義弗施聚必有闕晉語僖負羈言於曹伯曰守天之聚將施於宣宜而不施聚必有闕韋昭注宜義也今□程本□作或家賑而貸之爾雅釋言云賑富也遺賑貧窮恤矜疾苦周禮大司徒以保息六安萬民三曰振窮四曰恤貧五曰

寬疾鄭注振窮拼捄天民之窮者也昭十四年左傳云分貧振窮長孤幼養老疾杜注振救也振聲誤爲賑漢書文帝紀元年詔曰其議所以振貸之顏師古注振起也諸振救振贍其義皆同今流俗作字從貝者非也則必不□程本作久居富矣句有誤字說苑雜言篇孔子曰夫富而能富人者欲貧而不可得也說叢篇云賑窮救急何患無有易曰天道虧盈以冲謙謙象詞以冲王弼本作而益故以仁義□於彼者天賞之於此空格程本作費以仁義舊作仁以義按墨子天志中云此仁也義也愛人利人順天之意得天之賞者也此文本之襄廿八年左傳叔孫穆子曰善人富謂之賞以邪取於前者衰之於後是以持盈之道挹而損之見上挹與抑同則亦舊作不可以免於亢龍之悔乾坤之愆矣乾上九亢龍有悔象曰亢龍有悔盈不可久也故君子曰至此舊錯入務本篇今移正

論榮第四

所謂賢人君子者，非必高位厚祿富貴榮華之謂也。（漢書董仲舒傳云：身寵而載高位，家溫而食厚祿，因乘富貴之資力，以與民爭利於下。敍傳答賓戲云：據徼乘邪，以求一日之富貴，朝爲榮華，夕而蕉瘁。）此則君子之所宜有，而非其所以爲君子者也。所謂小人者，非必貧賤凍餒辱阨窮之謂也。（辱上脫一字，程本辱作困。）此則小人之所宜處，而非其所以爲小人者也。奚以明之哉？夫桀紂者，夏殷之君王也；崇侯惡來，天子之三公也；（見史記殷本紀。）而猶不免於小人者，以其必行惡也。伯夷叔齊，餓夫也；（法言淵騫篇云：西山之餓夫。）傅說，胥靡；（呂氏春秋求人篇云：傅說，殷之胥靡也。高誘注：胥靡，刑罪之名也。）而

井伯虞虜也井伯虞虜舊作井井曰處虜僖五年左傳云執虞公及其大夫井伯史記晉世家
執作虜然世猶以爲君子者以爲志節美也漢書云敞傳云車騎
將軍王舜高其志節故論士苟定於志行淮南子原道訓云士有一定之論管子八
觀篇云商賈之人不論志行而有爵祿荀子榮辱篇云志行修臨官治勿以遺命則雖
有天下不足以爲重無所用不足舊作可以爲輕處隸
圉哀二年左傳云人臣隸圉免周語云溼替隸圉韋昭注隸役也圉養馬者不足以爲恥
撫四海不足以爲榮況乎其未能相縣若此者哉荀子
王制篇云是其爲相縣也亦遠矣故曰寵位不足以尊我以下舊衍爲字而
卑賤不足以卑己新書大政上篇云紂自謂天王也桀自謂天子也已滅之後民以相
罵也以此觀之則位不足以爲尊而號不足以爲榮矣夫令譽從我興而二命

自天降之禮記祭法疏引援神契云命有三科有受命以保慶有遭命以謫暴有隨命以督行此云二命蓋不數受命卜列篇云命有遭隨御覽三百六十引春秋元命苞云命者天之令也所受於帝行正不過得壽命壽命正命也起九九八十一有隨命隨命者隨行爲命也有遭命遭命者行正不誤逢世殘賊君上逆亂辜咎下流災譴並發陰陽散忤暴氣雷至滅日動地絕人命沙鹿襲邑是詩云天實爲之謂之何哉北門故君子未必富貴小人未必貧賤論衡命祿篇云才高行厚未必保其必富貴智寡德薄未必信其必貧賤或時才高行厚命惡廢而不進智寡德薄命善興而超踰故夫臨事知愚操行清濁性與才也仕宦貴賤治產貧富命與時也或潛龍未用或舊脫据程本補亢龍在天易乾從古以然今觀俗士之論也以族擧德以位命賢仲長統昌言云天下士有三俗選士而論族姓閥閱一俗見意林茲可謂得論之一體矣而未獲至論

之淑眞也眞程本作貞誤淮南子有俶眞訓說文云俶善也經典多通用淑堯聖父也而丹凶傲書皐陶謨舜聖子也而叟頑惡堯典叔嚮賢兄也而鮒貪暴昭元年十三年十四年左傳季友賢弟也而慶父淫亂莊卅一年閔二年左傳論若必以族是丹宜禪而舜宜誅鮒宜賞而友宜夷也論之不可必以族也若是昔祁奚有言鯀殛而禹興管蔡爲戮周公祐王襄廿一年左傳祐今作右故書稱父子兄弟不相及也昭廿年左傳苑何忌曰在康誥曰父子兄弟罪不相及疏云此非康誥之全文引其意而言之幽厲之貴天子也而又富有四海墨子非命下篇云桀紂幽厲貴爲天子富有天下新書過秦下篇云貴爲天子富有四海顏原之賤匹庶也而又凍餒屢空論語論若必以位則是

兩王是疑衍爲世士治要載尸子勸學篇云使賢者教之以爲世士而二處爲愚鄙也論之不可必以位也又若是焉莊子盜跖篇子張曰勢爲天子未必貴也窮爲匹夫未必賤也貴賤之分在行之美惡故曰仁重而勢輕位蔑而義榮春秋繁露云今人大有義而甚無利雖貧與賤尚榮其行新語本行篇云賤而好德者尊貧而有義者榮詩桑柔鄭箋云蔑猶輕也程本蔑作辱誤今之論者多此之反而又以九族或以所來則亦遠於獲眞賢矣漢書貢禹傳云求士不得眞賢昔自周公不求備於一人論語況乎其德義既舉乃可以它故而弗之采乎由余生於五狄越蒙產於八蠻蒙舊作象史記鄒陽傳云秦用戎人由余而霸中國齊用越人蒙而彊威宣索隱云越人蒙未見所出漢書作子臧張晏曰子臧或是越人蒙字也而功施齊秦德立諸夏

閔元年左傳云諸夏親暱杜注諸夏中國也令名美譽襄廿四年左傳云非無賄之患而無令名之難周語云爲令聞嘉譽以聲之載於圖書韓非子用人篇云書圖著其名大體篇云豪傑不著名於圖書至今不滅張儀中國之人也衛鞅康叔之孫也並見史記而皆讒佞反覆交亂四海詩青蠅云讒人罔極交亂四國史記蘇秦傳云左右賣國反覆之臣按漢書息夫躬傳王嘉言寵躬皆傾覆有佞邪材恐必撓亂國家亦用青蠅詩義由斯觀之人之善惡不必世族性之賢鄙不必世俗王先生云族承上或以九族言俗承上或以所來言中堂生負苞王先生云中堂是唐之誤中唐見詩防有鵲巢苞當爲芻爾雅云蕢王芻是也古者多言負芻山野生蘭芷史記日者傳云蘭芷芎藭棄於廣野夫和氏之璧出於璞石隋氏之珠產於蜃蛤隋氏當作隋侯漢書敘傳答賓戲云穌氏之璧韞於荆石隋侯之珠藏於蜯蛤

顏師古注鄦古和字淮南子覽冥訓云隋侯之珠和氏之璧高誘注隋侯漢東之國姬姓諸侯也御覽九百四十一引墨子云申徒狄謂周公曰賤人何可薄耶周之靈珪出於土石隋之明月出於蚌蜃

詩云采葑采菲無以下體谷風故苟有大美可尚於世則雖細行小瑕曷足以為累乎漢書陳湯傳劉向曰論大功者不錄小過舉大美者不疵細瑕淮南子氾論訓云夫人之情莫不有所短誠其大畧是也雖有小過不足以為累是以用士不患其非國士成十六年左傳云伯州犂以公卒告王苗賁皇在晉侯之側亦以王卒告皆曰國士在且厚不可當也按國士謂本國之士部下所云此士之士也若呂氏春秋忠廉篇王子慶忌謂要離天下之國士不侵篇豫讓曰智氏國士畜我長利篇戎夷曰我國士也為天下惜死國士皆謂士蓋一國者故漢書韓信傳國士無雙顏師古注以國士為國家之奇士與左傳義別後世習用國士以為美稱而於本國之義微矣而患其非忠舊作中世非患無臣

而患其非賢王先生云世非患無臣當作非患無世臣此四語亦族俗分承言之蓋無羈縻未詳史記司馬相如傳云天子之於夷狄也其義羈縻勿絕而已王先生云羈縻當是羈旅以下文非此土之人知之陳平韓信楚俘也而高祖以爲藩輔史記漢興以來諸侯年表序云藩輔京師實平四海安漢室衛青霍去病平陽之私人也詩大東云私人之子毛傳私人私家人也漢書賈誼傳云自丞尉以上偏置私人而武帝以爲司馬實攘北狄詩采薇毛傳玁狁北狄也鄭箋云北狄今匈奴也漢書匈奴傳揚雄云北狄眞中國之堅敵也郡河西惟其任也陳平韓信衛青霍去病並見史記何异遠之有然則所難於非此土之人非將相之世者爲其無是能而處是位無是德而居是貴白虎通京師篇云有能然後居其位德加於人然後食其祿荀子王制篇云無德不貴無能不官

無以我尚而不乘我勢也不字疑衍乘或乘之誤韓非子八說篇云以智士之計慮乘乘勢之資而爲其私急則君必欺焉難勢篇云乘不肖人於勢是爲虎傳翼也外儲說左下東郭牙曰以管仲能乘公之勢以治齊國得無危乎

賢難第五

世之所以不治者由賢難也所謂賢難者非直體聰明服德義之謂也此則求賢之難得爾非賢者之所難也故所謂賢難者舊脫難字乃將言乎循當作脩古書循脩多相亂善則見妬行賢則見嫉楚辭離騷云各興心而嫉妒嫉下舊有也字据諸子品節刪而必遇患難者也虞舜之所以放殛孟子云舜往於田號泣於旻天又云父母使舜完廩捐階瞽叟焚廩使浚井出從而掩之放殛謂此子胥之所以被

誅哀十一年左傳上聖大賢猶不能自免於嫉妒則又況乎中世之人哉況字舊脫程本有況無又按本書則又況數見今補正此秀士所以雖有賢材美質白虎通辟雍篇云其有賢才美質知學者足以開其心然猶不得直道而行論語遂成其志者也處士不得直其行管子問篇云處士修行足以教人荀子非十二子篇楊倞注處士不仕者也文選鸚鵡賦李善注引風俗通云處士者隱居放言也朝臣不得直其言管子明法篇云國無人者非朝臣之衰也淮南子覽冥訓云大夫隱道而不言高誘注隱仁義之道不正諫直言也論語云國無道危行言遜也此俗化之所以敗漢書董仲舒傳云習俗化之變貨殖傳云傷化敗俗闇君之所以孤也闇君見務本篇注管子法法篇云正言直行之士危則人主孤而毋內人主孤而毋內則人臣黨而成羣齊侯之以奪國哀十四年左傳魯公之以放逐謂昭

公哀公程本以上並有所字誤下云三代之以覆列國之以滅即其例亦見本訓篇史記吳世家云商之以興盡此例所本皆敗績厭覆於不暇襄卅一年左傳子產語而用及治乎故德薄者惡聞美行政亂者惡聞治言此亡秦之所以誅偶語而坑術士也見史記秦始皇紀今世俗之人自慢其親而憎人敬之自簡其親而憎人愛之者不少也孝經云愛親者不敢惡於人敬親者不敢慢於人豈獨品庶說文云品衆庶也漢書賈誼傳服賦云品庶每生史記伯夷傳作衆庶馮生說苑反質篇墨子曰夫品庶非有心也以人主爲心賢材時有焉鄧通幸於文帝盡心而不違吮癰而無慍色方言云慍恨也愠慍正俗字帝病不樂從容曰天下誰最愛朕者乎鄧通欲稱太子之孝則因對曰莫若太子

之最愛陛下也及太子問疾帝令吮癰有難之色帝不悅而遣太子既而聞鄧通之常吮癰也乃慙而怨之及嗣帝位遂致通罪而使至於餓死（見史記佞幸傳）故鄧通其行所以盡心力而無害人（昭十九年左傳云盡心力以事君其字舊脫依下文例補）其言所以譽太子而昭孝慈也太子自不能盡其稱則反結怨而歸咎焉（桓十八年左傳云無所歸咎）稱人之長欲彰其孝且猶爲罪又況明人之短矯世者哉（說苑政理篇孔子曰言人之善者有所得而無所傷也言人之惡者無所得而有所傷也荀子臣道篇云言其所長不稱其所短漢書楊王孫傳云將以矯世也）且凡士之所以爲賢者且以其言與行也（王先生云且字衍）忠正之言非徒譽人而已

也必有觸焉孝子之行非徒吮癰而已也必有駁焉韓非子外儲說左下云雖有駁行必得所利詩裳裳者華云裳裳者華或黃或白鄭箋興明王之德時有駁而不純純駁註詳實貢篇然則循行漢書陳湯傳云司隸奏湯無循行宋祁曰循疑當作修此循亦當爲修修高帝紀二年令舉民年五十以上有修行能帥衆爲善置以爲三老行讀如字論議之士漢書諸葛豐傳云使論議上議臣無補長獲素餐之名按漢書百官公卿表光祿勳屬官有大夫掌論議龔勝傳御史中丞劾奏勝吏二千石常位大夫皆幸得給事中與論議漢時多以論議稱人蓋功令有其文平當傳公卿薦當論議通明師丹傳丞相方進御史大夫孔光舉丹論議深博蕭望之傳宣帝察望之經明持重論議有餘材任宰相楚元王後向傳元帝詔河東太守堪貧質淑茂道術通明論議正直秉心有常傳喜傳太后下詔日高武侯喜姿性端慤論議忠直皆据令文言之息夫躬傳云論議亡所避衆畏其口王商傳云王鳳顓權行多驕僭商論議不能平鳳鳳知之亦疏商京房傳云數以論

議爲大臣所非則此所云不能免於刑戮者也得不遇於嫉妒之名史記鄒陽傳云不能自免於嫉妒之人楚辭九辨云何險巇之嫉妒兮被以不慈之僞名或云此名當爲害免於刑戮之咎者蓋其幸者也論語云免於刑戮又云幸而免比干之所以剖心箕子之所以爲奴史記殷本紀伯宗之以死成十五年左傳郄宛之以亡昭廿七年左傳夫國不乏於妒男也猶家不乏於妒女也近古以來自外及內其爭功名妒過已者豈希也列女傳魯季敬姜云其所與遊者皆過已者也予以惟兩賢爲宜不相害乎史記季布傳云丁公爲項羽逐窘高祖彭城西短兵接高祖急顧丁公曰兩賢豈相厄哉然也范睢絀詘之借白起公孫弘抑董仲舒並見史記程本白起作白公按白公見史記蔡澤傳此同朝共君寵祿爭故耶爭字上下有脫

字史記屈原傳云上官大夫與之同列爭寵而心害其能隱四年左傳石碏云寵祿過也惟殊邦異途利害不干者爲可以免乎然也孫臏修能於楚按史記孫子傳云臏生阿甄之閒阿甄皆齊邑見司馬穰苴傳漢書藝文志兵權謀家亦云齊孫子而呂氏春秋不二篇高誘注云孫臏楚人爲齊臣葢別有所本龐涓自魏變色誘以刖之韓非明治於韓李斯自秦作思致而殺之並見史記治諸子品節作法按非傳云非疾治國不務修明其法制嗟士之相妒豈若此甚乎此未達於君故受禍邪惟見知爲可以將信乎然也京房數與元帝論難使制考功而選守晁錯雅爲景帝所知史記高祖紀雍齒雅不欲屬沛公集解服虔曰雅故也蘇林曰雅素也使條漢法而不亂舊作無條守品節有條無使按使條與使制斷今據正漢書刑法志云張湯趙禹之屬

條定法令循吏傳顏師古注凡言條者一一而疏舉之若木條然夫二子之於君也可謂見知深而寵愛殊矣然京房冤死而上曾不知晁錯既斬而帝乃悔並見漢書此材明未足衛身詩烝民云既明且哲以保其身莊十六年左傳云君子謂强鉏不能衛其足淮南子繆稱訓云世治則以義衛身故及難耶閔二年左傳云周公匆從故及於難惟大聖爲能無累乎然也帝乙以義故囚易乾鑿度云易之帝乙爲成湯書之帝乙六世王同名不害以明功史記夏本紀云夏桀不務德而武傷百姓百姓弗堪乃召湯而囚之夏臺文王以仁故拘淮南子道應訓崇侯虎曰周伯昌行仁義而善謀請圖之屈商乃拘文王於羑里事詳史記周本紀夫體至行仁義按至字疑衍漢書東方朔傳答客難云太公體行仁義史記三王世家云躬親仁義體行聖德莊子漁父篇云孔氏者性服忠信身行仁義據南面師尹卿士且猶

不能無難然則夫子削迹莊子盜跖篇云削跡於衞叔嚮縲絏襄廿
一年左傳屈原放沈賈誼貶黜並見史記鍾離廢替鍾離意
也何敞束縛並見後漢書王章抵罪見漢書平阿斥逐平阿侯名仁王莽諸父事
詳漢書元后傳蓋其輕士者也疑當作蓋是其輕者也晉書華譚傳云仲舒抑於孝武賈
誼失於漢文蓋復是其輕者耳用此例詩云無罪無辜讒口敖敖十月之交
敖敖今詩作囂囂釋文引韓詩作謷謷爾雅釋訓云敖敖傲也與此合彼人之心于何
不臻菀柳不今詩作其由此觀之妒媚之攻擊也媚當作娼說文云妒
婦妒夫也娼夫妒婦也史記五宗世家常山憲王王后以妒娼不常侍病索隱云娼鄒氏本作媢媢娼字
形相近易誤也黥布傳贊云妒娼生患顏氏家訓書證篇嘗辨之亦誠工矣賢聖之
居世也亦誠危矣故所謂賢難也者非賢難也免則

難也彼大聖羣賢功成名遂（老子文）或爵侯伯或位公卿尹擬天官（漢書李尋傳云充備天官詳忠貴篇注）柬在帝心（論語柬今作簡）宿夜侍宴（管子禁藏篇云宿夜不出按宿當作倆說文云夙早敬也倆亦古文夙从人西宿从此詩有駜云夙夜在公在公載燕漢書嚴助傳云助侍燕從容宴與燕通）名達而猶有若此（王先生云名達下有脫字繼培按論衡藝增篇詩云鶴鳴九臯聲聞於天言鶴鳴九折之澤聲猶聞於天以驗君子修德窮僻名猶達朝廷也名達亦謂名達朝廷矣）則又況乎畎畝佚民山谷隱士（漢書梅福傳云隱士不顯佚民不舉莊子刻意篇云此山谷之士）因人乃達時論乃信者乎（時義與時其亡之時同）此智士所以鉗口結舌（莊子田子方篇云口鉗而不欲言史記袁盎傳盎說絳侯曰君今自閉鉗天下之口漢書盎傳作箝五行志又云臣畏刑而拑口箝拑與鉗同顏師古注並云籋也鄧析子轉辭篇云左右結舌漢書李

尋傳云智者結舌杜周傳杜業上書云尚書近臣皆結舌杜口**括囊共默而已者也**易坤六四括囊无咎无譽共讀爲拱漢書鮑宣傳云以拱默尸祿爲智後漢書左雄傳云方今公卿以下類多拱默**且閭閻凡品**說文云閭里門也閻里中門也漢書武帝子戾太子傳云江充布衣之人閭閻之隸臣耳**何獨識哉苟望塵剽聲而已矣**後漢書馬融傳云羌胡百里望塵千里聽聲剽舊作傈按交際篇云苟剽聲以聾訣今据改漢書朱博傳云耳剽日久顏師古注剽劫也猶言行聽也**觀其論也非能本闈閤之行迹**閤蓋閤之誤爾雅釋宮云宮中之門謂之闈其小者謂之閨小閨謂之閤淮南子主術訓云責之以閨閤之禮奧窔之間史記汲黯傳云黯多病臥閨閤內不出漢書司馬遷傳答任安書云身直爲閨閤之臣循吏文翁傳云使傳教令出入閨閤顏師古注閨閤內中小門也閨閤行迹猶云門內之行也漢書嚴朱吾邱主父徐嚴終王賈傳贊云察其行迹**察臧否之虛實也**詩抑云未知臧否**直以面譽**

我者爲智大戴禮文王官人篇云面譽者不忠諂諛已者爲仁孟子云與讒諂面諛之人居處姦利者爲行漢書張蒼傳云蒼任人爲中侯大爲姦利貢禹傳云謂居官而置富者爲雄桀處姦而得利者爲壯士竊祿位者爲賢爾周禮太宰八則治都鄙四曰祿位以馭其士大戴禮曾子立事篇云無益而厚受祿竊也論語云臧文仲其竊位者與文子上仁篇老子曰不以德貴竊位也後漢書杜詩傳云久竊祿位豈復知孝悌之原忠正之直疑眞綱紀之化詩棫樸云綱紀四方本途之歸哉此鮑焦所以立枯於道左說苑雜言篇云鮑焦抱木而立枯事見韓詩外傳一徐衍所以自沈於滄海者也漢書鄒陽傳上吳王書云徐衍負石入海服虔曰周之末世人也諺曰一犬吠形百犬吠聲風俗通正失篇言淮南王事云後人吠聲遂傳行耳又怪神篇言李君神事云目痛小疾亦行自愈衆犬吠聲因盲者得視遠近翕赫晉書傳玄後咸傳

云一犬吠形羣犬吠聲皆本此諺世之疾此固久矣哉論語云久矣哉由之行詐也吾傷世之不察眞僞之情也故設虛義以喻其心曰今觀宰司之取士也有似於司原之佃也襄四年左傳虞箴云獸臣司原易繫辭下傳云以佃以漁釋文引馬融注取獸曰佃昔有司原氏者燎獵中野爾雅釋天云宵田爲燎郭注即今夜獵載鑪照也燎與獠通鹿斯東奔詩小弁云鹿斯之奔司原縱譟之御覽八百卅二作從而譟之鄭語云王使婦八不幃而譟之章昭注譟讙呼西方之衆有逐豨者方言云豬南楚謂之豨豨與豬同聞司原之譟也競舉音而和之楚辭離騷王逸注競並也司原闘音之衆則反輟已之逐而往伏焉遇夫俗惡之豨王先生云俗惡當作浴堊堊白土也豕浴於堊則色白故司原誤以爲白瑞及澤而灌豕堊塗渝敗乃復艾豭之本質耳

司原喜而自以獲白瑞珍禽也御覽九百十四引白虎通云禽者何鳥獸之總名明爲人所禽制盡芻豢單囷倉以養之楚語云芻豢幾何韋昭注草養曰芻穀養曰豢呂氏春秋仲秋紀高誘注圓曰囷方曰倉豕俛仰嚘咿後漢書文苑傳趙壹賦云伊優北堂上章懷注伊優屈曲佞媚之貌嚘咿與伊優同爲作容聲司原愈益珍之居無何漢書陳平傳云居無何顏師古注無何猶言無幾時烈風興而澤雨作王先生云澤疑淫繼培按說苑辨物篇越裳氏譯曰久矣天之無烈風淫雨灌巨豕而惡當作堊塗渝逐駭懼王先生云逐當爲豕眞聲出乃知是家之艾豭爾定十四年左傳云盍歸我艾豭說文云豭牡豕也猳與豭同此隨聲逐嚮之過也衆遇之未赴疑足信焉今世主之於士也目見賢則不敢用耳聞賢則恨不及鬼谷子內揵篇云日進前而不御遙

闘聲而相思雖自有知也猶不能取必更待羣司之所舉
漢書韋賢傳韋孟諫詩云明明羣司則亦懼失麟鹿而獲艾猳說文云麟大牝
鹿也奈何其不分者也未遇舊作過據程本改風雨舊脱之變者
疑衍故也俾使一朝奇政兩集兩當作雨論衡定賢篇云交墨兩集誤與此同
其自紀篇云筆瀧漉而雨集雨集本孟子則險隘之徒楚辭離騷云惟黨人之愉樂兮路幽
昧以險隘闒茸之質史記賈誼傳云闒茸尊顯亦將別矣夫衆小朋黨
而固位漢書楚元王傳劉向封事云衆小在位而從邪議歙歙相是而背君子又云朋黨比周稱
譽者登進忤恨者誅傷翟方進傳云內求人主微指以罔其位讒妒羣吠蠹賢楚辭懷沙
云邑犬羣吠兮吠所怪也誹駿疑傑兮固庸態也晏子春秋問上云人有酤酒者爲器甚潔清置表甚長
而酒酸不售問之里人其故里人云公之狗猛人挈器而入且酤公酒狗迎而噬之此酒所以酸而不售

也夫國亦有猛狗用事者是也有道術之士欲于萬乘之主而用事者迎而齕之此亦國之猛狗也齕韓詩外傳七作齧爲禍敗也豈希晉語云禍敗無已三代之以覆列國之以滅管子五輔篇云暴王之所以失國家危社稷覆宗廟滅於天下非失人者未之嘗聞後人猶不能革襄十四年左傳云失則革之杜注革更也晏子春秋諫上云行不能革此萬官所以屢失守楚語觀射父云五物之官陪屬萬爲萬官又云失其官守而天命數靡常者也詩文王云天命靡常詩云國既卒斬何用不監節南山鳴呼時君俗主漢書藝文志論諸子云時君世主好惡殊方呂氏春秋異寶篇云其主俗主也高誘注俗主不肖凡君不此察也

潛夫論卷第一終

潛夫論卷第二

蕭山汪繼培箋

明闇第六

國之所以治者君明也其所以亂者君闇也君之所以明者兼聽也管子明法解云明主者兼聽獨斷漢書梅福傳云博覽兼聽謀及疏賤令深者不隱遠者不塞所謂辟四門明四目也其舊脫据治要補所以闇者偏信也荀子不苟篇云公生明偏生闇是故人君通必兼聽必疑當作必僖二年穀梁傳云宮之奇達心而懦新序善謀篇作通心王先生云必疑聽以下通四聽證之則聖日廣矣庸說偏信趙策馮忌曰言而不稱師是庸說也王先生云說疑讒以下靖言庸回證之則愚日甚矣愚舊作過据治要改管子君臣上篇云夫民別而聽之則愚合而聽之則聖史記袁

嗌傳嗌嗌謂申屠嘉曰上日聞所不聞明所不知日益聖智君今自閉鉗天下之口而日益愚亦聖愚並舉之證詩云先民有言詢於芻蕘板夫堯舜之治闢四門明四目通四聰書堯典通舊作達据治要改史記五帝紀述尚書作通漢書王莽傳同韓詩外傳六亦云牧者所以開四目通四聰漢書鼂錯傳云近者獻其明遠者通厥聰亦用尚書文是以天下輻湊而聖無不照管子九守主明云目貴明耳貴聰心貴智以天下之目視則無不見也以天下之耳聽則無不聞也以天下之心慮則無不知也輻湊並進則明不塞矣照舊作昭据治要改獨斷云皇者煌也盛德煌煌無所不照故其鯀之徒弗能塞也靖言庸回弗能惑也並見書堯典靖今書作靜漢書王尊傳論衡恢國篇並與此同秦之二世務隱藏己鄧析子無厚篇云君者藏形匿影羣下無私而斷百僚書皐陶謨云百僚師師隔捐舊作損疏賤管子明法解云疏遠鬲閉而不得聞鬲即

隔之省而信趙高是以聽塞於貴重之臣韓非子孤憤篇云智術能法之士用則貴重之臣必在繩之外矣明蔽於驕妒之人漢書谷永傳云抑遠驕妒之寵故天下潰叛弗得聞也漢書賈捐之傳云天下潰畔禍卒在於二世之末賈山傳云天下已潰而莫之告皆高所殺治要作皆知高殺並有脫誤莫敢言之周章至戲乃始駭闇樂進勸乃後悔不亦晚矣治要作乎事見史記秦始皇紀故人君舊脫據治要補兼聽納下則貴臣不得誣而遠人不得欺也管子明法解云明主者兼聽獨斷多其門戶羣臣之道下得明上賤得言貴故姦人不敢欺慢賤信貴則朝廷讜言無以至言字舊空據程本補孟子禹聞善言則拜趙岐注引尚書曰禹拜讜言今書皐陶謨作昌言漢書敘傳今日復聞讜言顏師古注讜言善言也而潔士奉身伏罪於野矣矣字舊空據程本補襄廿六年

左傳云義則進否則奉身而退夫朝臣所以統理漢書孔光傳策云丞相者朕之股肱所與共承宗廟統理海內薛宣傳云御史大夫內承本朝之風化外佐丞相統理天下而多比周則法亂舊無法字按文義當有下云官無亂法之臣可證管子任法篇云羣黨比周以立其私請謁任舉以亂公法王先生云多當是朋字之誤下脫黨字賢人所舊空据程本以奉已而隱遯伏野則君孤法亂君孤以上四字舊脫而能存者未之嘗有也管子明法解云法廢而私行則人主孤特而獨立人臣羣黨而成朋如此則主弱而臣強此之謂亂國是故明君莅衆易明夷象曰君子以莅衆務下言以昭外敬納卑賤以誘賢也治要言上有之字昭外下有也字疑衍昭當作照王先生云納字當在務字下昭當作招觀下無距言無慢賤乎列可見其無距言未必言者之盡可用也乃懼距無用而讓有用也晏子春秋諫下云天

下者非用一士之言也固有受而不用惡有拒而不受者哉距與拒通新書大政下篇云古聖王君子不素距人乃懼以下十字舊脫据治要補讓與攘通曲禮左右攘辟鄭注攘卻也其無慢賤未必其人盡賢也乃懼慢不肖而絕賢望也是故聖王表小以厲大表舊作責据治要改新書大政下篇云聖王選舉也以爲表也賞鄙以招賢然後良士集於朝書泰誓云番番良士下情達於君也管子明法篇云下情求不上通謂之塞故上無遺失之策文子自然篇云因循任下責成而不勞謀無失策舉無過事史記主父偃傳云謀無遺策官無亂法之臣此君民之所利而姦佞之所患也昔張祿一見而穰侯免見史記范雎傳袁絲進說而周敎黜見史記袁盎傳敎與勃同是以當塗之人當塗之人見韓非子孤憤篇孟子當路於齊趙注云得當仕路當塗猶言當路恒嫉正直

之士詩小明云正直是與得一介言於君春秋繁露楚莊王篇云介以一言曰王者必改制按介之言間也漢書杜周後欽傳云毋使范睢之徒得間其說以矯其邪也文選長笛賦李善注引蒼頡篇云矯正也故上舊脫飾僞辭以障舊作彰主心漢書董仲舒傳云百官皆飾空言虛辭下設威權以固士民秦策范睢曰臣聞善爲國者內固其威而外重其權趙高亂政恐惡聞上乃豫要二世曰屢見羣臣衆議政事則黷黷且示短不若藏己獨斷神且尊嚴天子稱朕固但聞名二世於是乃深自幽隱獨進趙高趙高入稱好言以說主出倚詔令以自尊天下魚爛史記秦始皇紀後班固論云河決不可復壅魚爛不可復全按魚爛本僖廿九年公羊傳相帥叛秦趙高恐懼歸惡於君乃使閻樂責而殺

下當脫之字顧一見高不能而死見史記秦始皇紀及李斯傳夫田常
囚簡公田常卽陳恒事見哀十四年左傳踔齒懸湣王秦策范睢云淖齒管齊之二世
權縮閔王之筋懸之廟梁宿昔而死事詳齊策踔淖湣閔古字俱通用史記田完世家作湣王
亦旣聞之矣然猶復襲其敗迹者韓非子南面篇云襲亂之迹何
也過在於不納卿士之箴規周語云師箴近臣盡規不受民氓
之謠言晉語云風聽臚言於市辨祆祥於謠後漢書蔡邕傳云令三公謠言奏事章懷注引漢官
儀曰三公聽採長吏臧否人所疾苦條奏之是爲舉謠言者也劉陶傳云聽民庶之謠吟自以已
賢於簡湣而趙高賢以上三字舊脫於二臣也故國已亂而
上不知禍旣作而下不救舊作殺此非衆共棄君乃君
以衆命繫趙高病自絕於民也書西伯戡黎云惟王淫戲用自絕後

末世之君危何知之哉文有脫誤舜曰予違汝弼汝無面從退有後言書臯陶謨故治舊脫据治要補國之道勸之使諫宣之使言周語邵公曰爲民者宣之使言然後君明察而治情通矣且凡驕臣之好隱賢也漢書谷永傳云驕臣悍妾孟子云進不隱賢旣患其正義以繩已矣史記商君傳云日繩秦之貴公子又恥居上位而明不及下尹其職而策不出於已治要載崔實政論云其達者或矜名嫉能恥善策不從已出則舞筆奮辭以破其義寡不勝衆遂見屏棄是以鄢宛得衆而子常殺之昭廿七年左傳屈原得君而椒蘭搆讒搆舊作挻据治要改新序節士篇云屈原者名平楚之同姓大夫有博通之知淸潔之行懷王用之秦欲吞滅諸侯并兼天下屈原爲楚東使於齊以結強黨秦國患之乃使張儀之楚貨楚貴臣上官大夫靳尚之屬上及令尹子蘭司馬

子椒内賂夫人鄭袖共譖屈原屈原遂放於外乃作離騷漢書揚雄傳反離騷云靈修旣信椒蘭之嫈佞
兮蘇林曰椒蘭令尹子椒子蘭也按史記屈原傳不載子椒耿壽建常平而嚴延
妬其謀見漢書酷吏嚴延年傳陳湯殺郅支而匡衡按其功見漢
書陳湯傳按舊作拔据治要改由此觀之處位卑賤而欲效善於君
則必先與寵人爲讎矣据治要補韓非子八說篇云治國是非不以術斷而決於
寵人則臣下輕君而重於寵人矣乘舊寵沮之於內乘舊作恃据治要改按乘猶恃
也考績篇云富者乘其才力而已接賤舊無而已二字据治要補按接當作疏疏誤爲跡又
轉誤爲接也韓非子孤憤篇云處勢卑賤無黨孤特夫以疏賤與近愛信爭其數不勝也此文本之漢書
趙充國傳疏捕山間虜顏師古注疏字本作跡言尋跡而捕之亦疏跡相誤之證欲自信於
外此据治要補思善之君願忠之士所以雖並生一世憂

心相皦而終不得遇者也皦疑噭禮記曲禮鄭注噭號呼之聲也王先生云皦明白之貌

考績第七

凡南面之大務莫急於知賢漢書谷永傳云王事之綱紀南面之急務知賢之近途莫急於考功功誠考則治亂暴而明谷永傳云治天下者尊賢考功則治簡賢違功則亂善惡信則直疑眞賢不得見障蔽漢書李尋傳云忠直進不蔽障而佞巧不得竄其姦矣呂氏春秋審分覽云諂諛詖賊巧佞之人無所竄其姦高誘注竄猶容也夫劒不試則利鈍闇弓不試則勁撓誣鷹不試則巧拙惑馬不試則良駑疑韓非子顯學篇云授車就駕而觀其末塗則臧獲不疑駑良藝文類聚五十七引班固擬連珠云臣聞馬伏皁而不

用則駑與良而爲羣士齊僚而不職則賢與愚而不分此四者之有相紛也由不考試故得然也今羣臣之不試也其禍非直止於誣闇疑惑而已又必致於怠慢之節焉荀子君道篇云百吏官人無怠慢之事漢書薛宣傳冊免宣云有司法君領職解嫚開謾欺之路設如家人有五子十孫父母不察精愞則懃力者懈弛而惰慢者遂非也漢書疏廣傳廣云顧自有舊田廬令子孫勤力其中足以共衣食與凡人齊今復增益之以爲贏餘但教子孫怠惰耳賈山傳云臣恐朝廷之解弛百官之墮於事也諸侯聞之又必怠於政矣顏師古注解讀曰懈倿幸董賢傳哀帝策免丁明云將軍遂非不改按也字疑當作此屬下句讀耗業破家之道也舊無破字不成句按下云子孫情而家破窮今据補漢書嚴助傳云破家散業父子兄弟一門之計猶有若此則又況乎羣臣總猥治

公事者哉禮記月令云寒氣總至鄭注總猶猥卒按總猥猶離騷言總總也詩瞻卬云婦無公事傳曰善惡無彰何以沮勸襄廿七年左傳善惡作賞罰彰作章是故大人不考功史記刺客傳云嚴仲子奉黃金百鎰前爲聶政母壽曰將爲大人麤糲之費正義引韋昭云古者名男子爲丈夫尊父嫗爲大人漢書宣元六王傳王遇大人益解爲大人乞骸去大人憲王外祖母古詩三日斷五匹大人故言遲是也繼培按後漢書黨錮傳范滂白母曰惟大人割不可忍之恩亦稱母爲大人然此本爲母父通稱說苑建本篇曾皙擊曾子仆地有頃蘇進曰曩者參得罪於大人史記高祖紀奉玉卮起爲太上皇壽曰始大人常以臣無賴不能治產業越世家陶朱公長男曰家有長子曰家督今弟有罪大人不遣乃遣少弟漢書疏廣傳兄子受曰從大人議即日父子俱移病後漢書馬援傳援嘗有疾梁松來候之獨拜牀下援不答松去後諸子問曰梁伯孫帝壻貴重朝廷公卿已下莫不憚之大人奈何獨不爲禮馮緄傳父煥爲幽州刺史怨者詐作璽書譴責煥賜以歐刀煥欲自殺緄止

焕曰大人在州志欲去惡實無他故必是凶人妄詐朱暉傳云張堪卒暉聞其妻子貧困乃自往候視厚賑贍之暉少子頡怪而問曰大人不與堪爲友平生未曾相聞子孫竊怪之崔駰後實傳實從兄烈問其子鈞曰吾居三公於議者何如鈞曰大人少有英稱歷位卿守論者不謂不當爲三公傳燮傳子幹進諫曰國家昏亂遂令大人不容於朝皇甫嵩傳從子酈說嵩曰能安危定傾者惟大人與董卓耳列女傳鮑宣妻曰大人以先生修德守約故使賤妾侍執巾櫛是皆以大人稱其父及父之兄弟非獨父嫗也

則子孫惰而家破窮官長不考功漢書武帝紀元朔元年詔曰二千石官長綱紀人倫顏師古注謂郡之守尉縣之令長則吏怠傲而姦宄興孟子云般樂怠傲書堯典云寇賊姦宄釋名釋言語云姦奸也言奸正法也宄佹也佹易常正也帝王不考功則直疑眞賢抑而□僞勝空格程本作詐漢書景帝紀後二年詔曰或詐僞爲吏臣瓚曰律所謂矯枉以爲吏者也故書曰三載考績黜陟幽明堯典蓋

所以昭賢愚而勸能否也聖王之建百官也皆以承
天治地牧養萬民者也牧舊作物按牧養本管子問篇形勢解云主牧萬民漢書
宣帝紀本始元年詔郡國二千石謹牧養民而風德化是故有號者必稱於舊脫
典春秋繁露深察名號篇云號爲天子者宜視天如父事天以孝道也號爲諸侯者宜謹視所侯奉之
天子也號爲大夫者宜厚其忠信敦其禮義使善大於匹夫之義足以化也士者事也民者瞑也士不及
化可使守事從上而已五號自讚各有分分中委曲曲有名名衆於號號其大全名也者名其別離分散
也按典名二字疑倒名理者必效於實六韜舉賢篇文王曰舉賢奈何太公曰將相分
職而各以官名舉人按名督實選才考能令實當其名名當其實則得舉賢之道也則官無廢
職位無非人漢書成帝紀鴻嘉二年詔曰古之選賢傅納以言明試以功故官無廢事下無
逸民翼奉傳云有司各職其事在位莫非其人夫守相令長效在治民續漢書百

官志云每郡置太守每縣邑道大者置令其次置長侯國令長爲相注云皆掌治民**州牧刺史在憲聽明**百官志云每州刺史一人注武帝初置刺史成帝更爲牧建武十八年復爲刺史漢書朱博傳云何武爲大司空與丞相方進共奏言古選諸侯賢者以爲州伯書曰咨十有二牧所以廣聰明燭幽隱也今部刺史居牧伯之位秉一州之統選第大吏所薦位高至九卿所惡立退任重職大按憲疑悉之謨于定國傳云永執綱紀務悉聽明王嘉傳云公卿股肱莫能悉心務聽明顏師古注悉盡也務聽明者　廣視聽也**九卿分職以佐三公**百官志太常光祿勳衛尉太僕廷尉大鴻臚宗正大司農少府皆卿一人太尉司徒司空皆公一人說苑臣術篇云九卿者所以參三公也**三公總統典和陰陽**漢書丙吉傳云三公典調和陰陽陳平傳云宰相者上佐天子理陰陽順四時下遂萬物之宜外塡撫四夷諸侯內親附百姓使卿大夫各得任其職也**皆當考治以効實爲王休者也**詩江漢云對揚王休**侍中大夫博士議郎**

侍中屬少府博士屬太常大夫議郎屬光祿勳**以言語爲職諫諍爲官**漢書鮑宣傳云官以諫爭爲職不敢不竭愚**及選茂才**漢舊儀云刺史舉民有茂才者移名丞相丞相考召取明經一科明律令一科能治劇一科按茂才本稱秀才後漢避光武帝諱改之**孝廉**漢書武帝紀元光元年初令郡國舉孝廉**賢良方正**文帝紀二年詔舉賢良方正能直言極諫者爲此科之始**惇樸**下作敦厚後漢書左周黃列傳論二科並列以爲中興後所增按漢書元帝紀永光元年詔舉質樸敦厚遜讓有行者光祿歲以此科第郎從官後漢書吳祐傳注引漢官議稱光祿四行敦厚質樸遜讓節儉是也成帝紀永始三年又云舉惇樸遜讓有行義者平帝紀元始元年舉敦厚能直言者後漢書獨行譙玄傳亦作敦樸則敦樸敦厚非有二事且亦不始於東京矣**有道**後漢書安帝紀建光元年令舉有道之士按永初元年詔舉賢良方正有道術之士明政術達古今能直言極諫者五年詔舉賢良方正有道術達於政化能直言極諫之士有道即有道術者**明經**見上**寬博**後漢

書章帝紀建初元年初舉孝廉郎中寬博有謀任典城者以補長相**武猛**後漢書安帝紀建光元年詔舉武猛堪將帥者按漢書武帝紀元延元年詔北邊二十二郡舉勇猛知兵法者郎武猛也**治劇**見上**此皆名自命而號自定**史記晉世家師服曰名自命也物自定也春秋繁露有深察名號篇**羣臣所當盡情竭慮稱君詔也今則不然令長守相不思立功**漢書郊祀志太誓曰正稽古立功立事可以永年丕天之大律**貪殘專恣**漢書鮑宣傳云公卿守相貪殘成化楚元王傳劉向云尹氏世卿而專恣又云二世委任趙高專權自恣**不奉法令侵冤小民**漢書百官公卿表顏師古注引漢官典職儀云刺史以六條問事其二條云二千石不奉詔書遵承典制倍公向私旁詔守利侵漁百姓聚斂為姦王莽傳云州牧數存問勿令有侵冤**州司不治令遠詣闕上書訟訴**漢書于定國傳云民多冤結州郡不理連上書者交於闕廷後漢書質帝紀本初元年詔云頃者州郡輕慢憲防競

逞殘暴造設科條陷入無罪至令守闕訴訟前後不絕**尚書不以責三公**百官志尚書屬少府後漢書虞詡傳詡謂諸尚書曰小人有怨不遠千里斷髮刻肌詣闕告訴而不爲理豈臣下之義**三公不以讓州郡**說文云讓相責讓**州郡不以討縣邑**說文云討治也**是以凶惡狡猾**昭廿六年左傳云無助狡猾按漢時劾奏有云狡猾者蓋律令文也漢書陳湯傳弘農太守張匡坐臧百萬以上狡猾不道翟方進傳劾紅陽侯立懷姦邪亂朝政欲傾誤要主上狡猾不道韓延壽傳公卿皆以延壽前既無狀後復誣愬典法大臣欲以解罪狡猾不道王尊傳五官椽張輔繫獄數日死盡得其狡猾不道百萬姦臧孫寶傳劾奏立尚懷姦罔上狡猾不道宣帝子淮陽憲王傳房漏泄省中語博兄弟詿誤諸侯王誹謗政治狡猾不道皆其事也**易相冤也**

侍中博士諫議之官或處位歷年終無進賢嫉惡拾遺補闕之語藝文類聚四十八引應劭漢官云侍中便繁左右與帝升降卒思近對拾遺補

闕百僚之中莫密於兹漢書司馬遷傳云不能拾遺補闕**而貶黜之憂**漢書韋賢後玄成傳云自傷貶黜父爵詩蓼莪鄭箋之猶是也**羣僚舉士者或以頑魯應茂才**論衡命祿篇云頑魯而典城**以桀逆應至孝**後漢書安帝紀永初五年詔舉至孝與衆卓異者桓帝紀延熹二年詔曰桀逆梟夷孔融傳云劉表桀逆放恣按說文云傑傲也莽不順也桀逆即傑莽假借字**以貪饕應廉吏**說文云饕貪也文子上義篇云貪饕多欲之人殘賊天下**以狡猾應方正以諛諂應直言以輕薄應敦厚**漢書酷吏尹賞傳云輕薄少年**以空虛應有道**論衡量知篇云空虛無德後漢書第五倫傳云以空虛之質當輔弼之任**以嚚闇應明經**闇當作瘖晉語胥臣曰嚚瘖不可使言韋昭注口不道忠信之言爲嚚瘖不能言者**以殘酷應寬博以怯弱應武猛以愚頑應治劇名實不相副**漢書王莽傳云名實不副**求貢不相稱**抱朴

子審舉篇云靈獻之世臺閣失選用於上州郡輕貢舉於下故時人語曰舉秀才不知書察孝廉父別居寒素清白濁如泥高第良將怯如雞觀節信所言則非獨靈獻時爲然矣**富者乘其材力**材當作財漢書貨殖傳序云以財力相君**貴者阻其勢要**呂氏春秋誠廉篇高誘注阻依也**以錢多爲賢以剛強爲上**漢書貢禹傳云俗皆曰何以孝弟爲財多而光榮何以禮義爲史書而仕宦何以謹愼爲勇猛而臨官故黠鄙而髡鉗者猶復攘臂爲政於世行雖犬彘家富埶足目指氣使是爲賢耳**凡在位所以多非其人而官聽所以數亂荒也**王侍郎云官聽疑是官職繼培按作職是也上云官無廢職位無非人此承其文言之漢書景帝紀後二年詔曰其令二千石各修其職不事官職耗亂者丞相以聞請其罪于定國傳云二千石選舉不實是以在位多不任職又云勉察郡國守相羣牧非其人者後漢書和帝紀永元五年詔曰在位不以選舉爲憂督察不以發覺爲負非獨州郡也是以庶官多非其人下民被姦邪之傷史記夏本

紀云非其人居其官是謂亂天事古者諸侯貢士一適謂之好德載
適謂之尚賢三適謂之有功則加之賞其不貢士也
一則黜爵載則黜地三黜則爵土俱畢附下罔上者
死附上罔下者以上六字舊脫刑與聞國政而無益於民者
斥在上位而不能進賢者逐古者諸侯以下本武帝元朔元年有司奏議見
漢書本紀事詳尚書大傳附下罔上四語說苑臣術篇以爲泰誓文斥作退其受事而重
選舉審名實而取疑嚴賞罰也如此故能別賢愚而獲
多士詩文王云濟濟多士成教化而安民漢書董仲舒傳云古者修教訓之官
務以德善化民今世廢而不修民以故棄行誼而死財利三代舊作有於世皆致太
平聖漢踐祚祚當作阼大戴禮有武王踐阼篇載祀四八而猶未者

（末者舊作者末按新書數寧篇云然又末也者語與此同）致不假（當作修）而功不考賞罰稽而赦贖數也諺曰曲木惡直繩重罰惡明證（鹽鐵論鹽鐵鍼石篇云語曰五盜執一良人枉木惡直繩申韓篇云曲木惡直繩姦邪惡正法韓非子有度篇云繩直而枉木斲）此羣臣所以樂總猥而惡考功也夫聖人爲天口賢人爲聖譯（譯疑當作鐸法言學行篇云天之道不在仲尼乎仲尼駕說者也不在茲儒乎如將復駕其所說則莫若使諸儒金口而木舌鐸也論語云天將以夫子爲木鐸皇疏云鐸用銅鐵爲之若行武教則用銅鐵爲舌若行文教則用木舌謂之木鐸）是故聖人之言天之心也賢者之所說聖人之意也先師京君（漢書楚元王傳劉歆移書太常博士云至孝武皇帝然後鄒魯梁趙頗有詩禮春秋先師顏師古注前學之師也眭孟傳稱先師董仲舒此其例也）科察考功（漢書京房傳云房奏考功課吏法晉

灼曰令丞尉治一縣崇教化亡犯法者輒遷有盜賊滿三日不覺者則尉事也令覺之自除二尉負其辠率相准如此法**以遺賢俊**漢書元帝紀初元元元年詔曰延登賢俊**太平之基必自此始**毛詩南山有臺序云得賢則能爲邦家立太平之基矣**無爲之化必自此來也**詩卷阿鄭箋云孔子曰無爲而治者其舜也與恭已正南面而已言任賢故逸也**是故世主不循考功而思太平此猶欲舍規矩而爲方圓**欲守當在爲上管子法法篇云倍法而治是廢規矩而正方圓也韓非子姦劫弒臣篇云若無規矩而欲爲方圓也必不幾矣**無舟楫而欲濟大水**管子七法篇云不明於計數而欲舉大事猶無舟楫而欲經於水險也商子弱民篇云濟大川而無船楫**雖或云縱**疑從**然不知循其慮度之易且速也**知當作如文選王襃四子講德論云膺騰撇波而濟水不如乘舟之逸也衡蒙涉田而能致遠未若遵塗之疾也此意與彼同**羣僚師尹咸有**

典司（文選班固西都賦云各有典司）各居其職以責其效百郡千縣各因其前以謀其後辭言應對各緣其交以□（程本作覈）其實則奉職不解（讀爲懈）而陳言者不得誣矣（韓非子主道篇云羣臣陳其言君以其言授其事以事責其功功當其事事當其言則賞功不當其事事不當其言則誅明君之道臣不陳言而不當備內篇云偶三五之驗以責陳言之實執後以應前按法以治衆衆端以參觀）書云賦納以言明試以功車服以庸誰能不讓誰能不敬應（書臯陶謨今書賦作敷試作庶僖廿七年左傳趙衰引夏書與此同能今並作敢無下誰字）此堯舜所以養黎民而致時雍也（書堯典）

思賢第八

國之所以存者治也其所以亡者亂也人君莫不好

治而惡亂樂存而畏亡然嘗觀上記（呂氏春秋務本篇云嘗試觀上古記高誘注上古記上世古書也）近古以來亡代有三穢國不數（穢當作滅賢難篇云三代之以覆列國之以滅滅穢字形相近漢書食貨志彭吳穿穢貊朝鮮史記平準書作彭吳賈滅朝鮮誤正類此呂氏春秋安死篇云亡國不可勝數高誘注不可勝數亡國多也）夫何故哉（故字舊脫据治要補）察其敗皆由君常好其所亂而惡其所治憎其所以存而愛其所以亡（治要以作與亂治上並有以字惡舊作忘据治要改漢書董仲舒傳云人君莫不欲安存而惡危亡然而政亂國危者甚衆所任者非其人而所繇者非其道是以政日以仆滅也）是故（据治要補）雖相去百世縣年一紀（續漢書律歷志劉昭注引樂叶圖徵云天元以甲子朔旦冬至日月起於牽牛之初右行二十八宿以考王者終始或盡一其歷數或不能盡一以四千五百六十爲紀甲寅窮宋均曰紀卽元也四千五百六十

者五行相代一終之大數也王者即位或過其統或不盡其數故一共以四千五百六十爲甲寅之終也王者起必易元故不復沿前而終言之也限隔九州新語道基篇云九州絕隔殊俗千里晏子春秋問上云古者百里而異習千里而殊俗然其亡徵敗迹韓非子有亡徵篇若重規襲矩爾雅釋山郭璞注襲亦重稽節合符孟子云若合符節禮記儒行鄭注稽猶合也故曰雖有堯舜之美必考於周頌荀子非相篇云欲知上世則審周道淮南子精神訓高誘注考觀也雖有桀紂之惡必譏於版蕩並詩大雅版今作板爾雅釋訓作版禮記玉藻鄭注幾猶察也譏與幾同殷鑒不遠在夏后之世詩蕩夫與死人同病者不可生也與亡國同行者不可存也韓非子孤憤篇文豈虛言哉老子云古之所謂曲則全者豈虛言哉何以知人之舊脫且病也以其不嗜食也何以知

國之將亂也以其不嗜賢也文子微明篇云人之將疾也必先不甘魚肉之味國之將亡也必先惡忠臣之語是故病家之廚說文云廚庖屋也非無嘉饌也乃其人弗之能食故遂於死也亂國之官非無賢人也其君弗之能任故遂於亡也兩於字治要無按定四年左傳云若楚之遂亡君之土也荀子正論篇云國雖不安不至於廢易遂亡謂之君說苑建本篇云民怨其上不遂亡者未之有也齊策蘇秦曰中山千乘之國也而敵萬乘之國二再戰比勝此用兵之上節也然而國遂亡皆遂亡連文之證夫生飫秔粱爾雅釋言釋文引字林云飫飯食也玉篇以飫爲俗飯字生飯未詳鹽鐵論散不足篇云豆羹白飯綦膾熟肉生飯或白飯之誤旨酒甘醪所以養生也莊子有養生主篇淮南子泰族訓云肥肌膚充腸腹供嗜慾養生之末也而病人惡之以爲不若菽麥糠糟欲清者欲當作飲楚辭招魂云挫糟凍

飲耐清涼些王逸注凍冰也此其將死之候也尊賢任能信忠納諫所以爲安也而闇君惡之以爲不若姦佞闒茸讒諛之舊脫言者漢書李尋傳云諸闒茸佞諂抱虛求進此其將亡之徵也舊脫也字据何本補治要載尹文子曰凡國之將存亡有六徵韓非子亡徵篇云亡徵者非曰必亡言其可亡也老子曰夫唯病病是以不病易稱其亡其亡繫于苞桑否九五是故養壽之士先病服藥養世之君先亂任賢是以身常安而國永永也兩永字有誤程本作國脈永按脈字疑非是素問四氣調神大論云聖人不治已病治未病不治已亂治未亂淮南子說山訓云良醫者常治無病之病故無病聖人者常治無患之患故無患上醫醫國其次下醫醫疾下醫二字衍晉語醫和曰上醫醫國其次疾人夫人治國固治身之象呂氏春秋

審分覽云夫治身與治國一理之術也後漢書崔駰後實傳政論云爲國之法有似理身疾者身之病亂者國之病也身之病待醫而愈國之亂待賢而治韓詩外傳三傳曰太平之時無瘖瘂跛眇尫蹇侏儒折短父不哭子兄不哭弟道無襁負之遺育然各以其序終者賢醫之用也故安止平正除疾之道無他焉用賢而已矣治身有黃帝之術漢書藝文志醫經黃帝內經十八卷外經三十七卷治世有孔子之經白虎通五經篇云孔子定五經以行其道然病不愈而亂不治者非舊作唯鍼石之法誤鍼石治要作炙鍼素問血氣形志篇云形樂志苦病生於脈治之以炙刺形樂志樂病生於肉治之以鍼石八正神明論云凡刺之法必候日月星辰四時八正之氣氣定乃刺之而五經之言誣也乃因疑用之者非其人苟非其人易繫辭下傳云苟非其人道不虛行則規不圓而矩不方繩不直而準不平呂氏

春秋分職篇云爲圓必以規爲方必以矩爲平直必以準繩**鑽燧不得火**說文云鐩陽鐩也論語云鑽燧改火燧與鐩同**鼓石不下金**論衡量知篇云銅錫未採在衆石之間工師鑿掘鑪橐鑄鑠乃成器未更鑄橐名曰積石積石與彼路畔之瓦山間之礫一實也昭廿九年左傳云遂賦晉國一鼓鐵以鑄刑鼎杜注令晉國各出功力共鼓石爲鐵疏云治石爲鐵用橐扇火動橐謂之鼓**驅馬不可以追速進舟不可以涉水也**驅馬進舟舊作金馬上舟据治要改鑽鼓驅進司類**凡此八者天之張道**張謂張著漢書王莽傳云事勢張見**有形見物苟非其人猶尚無功則又況乎懷道術以撫民氓乘六龍以御天心者哉**易乾彖曰時乘六龍以御天**夫治世不得眞賢譬猶治疾不得眞藥也**眞藥舊作良醫据治要意林改御覽數引並同**治疾當得**舊脫据何本補**眞人參**說文云蓡人蓡藥艸出上黨參爲蓡之借

反得支羅服（意林及御覽七百卅九九百九十一羅服字皆从艸作無支字御覽九百八十引正論云理世不得眞賢猶治病無眞藥當用人參反得蘿菔根支蘿菔即蘿菔根也）**當得麥門冬反得烝穬麥**（得字舊脫據御覽七百卅九補穬舊作橫按證類本草六引陶隱居云根似穬麥故名麥門冬今据改下同）**已而不識眞**（王先生云而字衍繼培按而字非衍勸將篇云已而不能以稱明詔是其例）**合而服之**（墨子非攻中篇云今有醫於此和合其祝藥之於天下之有病者而藥之周禮疾醫以五味五穀五藥養其病鄭注其治合之齊則存乎神農子儀之術云釋文合如字又音閤）**病以侵劇**（說文云侵漸進也漢書哀帝紀贊云即位痿痹末年寢劇王莽傳云太師王舜自莽篡位後病痿寢劇死顔師古注並云寢漸也寢侵義通史丹傳云上疾稍侵師古注稍侵言漸篤也又云上因納謂丹曰吾病寢加師古注寢漸也藝文志論醫經云拙者失理以瘉爲劇揚雄傳注鄭氏云劇甚也）**不自知爲人所欺也乃反謂方不**

誠而藥皆無益於療病舊脫療字據御覽七百卅九補說文云藥治也或从尞作療因棄後藥而弗敢飲御覽作弗敢復飲而便御覽作更求巫覡者雖死可也楚語云民之精爽不攜貳者則明神降之在男曰覡在女曰巫史記扁鵲傳云信巫不信醫六不治也素問五藏別論云拘於鬼神者不可與言至德惡於鍼石者不可與言至巧病不許治者病必不治治新語資質篇云衛人有病將死者扁鵲至其家欲爲治之病者之父退而不用乃使靈巫求福請命對扁鵲而祝病者卒死靈巫不能治也人君求賢下應以鄙與直不以枉已不引眞受官[illegible]之與眞以下文有脫誤王先生云大意言人君求賢與直下應以鄙與枉已不識眞猥受官之耳傎倒脫誤遂不可讀繼培按此卽漢書董仲舒傳所云賢不肖渾殽未得其眞也國以侵亂不自知爲下所欺也乃反謂經不信而賢皆無益於救亂因廢眞賢不復求進呂氏

春秋疑似篇云惑於似士者而失於眞士更任俗吏以上文例之當作而更任俗吏者漢書賈誼傳云移風易俗使天下回心而鄉道類非俗吏之所能爲也雖滅亡可也管子八觀篇云離本國徙都邑亡也有者異姓滅也三代以下皆以支羅服烝積參合藥病日痁而遂死也小爾雅廣名云疾甚謂之阽阽痁與阽同書曰人之有能使循其行國乃其昌書洪範今書作人之有能有爲使羞其行而邦其昌史記宋世家邦亦作國避高祖諱也循當作修修羞聲相涉而誤藝文類聚六十二引後漢李尤雲臺銘云人修其行而國其昌其證也是故先王爲官擇人書呂刑云在今爾安百姓何擇非必得其材淮南子泰族訓云英俊豪傑各人以小大之材處其位得其宜功加於民舊作人据治要改德稱其位荀子富國篇云德必稱位人謀鬼謀百姓與能易繫辭下傳務順以動天地如此繫辭上傳云言行君子之所以動天

地也三代開國建侯三代忠貴篇作五代本傳注云謂唐虞夏商周也易屯初九利建侯師上六開國承家所以傳嗣百世治要傳上有能字歷載千數者也史記高祖功臣侯年表序云尚書有唐虞之侯伯歷三代千有餘載自全以蕃衛天子自春秋之後戰國之制將相舊脫權臣必以親家荀子非相篇云婦人莫不願得以爲夫處女莫不願得以爲士棄其親家而欲奔之者比肩而起親謂父母家謂夫也漢時則以親家爲親戚通稱後漢紀明帝永平元年東海王彊薨詔諸王京師親家皆詣東海奔喪後漢書東海王彊傳稱親戚是其證也後漢書馬皇后紀諸姬主朝請列女傳作諸王親家朝請又郭皇后紀云后弟況遷大鴻臚帝數幸其第會公卿諸侯親家飲燕賞皇后紀云年六歲能書親家皆奇之後漢紀章帝建初三年竇憲兄弟親幸自馬氏侯及王主親家莫不畏憚續漢書禮儀志載上陵儀有百官四姓親家婦女後漢書應奉傳章懷注引汝南記云親家李氏皇后兄弟主壻外孫年雖童

妙妙讀爲眇書顧命云眇眇予末小子魏志陳思王植傳上疏求自試云終軍以妙年使越妙亦眇之**借未脫桎梏**王先生云易蒙九二發蒙利用刑人用脫桎梏周禮大司寇疏引鄭注木在手曰桎在足曰梏又大畜九四童牛之告李氏集解引虞翻曰告謂以木楅其角侯果曰牿楅也以木爲之横施其角止其觝之威也書費誓今惟淫舍牿牛馬正義稱鄭注以牿爲桎梏之梏施牿於牛馬之腳使不得走佚詳稽經訓並以桎梏爲拘囚之具因而凡就拘制者皆謂之桎梏故學校謂之校荷校亦謂之校取義木囚亦其例也童蒙情識未定宜用防閑故脫桎梏則吝此云未脫桎梏正言不離童幼耳未可以關木之罪人槩就墊之童子也**由**字誤**藉此官職功不加民澤不被下**毛詩車舝序云德澤不加於民**而取侯**漢書李廣傳云諸妄校尉已下材能不及中以軍功取侯者數十人又云廣之軍吏及士卒或取封侯而取侯不辭疑侯上脫封字或云取侯侯當爲列侯**多受茅土**獨斷云天子太社以五色土爲壇皇子封爲王者受天子之社土以所封之方色東方受

青南方受赤他如其方色苴以白茅授之各以其所封方之色歸國以立社故謂之受茅土漢興以皇子封爲王者得茅土其他功臣及鄉亭他姓公侯各以其戶數租入爲限不受茅土亦不立社也又不得治民效能以報百姓虛食重祿素餐尸位白虎通京師篇云有能然後居其位德加於人然後食其祿漢書朱雲傳云今朝廷大臣上不能匡主下無以益民皆尸位素餐論衡量知篇云文吏空胸無仁義之學居位食祿終無以效所謂尸位素餐者也素者空也空虛無德食人之祿故曰素餐無道藝之業不曉政治默坐朝廷不能言事與尸無異故曰尸位而但事淫侈坐作驕奢破敗而不及傳世者也史記十二諸侯年表序云諸侯恣行淫侈不軌漢興以來諸侯年表序云諸侯或驕奢怵邪臣計謀爲淫亂大者叛逆小者不軌於法以危其命殞身亡國破敗上疑脫此以二字子產有言未能操刀而使之割其傷實多襄卅一年左傳是故世主世舊作也何本作八並誤之於

貴戚也愛其嬖媚之美不量其材而授之官授舊作受漢書董仲舒傳云量材而授官不使立功自託於民而苟務高其爵位崇其賞賜齊語云勸之以賞賜趙策左師觸讋見太后曰今媼尊長安君之位而封之以膏腴之地多予之重器而不及今令有功於國一旦山陵崩長安君何以自託於趙此文本之令結怨於下民漢書李尋傳云為主結怨於民縣罪於惡韓非子亡徵篇云懸辠而弗誅莊子寓言篇云無所縣其罪郭注縣係也漢書陳湯傳云宜以時解縣通籍孟康曰縣罪未竟也如言縣罰也按縣罪於以下當有二字與下民對此文大意與忠貴篇末段相同彼云下自附於民氓上承順於天心此惡字葢即天心之誤志氏姓篇於諸侯無惡晉語作諸侯無二心亦一證積過既成豈有不顯隕者哉後漢書馮衍傳云社稷顯隕按隕亦作殞隗囂傳云妻子顯殞鄧析子轉辭篇云終顯殞乎混冥之中此所謂子之愛人傷之而已哉襄卅一年

左傳先王之制官民必論其材論定而後爵之位定然後祿之禮記王制云凡官民材必先論之論辨然後使之任事然後爵之位定然後祿之人君也此君不察文有脫誤賢難篇云時君俗主不此察也此此蓋同於彼或當云人君世主不察而苟以親戚色官之人典官者色舊作邑按墨子尚賢中篇云王公大人有所愛其色而使其心不察其知而與其愛是故不能治百人者使處乎千人之官不能治千人者使處乎萬人之官此其故何也曰若處官者爵高而祿厚故愛其色而使之焉色官本於彼譬猶以愛子易御僕詩出車毛傳僕夫御夫也正月鄭箋僕將車者也以明珠易瓦礫呂氏春秋樂成篇云民聚瓦礫淮南子精神訓云視珍寶珠玉猶石礫也雖有可愛好之情然而其覆大車而殺病人也必矣書稱天工人其代之皐陶謨傳曰夫成天地之功者未嘗不蕃昌

也功舊作力按鄭語史伯曰夫成天地之大功者其子孫未嘗不章本書忠貴篇亦云成天地之大功者未嘗不蕃昌也閎元年左傳云其必蕃昌由此觀之世主欲無功之人而彊富之則是與天鬭也使無德況之人爾雅釋詁云貺賜也況與貺同漢書武帝紀元封元年詔曰遭天地況施應劭曰況賜也管子四時篇云求有德賜布施於民者而賞之德況猶言德賜與皇天鬭而欲久立自古以來未之嘗有也按漢書鮑宣傳宣上書言陛下上爲皇天子下爲黎庶父母奈何獨私養外親與幸臣董賢多賞賜以大萬數非天意也又言汝昌侯傅商亡功而封官爵乃天下之官爵取非其官官非其人而望天悅民服豈不難哉又言董賢但以令色諛言自進賞賜亡度竭盡府藏豈天意與民意天不可久負厚之如此反所以害之也宜爲謝過天地解讎海內云云此篇大指與彼同

本政第九

凡人君之治莫大於和陰陽漢書董仲舒傳云天道之大者在陰陽魏相傳云陰陽者王事之本羣生之命自古賢聖未有不繇者也又云願陛下選明經通知陰陽者四人各主一時時至明言所職以和陰陽元帝紀初元三年詔曰蓋聞安民之道本繇陰陽成帝紀陽朔二年詔曰昔在帝堯立羲和之官命以四時之事令不失其序故書云黎民於蕃時雍明以陰陽爲本也陰陽者以天爲本天心順則陰陽和天心逆則陰陽乖天以民爲心民安樂則天心順漢書鮑宣傳云天人同心人心說則天意解矣民愁苦則天心逆民以君爲統君政善則民和治君政惡則民冤亂君以恤民爲本恤民二字疑誤按文義當云得臣方與下合臣忠良則君政善臣姦枉則君政惡以選爲本以選上脫二字選舉實則忠賢進選虛僞則邪黨貢選以法令

爲本法令正則選舉實法令詐則選虛僞法以君爲主君信法則法順行君欺法則法委棄君臣法令之功必効於民故君臣法令善則民安樂民安樂則天心慰慰舊作慰據程本改下同按慰恐俗字見廣韻一董天心慰則陰陽和陰陽和則五穀豐五穀豐而民眉壽詩七月毛傳云眉壽豪眉也民眉壽則興於義興於義而無姦行無姦行則世平而國家寧社稷安而君尊榮矣漢書魏相傳云君動靜以道奉順陰陽則日月光明風雨時節寒暑調和三者得敘則災害不生五穀熟絲麻遂屮木茂鳥獸蕃民不夭疾衣食有餘若是則君尊民說上下亡怨政教不違禮讓可興按相所云大恉本於董仲舒張湯後安世傳相上封事云朝廷尊榮天下鄉風是故天心陰陽君臣民俱善惡相輔至而

代相徵也夫天者國之基也天當作民述赦篇云貞良善民惟國之基救邊篇云國以民爲基皆其證也漢書谷永傳云王者以民爲基君者民之統也臣者治之材也工欲善其事必先利其器漢書梅福傳云士者國之重器得士則重失士則輕故爵祿束帛者天下之砥石高祖所以厲世摩鈍也孔子曰工欲善其事必先利其器顏師古注論語載孔子之言也工以喻國政利器喻賢才王褒傳聖主得賢臣頌云夫賢者國家之器用也所任賢則趨舍省而功施普器用利則用力少而就效衆故工人之用鈍器也勞筋苦骨終日矻矻及至巧冶鑄干將之樸清水焠其鋒越砥斂其咢水斷蛟龍陸剸犀革忽若彗汜畫塗如此則使離婁督繩公輸削墨雖崇臺五層延袤百丈而不溷者工用相得也此文大指本於彼治要載桓譚新論亦云材能德行者治國之器也是故將致太平者必先調陰陽調陰陽者必先順天心順天心者必先安其人安其人者二人

宁當作民必先審擇其人是故國家存亡之本治亂之機在於明選而已矣漢書京房傳云任賢必治任不肖必亂必然之道也聖人知之故以爲黜陟之首書曰爾安百姓何擇非人呂刑此先王致太平而發頌聲也鄭氏詩譜云周頌者周室成功致太平德洽之詩漢書楚元王傳劉向封事云欲以成太平致雅頌論衡須頌篇云天下太平頌聲作否泰消息陰陽不竝劉向封事云讒邪進則衆賢退羣枉盛則正士消故易有否泰小人道長君子道消君子道消則政日亂故爲否否者閉而亂也君子道長小人道消小人道消則政日治故爲泰泰者通而治也觀其所聚而興衰之端可見也易萃彖曰觀其所聚而天地萬物之情可見矣稷禼皐陶聚而致雍熙禼卽契字後漢書方術傳第五倫令班固爲文薦謝夷吾曰臣聞堯登稷契政隆太平舜用皐陶政致雍熙皇父蹶踽聚而致災

異詩十月之交踽今詩作楀夫善惡之象千里合符百世累迹性相近而習相遠論語是故賢愚在心不在貴賤信斯在性不在親疏二世所以共亡天下者丞相御史也見史記秦始皇紀高祖所以共取天下者繒肆狗屠也驪山之徒鉅野之盜皆爲名將灌嬰樊噲黥布彭越也並見史記由此觀之苟得其人不患貧賤苟得其材不嫌名迹漢書遊俠傳序云衆庶樂其名迹覬而慕之遠迹漢元以來漢書賈誼傳云緣跡前事顏師古注尋前事之蹤跡迹與跡同漢元謂漢元年漢書平帝紀元始五年詔曰漢元至今律歷志云黃帝調律歷漢元年以來之用驕貴之臣每受罪誅漢書王嘉傳云往者寵臣鄧通韓嫣驕貴失度逸豫無厭小人不勝情欲卒陷罪辜黨與在位管子八觀篇云請謁得於上則黨與成於下并

伏辜者詩雨無正云既伏其辜常十二三由此觀之貴寵之臣未嘗播授私人進姦黨也管子明法解云羣臣以虛譽進其黨後漢書仲長統傳昌言法誡篇云權移外戚之家寵被近習之豎親其黨類用其私人內充京師外布列郡是故王莽與漢公卿牧守奪漢光武與漢之遺民棄士共誅如貴人必賢而忠呂氏春秋重己篇云人主貴人高誘注貴人謂公卿大夫也賤人必愚而欺則何以若是自成帝以降至於莽公卿列侯下訖令尉續漢書百官志云縣萬戶以上為令不滿為長尉大縣二人小縣一人大小之官且十萬人皆自漢所謂賢明忠正貴寵之臣也莽之篡位惟安衆侯劉崇東郡太守翟義思事君之禮義勇奮發漢書陳湯傳云策慮愊億義勇奮發欲誅莽功雖

不成志節可紀漢書元后傳云莽爲攝皇帝改元稱制宗室安衆侯劉崇及東郡太守翟義等惡之更舉兵欲誅莽義見翟方進傳夫以十萬之計其能奉報恩奉下脫一字按救邊篇云凡民之所以奉事上者懷義恩也此當云奉上報恩二人而已由此觀之衰世羣臣誠少賢也其官益大者罪益重位益高者罪益深爾鹽鐵論褒賢篇云其位彌高而罪彌重祿滋厚而罪滋多故曰治世之德衰世之惡常與爵位自相副也孔子曰國有道貧且賤焉恥也國無道富且貴焉恥也論語國俱作邦此避高祖諱列女傳柳下惠妻傳亦作國詩傷皎皎白駒在彼空谷白駒巧言如流俾躬處休雨無正蓋言衰世之士志彌潔者身彌賤佞彌巧者官彌尊也方以類聚物以羣分易繫辭上傳

同明相見同聽相聞惟聖知聖惟賢知賢分聞賢韻韓詩外傳五云同明相見同音相聞同志相從非賢者莫能用賢漢書元后傳成帝謂王章曰惟賢知賢君試爲朕求可以自輔者魏志杜襲傳襲曰夫惟賢知賢惟聖知聖蓋本此今當塗之人既不能昭練賢鄙然又卻於貴人之風指風指有二義漢書何武傳云大司空甄豐承莽風指顏師古注風謂風采也指意也王莽傳云莽色厲而言之欲有所爲微見風采黨與承其指意而顯奏之風讀如字孔光傳云莽所欲搏擊輒爲草以太后指風光令上之嚴助傳云迺令嚴助諭意風指於南越顏氏並讀風爲諷後漢書宦者傳云蔡倫受竇后風旨誣陷安帝祖母宋貴人章帝子青河孝王傳云使小黃門蔡倫考實之皆承諷旨傳間其事西羌傳云王莽輔政欲燿威德以懷遠爲名乃令譯諷旨諸羌使共獻西海之地皆用諷本字此風旨當讀如字郤當爲劫劫與下脅字同義禮記儒行云劫之以衆鄭注劫劫脅也劫亦作刦劫刦郤字形相近莊子田子方篇盜人不得刦釋文元嘉本

作郄誤正類此**脅以權勢之屬託**漢書鄒陽傳云脅於位勢之貴蓋寬饒傳云脅上無許史之屬下無金張之託顏師古注許氏史氏有外屬之恩金氏張氏自託在於近狎也屬讀如本字按屬託同義顏說非也尹翁歸傳云徵拜東海太守過辭廷尉于定國定國家在東海欲屬託邑子兩人侫幸淳于長傳云鳳且終以長屬託太后及帝外戚傳孝武李夫人病篤上曰夫人病甚殆將不起一見我屬託王及兄弟後漢書竇融傳云年老子孫縱誕多不法遂交通輕薄屬托郡縣干亂政事馬援後嚴傳云典郡四年坐與宗正劉軼少府丁鴻等更相屬托徵拜太中大夫翟酺傳云權貴共誣酺及尚書令高堂芝等交通屬託楊震傳云外交屬託擾亂天下又云屬託州郡傾動大臣白虎通三綱六紀篇論朋友云生不屬死不託分合言之其義一也**請謁閭門**韓非子八姦篇云有左右之交者請謁以為重漢書申屠嘉傳云門不受私謁史記汲鄭列傳賛云始翟公為廷尉賓客闐門漢書作塡顏師古注云塡滿也**禮贄輻輳**說文云轂輻所湊也湊輳古今字後漢書郎顗傳云今選舉皆歸三司非有周

召之才而當則哲之重每有選用輒參之掾屬公府門巷賓客填集送去迎來財貨無已其當選者競相薦謁各遣子弟充塞道路開長姦門與致浮僞非所謂率由舊章也迫於目前之急則且先之（禮記大傳云聖人南面而聽天下所且先者五鄭注且先言未遑餘事）此正士之所獨蔽而群邪之所黨進也周公之爲宰輔也以謙下士故能得賢（鹽鐵論刺復篇云昔周公之相也謙卑而不鄰以勞天下之士是以俊乂滿朝賢智充門事詳說苑敬慎篇及尊賢篇）祁奚之爲大夫也舉讎薦子故能得正人（襄三年左傳）今世得位之徒依女妹之寵以驕士（韓非子說使篇云女妹私義之門不待次而宦）藉亢龍之勢以陵賢（後漢書云陰興光烈皇后母弟也帝欲封之興固讓貴人問其故興曰貴人不讀書記耶亢龍有悔夫外戚家苦不知謙退嫁女欲配侯王取婦眄睨公主愚心實不安也）而欲使志義之

士匍匐曲躬以事已毀顏諂諛以求親然後乃保持之漢書元后傳王鳳云御史大夫音謹勑臣敢以死保之楚元王後向傳上數欲用向爲九卿輒不爲王氏居位者及丞相御史所持故終不遷顏師古注持謂扶持佐助也荀子解蔽篇云鮑叔甯戚隰朋仁知且不蔽故能持管仲而名利福祿與管仲齊召公呂望仁知且不蔽故能持周公而名利福祿與周公齊楊倞注持扶翼也晉書山濤傳云時人欲危裴秀濤正色保持之石鑒傳云時大司馬汝南王亮爲太傳楊駿所疑有告亮欲舉兵討駿鑒以爲不然保持之則貞士採薇凍餒伏死巖穴之中而已爾豈有肯踐其闕而交其人者哉漢書鄒陽傳云今欲使天下寥廓之士籠於威重之權脅於位勢之貴回面汙行以事諂諛之人而求親近於左右則士有伏死堀穴巖藪之中耳安有盡忠信而趨闕下者哉

潛歎第十

凡有國之君君下舊有者字据治要删未嘗不欲治也而治不世見者所任不賢故也漢書京房傳云任賢必治任不肖必亂世未嘗無賢也而賢不得用者羣臣妒也楚策蘇子曰人臣莫難於無妒而進賢爲主主有索賢之心而無得賢之術臣有進賢之名而無進賢之實此以人君孤危於上秦策范雎曰小者身以孤危而道獨抑於下也道下脱一字獨舊作猶据治要改夫國君之所以致治者公也公法行則軌亂絶軌治要作宄按本書皆作宄佞臣之所以便身者私也私術用則公法奪管子任法篇云法者上之所以一民使下也私者下之所以侵法亂主也韓非子詭使篇本言曰所以治者法也所以亂者私也法立則莫得爲私矣列士之舊脱据治要補所以建節者義也正節立則

醜類代孫侍御云代疑殆王侍郎云代當作伐與絕奪為韻繼培按說苑政理篇孔子曰夫以不肖代賢是為奪也以賢代不肖是為伐也此姦臣亂吏無法之徒無法治要作思私按韓非子定法篇云臣無法則亂於下人主篇云大臣太貴所謂貴者無法而擅行操國柄而便私者也所爲舊作謂據治要改日夜杜塞賢君義士之間塞治要作隔管子明法解云人臣之力能鬲君臣之閒而使美惡之情不揚聞按後漢書申屠剛傳云外戚杜隔恩不得通又云親疎相錯杜塞閒隙塞隔義同咸治要作亟使不相得者也漢書王襃傳聖主得賢臣頌云聚精會神相得益章夫賢者之爲人臣不損君以奉佞不阿衆以取容呂氏春秋似順覽云夫順令以取容者衆能之高誘注容悅也漢書朱建傳云義不取容不墮舊作惰據治要改公以聽私不撓法以吐剛詩烝民云剛亦不吐撓法見務本篇注其明能照姦而義不比黨禮記儒行云讒

諂之民有比黨而危之者是以范武歸晉而國姦逃宣十六年左傳華元反朝而魚氏亡成十五年左傳故正義之士與邪枉之人不兩立韓非子孤憤篇云智術之士明察聽用且燭重人之陰情能法之士勁直聽用且矯重人之姦行故智術能法之士用則貴重之臣必在繩之外矣是智法之士與當塗之人不可兩存之仇也淮南子詮言訓云邪與正相傷欲與性相害不可兩立一置一廢而立下舊有之字而作夫據治要刪改人君之取士也不能參聽民氓斷之聰明反徒信亂臣之說獨用污吏之言孟子曰暴君汙吏此所謂與仇選使選舊作遷據治要改令囚擇吏者也書云謀及乃心謀及庶人洪範孔子曰衆好之必察焉衆惡之必察焉論語故聖人之施舍也周語王孫說曰故聖人之施舍也議之韋昭注施予也舍不予不必任衆亦

不必專己（漢書敘傳班彪云主有專己之威後漢書陳元傳云博詢可否示不專已）必察彼己之爲（治要作謂）而度之以義（周語王孫說曰主德義而已）或舍人取己（孟子云舍己從人此反言之中論愼所從篇云夫人之所常稱曰明君舍己而從人故其國治以安闇君違人而專己故其國亂以危乃一隅之偏說也非大道之至論也凡安危之勢治亂之分在乎知所從不在乎必從人也意與此同）故舉無遺失而政（治要作功）無廢滅也（見明闇篇）或君則不然（或與惑同荀子臣道篇云闇主惑君呂氏春秋知化篇云人主之惑者則不然）己有所愛則因以斷正不稽於衆不謀於心苟眩於愛惟言是從此政之所以敗亂而上之所以放佚者也昔紂好色九侯聞之乃獻厥女紂則大喜（則何本作乃按則字是與下紂則大怒相應）以爲天下之麗莫若此也以問

妲己妲己懼進御而奪己愛也乃僞俯而泣曰君王年卽耆耶卽耆御覽四百九十四作既老按當作既耆曾子疾病篇云年既耆艾明旣衰耶何貌惡之若此而覆謂之好也紂於是渝而以爲惡詩羔裘毛傳渝變也妲己恐天下之愈進美女者因白九侯之不道也乃欲以此惑君王也王而弗誅何以革後紂則大怒遂脯厥女而烹九侯淮南子俶眞訓云醢鬼侯之女呂氏春秋行論篇高誘注梅伯說鬼侯之女美令紂取之紂聽妲己之譖曰以爲不好故醢梅伯脯鬼侯過理篇注同鬼侯卽九侯也史記魯仲連傳云九侯有子而好獻之於紂紂以爲惡醢九侯殷本紀又云九侯女不憙淫紂怒殺之自此之後天下之有美女者乃皆重室晝閉禮記月令云審門閭謹房室必重閉鄭注重閉外內閉也淮南子主術訓云閨門重襲惟恐

紂之闇也趙高專秦將殺二世乃先示權於衆獻鹿於君以爲駿馬二世占之曰鹿方言云凡相竊視南楚或謂之占按說文云覘窺視引春秋傳公使覘之占卽覘之省高曰馬也二世收目獨視王侍郎云收目當作救目救卽說文揩字王先生曰獨疑屬曰丞相誤邪此鹿也高終對以馬問於朝臣朝臣或助二世而非高高因自二世此皆阿主惑上不忠莫大乃盡殺之自此之後莫敢正諫說苑正諫篇云諫有五一曰正諫而高遂殺二世於望夷竟以亡見史記秦始皇紀新語辨惑篇載此事以爲趙高駕鹿夫好之與惡效於目效舊作放按禮記曲禮效馬效羊鄭注云效猶呈見而鹿之與馬者疑衍者於形者也新語云馬鹿之異形衆人所知也已又定矣還至讒[illegible]疑當

作妒屬上讀臣妾之飾僞言而作辭也易遯九三畜臣妾吉漢書董仲舒傳云百官皆飾空言虛辭韓非子詭使篇云造言作辭則君王失己心而人物喪我體矣況乎逢幽隱囚人幽囚同義荀子王霸篇云公侯失禮則幽楊倞注幽囚也呂氏春秋驕恣篇云厲公游於匠麗氏欒書中行偃劫而幽之高誘注幽囚也秦策姚賈曰管仲南陽之弊幽魯之免囚史記管晏列傳管仲曰吾幽囚受辱幽隱囚人亦猶言幽囚矣而待校其信齊語韋昭注校考合也不若察妖女之留意也其辨賢不肖也不舊作必若辨鹿馬之審固也禮記射義云持弓矢審固此二物者皆得進見於朝堂暴質於心臣矣心臣未詳程本作廷臣按後漢書班彪後固傳西都賦云左右廷中朝堂百僚之位朝堂注詳救邊篇王先生云心臣當是心目以下文君目君心定之及歡愛苟媚佞說巧辨之惑君也猶炫燿君

目楚辭離騷云世幽昧以眩曜兮王逸注眩曜惑亂貌淮南子氾論訓云嫌疑肖象者衆人之所眩耀炫燿眩曜眩耀並同變奪君心便以好爲舊脫醜以鹿爲馬而況於郊野之賢闕外之士未嘗得見者乎史記魏世家李克曰臣在闕門之外趙策蘇秦說李兌曰造外闕願見於前夫在位者之好蔽賢而務進黨也說苑政理篇孔子曰匿人之善者是謂蔽賢也君道篇太公曰多黨者進少黨者退是以羣臣比周而蔽賢百吏羣黨而多姦漢書李尋傳云微言毀譽進類蔽善自古而然漢書趙充國辛慶忌傳贊云其風聲氣俗自古而然昔唐堯之大聖也聰明宣昭詩文王云宣昭義問虞舜之大聖也德音發聞韓非子說疑篇云衆歸而民留之以譽盈於國發聞於主堯爲天子求索賢人訪於羣后羣后不肯薦舜而反稱共鯀之徒賴堯之聖後乃舉舜而放四

子見書堯典夫以古聖之質也堯聰之明也舜德之彰也君明不可欺德彰不可蔽也質鮮爲佞而位者位上疑脫在字尚直若彼今夫列士之行其不及堯舜乎達矣達當作遠而俗之荒唐莊子天下篇云荒唐之言世法滋彰老子云法令滋彰然則求賢之君哀民之士其相合也亦必不幾矣幾讀爲冀文王遊畋遇姜尚於渭濱察言觀志而見其心不諂左右不諛羣臣遂戴反歸見六韜注詳卜列篇委之以政用能造周宣十五年左傳羊舌職曰士伯庸中行伯君信之亦庸士伯此之謂明德矣文王所以造周不是過也故堯參鄉黨以得舜文王參已以得呂尚說苑尊賢篇云堯舜相見不違桑陰文王舉太公不以日久故賢聖之接也不待久而親能者之相見也不待試而

知矣豈若殷辛秦政晉語云殷辛伐有蘇韋昭注殷辛殷紂也漢書賈山傳云秦政力并萬國富有天下按政始皇名既得賢人反決滯於讎決滯猶言去畱周禮廛人注鄭司農云貨物沈滯於廛中不決按決則不滯義相覆也或云決即沈之誤周語云氣不沈滯韋昭注沈伏也滯積也後漢書崔駰傳達旨云胡爲嘿嘿而久沈滯也誅殺正直而進任姦臣之黨哉是以明聖之君於正道也不專驅於貴寵惑於嬖媚不棄疏遠不輕幼賤又參而任之管子七法篇云論功計勞未嘗失法律也便辟左右大族尊貴大臣不得增其功焉疏遠卑賤隱不知之人不忘其勞漢書翼奉傳云古者朝廷必有同姓以明親親必有異姓以明賢賢此聖王之所以大通天下也同姓親而易進異姓疏而難通故同姓一異姓五迺爲平均按此卽所謂參而任之也故有周之制也天子聽政使三公至於列士獻典治要作詩按周語云使公卿列

士獻詩瞽獻曲曲或誤爲典王氏所用國語本與韋昭不同未敢据彼以補此也艮史獻書周語無艮字師箴瞍賦矇誦百工諫庶人傳語近臣盡規親戚補察瞽史舊作叟教誨耆艾修之而後王斟酌焉是以事行而無敗周語作不悖也末世則不然易繫辭下傳云其當殷之末世徒信貴人驕妒之議獨用苟媚治要作宿媚按苟媚亦見上文蠱惑之言行豐禮者蒙僁咎僁俗愆字見廣韻二仙論德議者見尤惡於是諛臣說苑臣術篇云偸合苟容與主爲樂不顧其後害如此者諛臣也治要諛臣下有佞人二字又從以詆訾之法漢書哀帝紀云除誹謗詆欺法被以議上之刑此賢士之始困也漢書嚴安傳云此民之始苦也文與此同治要始作逅逅遇也義亦可通夫詆訾之法者伐賢之斧也而驕[illegible]者

治要作驕妬之臣噬賢之狗也卽賢難篇所云㹞犬齧賢一切經音義一引三蒼云噬齧也人君內秉伐賢之斧權噬賢之狗權如權兵之權注見勸將篇而外招賢以上九字治要作而外招噬賢之狗欲其至也治要至下有理字葢誤不亦悲乎

潛夫論卷第二終

潛夫論卷第三

蕭山汪繼培箋

忠貴第十一 後漢書本傳作貴忠

世有莫盛之福又有莫㬥之禍處莫高之位者不可以無莫大之功竊亢龍之極貴者舊脫未嘗不破亡也成天地之大功者未嘗不蕃昌也注見思賢篇帝王之所尊敬本傳作夫帝王之所尊敬者天也按春秋繁露郊義篇云天者百神之君也王者之所最尊也天之所甚愛者民也襄十四年左傳師曠曰天之愛民甚矣今人臣受君之重位牧天之所甚愛襄十四年左傳師曠曰天生民而立之君使司牧之漢書鮑宣傳云爲天牧養元元焉可以不安而利之養而濟之哉漢書

高帝紀十一年詔曰賢人已與我共平之矣而不與吾共安利之可乎鼂錯傳云知所以安利萬民則海內必從矣易繫辭下傳云萬民以濟**是以君子任職則思利民**桓六年左傳云上思利民忠也說苑建本篇云賢臣之事君也苟有可以安國家利民人者不避其難不憚其勞以成其義政理篇云知為吏者奉法利民**達上則思進賢**漢書楚元王傳劉向封事云賢人在上位則引其類而聚之於朝楚策蘇子曰忠臣之於君也必進賢人以輔之呂氏春秋贊能篇云功無大乎進賢**功孰大焉故居上而下不重也在前而後不殆也**文子道德篇老子曰居上而民不重居前而衆不害**書稱天工人其代之**皋陶謨**王者法天而建官**後漢書劉玄傳李淑云三公上應台宿九卿下括河海故天工人其代之論衡紀妖篇云天官百二十與地之王者無以異也地之王者官屬備具法象天官稟取制度桓八年公羊傳疏引春秋說云立三台以為三公北斗九星為九卿二十七大夫內宿部衛之列八十一

紀以爲元士凡百二十官焉自公卿以下至於小司按後漢時有上司小司之稱中論譴交篇云下及小司列城墨綬莫不相商以得人自矜以下士小司謂官職之卑者其稱上司者皆謂司馬光武改司馬爲太尉故太尉稱上司見後漢書郎顗劉愷楊震傳及後漢紀章帝元和三年若吏弼傳云承望上司誣陷良善吳祐傳章懷注引陳爾耆舊傳云祐處同僚無私書之問上司無牋檄之敬則皆以爲上官之通稱矣輒疑孰非天官也是故明主不敢以私愛忠臣不敢以誣能管子法法篇云明君不以祿爵私所愛忠臣不誣能以干爵祿夫竊人之財猶謂之盜僖廿四年左傳介之推語況偷天官以私己乎以罪犯人必加誅罰況乃犯天得無咎乎五代建侯開國成家傳嗣百世歷載千數注見思賢篇皆以能當天官功加百姓周公東征後世追思詩破斧召公甘

棠人不忍伐詩甘棠**見愛如是豈欲私害之者哉**史記商君傳集解引新序云昔周召施善政及其死也後世思之蔽芾甘棠之詩是也嘗舍於樹下後世思其德不忍伐其樹況害其身乎今新序佚此文**此其後之封君多矣**史記樂書云封君世辟**或不終身或不朞月而莫隕墜其世無者載莫盈百是人何也哉**而莫以下文有脫誤按漢書高惠高后文功臣表敘引杜業說云昔唐以萬國致時雍之政虞夏以之多羣后饗其已之治湯法三聖殷氏太平周封八百重譯來賀成王察牧野之克顧羣后之勤知其恩結於民心功光於王府也故追述先父之志錄遺老之策高其位大其寓至其沒也世主歎其功無民而不思所息之樹且猶不伐況其廟乎是以燕齊之祀與周並傳子繼弟及歷載不墮豈無刑辟繇祖之竭力故支庶賴焉迹漢功臣亦皆割符世爵受山河之誓百餘年閒而襲封者盡或絕失姓或乏之無主朽骨孤於墓苗裔流於道以往況今甚可悲傷此文自五代以下大恉本於彼是何

也哉見勸將篇此八字亦疑衍五代之臣以道事君論語以仁撫世澤及草木漢書嚴助傳淮南王上書云恩至禽獸澤及草木兼利外內普天率土後漢書班彪後固傳明堂詩普天率土各以其職章懷注詩小雅曰溥天之下莫非王土率土之濱莫非王臣普亦溥也莫不被德漢書禮樂志董仲舒云德化被四海其所安全眞天工也是以福祚流衍漢書敘傳王命論云福祚流於子孫本枝百世詩文王枝今作支莊六年左傳引詩與此同季世之臣昭三年左傳晏子曰此季世也不思順天而時主是諛謂破敵者爲忠多殺者爲賢白起蒙恬並見史記秦以爲功天以爲賊息夫董賢並見漢書主以爲忠天以爲盜此等之儔雖見貴於時君然上不順天心下不得民意漢書元后傳王章云上順天心下安百姓王莽傳云承順天心

快百姓意故卒泣血號咷以辱終也易屯上六泣血漣如旅上九旅人先笑後號咷淮南子繆稱訓云小人在上位如寢關曝纊不得須臾寧故易曰乘馬班如泣血漣如言小人處非其位不可長也易曰德薄而位尊智小而謀大力少而任重鮮不及矣繫辭下傳少今本作小唐石經作少按晉書山濤傳云德薄位高力少任重後漢書朱馮虞鄭周列傳贊章懷注引易同荀子儒效篇能小而事大辟之是猶力之少而任重也亦用易語錢宮詹大昕云三國志王修傳注引魏略力少任重漢書王莽傳自知德薄位尊力少任大今本少作小惟北宋景祐本是少字是故德不稱其任其禍必酷能不稱其位其殃必大且夫竊位之人注見賢難篇天奪其鑒僖二年左傳云是天奪之鑒而益其疾也神惑其心是故貧賤之時雖有鑒明之資王先生云鑒明當依本傳作明察鑒察形近而譌繼培按鑒蓋賢之誤漢書五行志云人君有賢明

之材畏天威命王褒傳云世必有聖知之君而後有賢明之臣仁義之志一旦富貴則背親捐舊作損据傳改舊喪其本心孟子云此之謂失其本心皆疏骨肉而親便辟史記伍子胥傳云疏骨肉之親辟讀爲嬖漢書佞幸傳贊云咎在親便嬖薄知友而厚狗馬鹽鐵論散不足篇云百姓或短褐不完而犬馬衣文繡說苑正諫篇咎犯曰民有饑色而馬有粟秩財貨滿於僕妾史記孟嘗君傳云僕妾餘粱肉而士不厭糟糠祿賜盡於猾奴漢書貢禹傳云祿賜愈多家日以益富一切經音義一引三蒼云猾黠惡也史記貨殖傳云桀黠奴人之所患也寧見朽貫千萬而不忍賜人一錢寧積粟腐倉而不忍貸人一斗史記平準書云京師之錢累巨萬貫朽而不可校太倉之粟陳陳相因充溢露積於外至腐敗而不可食高祖紀云實不持一錢田敬仲世家云田常復修釐子之政以大斗出貸以小斗收御覽入百四十一斗作一升按此文郎墨子尚同上篇所

云腐朽餘財不以相分人多驕肆管子霸言篇云富而驕肆者復貧負債不償說文云償還也債本書多作責責債古今字骨肉怨望於家毛詩角弓序云骨肉相怨鄭于詩箋云骨肉之親相疏遠則以親親之望易以生怨按怨望同義史記陳餘傳餘怒曰不意君之望臣深也索隱云望怨責也細民謗讟於道晏子春秋諫下云不顧細民昭元年左傳云民無謗讟前人以敗後爭襲之誠可傷也歷觀前世貴人之用心也與嬰兒等與嬰二字舊空据程本釋名釋長幼云人始生曰嬰兒胷前曰嬰抱之嬰前乳養之也嬰兒有常病貴臣有常禍貴臣程本作貴人按本傳及意林並作貴臣下同父母有常失人君有常失嬰兒常病傷飽也貴臣常禍傷寵也父母常失在不能已於媚子詩思齊毛傳媚愛也人君常過在不能已於驕臣後漢書陳元傳云人君患

在自驕不患驕臣哺乳太多漢書賈誼傳云抱哺其子顏師古注哺飲也則必掣縱而生癇說文手部瘈引縱曰瘈疒部瘛小兒瘛瘲病也戴侗六書故云瘛瘲謂小兒風驚乍掣乍縱掣搐也縱則掣而乍舒也王篇云癇小兒瘨病按素問大奇論云癇瘛筋攣貴富太盛則必驕佚而生過趙策公子牟曰貴不與富期而富至富不與粱肉期而粱肉至粱肉不與驕奢期而驕奢至驕奢不與死亡期而死亡至累世以前坐此者多矣成六年左傳云國饒則民驕佚是故媢子以賊其軀者非一門也驕臣用滅其家者非一世也春秋繁露身之養重於義篇云忘義而徇利去理而走邪以賊其身而禍其家賊軀猶賊身漢書梅福傳云漢興以來社稷三危呂霍上官皆母后之家也親親之道全之爲右當與之賢師良傅敎以忠孝之道今迺尊寵其位授以魁柄使之驕逆至於夷滅此失親親之大者也此文意與彼同或以背叛橫逆不道橫逆不道郎述赦篇所云大逆不道也漢書陳湯傳云不

道無正法以所犯劇易爲罪大逆不道之劇者**或以德薄不稱其貴文昌貶功司命舉過**史記天官書云斗魁戴匡六星曰文昌宮四曰司命禮記祭法司命鄭注司命主督察三命疏云皇氏云司命者文昌宮星白虎通壽命篇云隨命者隨行爲命欲使民務仁立義無滔天滔天則司命舉過言則用以弊之後漢書張衡傳章懷注引春秋佐助期曰司命神名爲滅黨長八尺小鼻望羊多髭癯瘦通於命運期度**觀惡深淺稱罪降罰或捕格斬首**後漢書劉盆子傳章懷注相拒而殺之曰格按漢書馮奉世傳池陽令並素行貪汙野王部督郵掾趙都按驗得其主守盜十金罪收捕並不首吏都格殺顏師古注不首吏謂不伏從收捕也**或拉髆掣胷**莊元年公羊傳搚幹而殺之何休注搚折聲也釋文搚亦作拉拉釋名釋姿容云掣制也制頓之使順已也鹽鐵論散不足篇云吏捕索掣頓不以道理續漢書五行志載梁冀事云吏卒掣頓折其要周禮掌囚凡殺人者踣諸市鄭注踣僵尸也**或掊脊掊死深穽**掊與踣同穽傳作穽按穽蓋穽之

誤廣韻云窂與牢同漢碑太牢字多作窂鹽鐵論褒
賢篇云身在深牢莫知恤視後漢書黨錮傳范滂傳
論云幽深牢破室族**銜刀都市**漢書王嘉傳云奉職負國當伏刑都市以示萬衆**殭屍**
破家覆宗滅族者皆無功於民氓者也而後人貪權
冒寵蓄積無極楚語鬭且廷見令尹子常歸以語其弟曰令尹問蓄聚積實如餓豺狼焉
殆必亡者也文十八年左傳云貪於飲食冒於貨賄聚斂積實不知紀極杜注冒亦貪也**思登顛**
隕之臺太玄經上次七升於顛臺**樂循覆車之迹**新書連語周諺曰前車覆而後
車戒韓詩外傳五云前車覆而後車不誡是以後車覆也後漢書隗囂傳云循覆車之軌**願禆福**
祚詩采菽云福祿膍之毛傳禆厚也禆與膍同儀禮覲禮鄭注禆之爲言埤也詩北門毛傳埤厚也
以備員滿貫者史記平康君傳云秦之圍邯鄲趙使平原君求救合從於楚約與食客門
下二十人偕得十九人餘無可取者門下有毛遂者前自贊於平原君曰願君即以遂備員而行張丞相

傳云自申屠嘉死之後丞相皆以列侯繼嗣娖娖廉謹爲丞相備員而已宣六年左傳中行桓子日使疾其民以盈其貫將可殪也韓非子說林下云有無悍者鄰欲賣宅而避之人日是其貫將滿也子姑待之答日吾恐其以我滿貫也何世無之當呂氏之貴也太后稱制而專政祿產秉事而握權擅立四王多封子弟兼據將相外內磐結自以雖湯武興五霸作弗能危也於是廢仁義而尚威虐滅禮信而務譎詐海內怨痛人欲其亡故一朝摩滅而莫之哀也事見漢書高后紀晉語云一朝而滅莫之哀也按方言云摩滅也摩與靡通漢書司馬遷傳云古者富貴而名摩滅不可勝紀字亦作靡賈山傳云萬鈞之所壓無不糜滅者霍氏之貴專相幼主誅滅同僚廢帝立帝莫之敢違禹繼父位山雲屏事諸壻專典禁兵婚

姻本族事見漢書霍光傳屛當作秉魏相傳相奏封事言光死子復爲大將軍兄子秉樞機昆弟諸壻據權埶在兵官張禹傳云總秉諸事亦秉事之證王先生云本族疑帝族王氏之貴九侯五將漢書王莽傳云家凡九侯五大司馬五將郎五大司馬也元后傳解光奏曲陽侯根宗重身尊三世據權五將秉政五行志云五將世權朱輪二十三漢書楚元王傳劉向封事云王氏一姓乘朱輪華轂者二十三人太后專政秉權三世莽爲宰衡封安漢公居攝假號身當南面卒以篡位十有餘年自以居之已久威立恩行永無禍敗故遂肆心恣意私近忘遠崇聚羣小重賦殫民以奉無功動爲姦詐託之經義迷罔百姓欺誣天地自以我密人莫之知皇天從上鑒其姦神明自幽照其態豈有誤哉事見漢書王莽

傳按此言呂霍王氏事大恉本劉向封事夫鳥以山爲卑而增巢其上，魚以淵爲淺而穿穴其中，卒所以得之者餌也。曾子疾病篇文大戴禮增作曾穿作壓說苑敬愼篇說叢篇並作穿貴戚懼家之不吉而聚諸令名，史記秦始王紀云阿房宮成欲更擇令名名之聚傳作制按聚乃製之誤西京雜記云初修上林苑羣臣遠方各獻名果異樹亦有製爲美名以標奇麗製名亦一證懼門之不堅而爲作鐵樞，說文云樞戶樞也卒其以敗者，本傳其下有所字天中記十五同非苦禁忌少漢書藝文志論陰陽家云拘者爲之則牽於禁忌而門樞朽也，常苦崇財貨而行驕僭漢書禹貢傳云相守崇財利王商傳云王鳳顓權行多驕僭虐百姓而失民心爾。孔子曰：「不患無位，患已不立。」論語作患所以立是故人臣不奉遵禮法，竭精思職，漢書梅福傳云厲志竭精推誠輔君效功百姓下自附於民氓上承順於天心而乃欲任其私知竊君威德以陵下民反戾天地欺誣神明偷進苟得以自奉厚居累卵之危而圖泰山之安漢書枚乘傳諫吳王書云必若所欲爲危於累卵難於上天變所欲爲易於反掌安於泰山爲朝露之行史記商君傳趙良曰君之危如朝露而思傳世之功墨子所染篇云功名傳於後世漢書禮樂志郊祀歌云傳世無疆譬猶始皇之舍德任刑而欲計一以至於萬也漢書賈山傳云古者聖王作謚三四十世耳秦皇帝曰死而以謚法是父子名號有時相襲也以一至萬則世世不相復也故死而號曰始皇帝其次曰二世皇帝者欲以一至萬也豈不惑哉

浮侈第十二

王者以四海爲一家漢書高帝紀七年蕭何曰天子以四海爲家荀子王制篇云四海之內若一家以兆民爲通計閔元年左傳云天子曰兆民一夫不耕天下必受其饑者一婦不織天下必受其寒者管子揆度篇云農有常業女有常事一農不耕民有爲之饑者一女不織民有受其寒者呂氏春秋愛類篇云神農之教日士有當年而不耕者則天下或受其饑矣女有當年而不績者則天下或受其寒矣新書無蓄篇云古人曰一夫不耕或爲之饑一婦不織或爲之寒今舉世舍農桑趨商賈牛馬車輿塡塞道路游手爲巧後漢書章帝紀元和三年告曰務盡地力勿令游手按漢書貨殖傳云童手指千孟康曰古者無空手游日皆有作務作務須手指故曰手指巧舊作功據本傳改充盈都邑治本者少浮食者衆漢書成帝紀陽朔四年詔曰間者民彌惰怠鄉本者少趨末者衆地理志云漢興立都長安郡國輻輳浮食者多民去本就末治要載崔寔政

論云世奢服僭則無用之器貴本務之業賤矣農桑勤而利薄工商逸而入厚故農夫輟耒而雕鏤工女投杼而刺文躬耕者少末作者衆商邑翼翼四方是極詩殷武云商邑翼翼四方之極漢書匡衡傳衡上疏引詩與今同漢紀載衡疏作京邑翼翼四方是則後漢書樊宏後準傳又引云京師翼翼四方是則章懷注謂出韓詩張衡東京賦京邑翼翼四方所視薛綜注云京大也大邑謂洛陽也此文引詩以證洛陽疑本作京邑後人据毛詩改之今察洛陽後漢書光武帝紀云建武元年冬十月車駕入洛陽遂定都焉按洛當依下文作雒漢書地理志河南郡雒陽顔師古注魚豢云漢火德忌水故去洛水而加佳如魚氏說則光武以後改爲雒字也浮末者什於農夫虛僞游手者什於浮末是則一夫耕百人食之一婦桑百人衣之以一奉百孰能供之天下百郡千縣市邑萬數類皆如此本末何足相供則民安得不饑寒

饑寒並至則安能不爲非爲非則姦宄姦宄繁多則吏安能無嚴酷嚴酷數加則下安能無愁怨愁怨者多則咎徵並臻下民無聊而舊作則据傳改上天降災則國危矣管子八觀篇云主上無積而宮室美氓家無積而衣服修乘車者飾觀望步行者雜文采本資少而末用多者侈國之俗也國侈則用費用費則民貧民貧則姦智生姦智生則邪巧作姦邪之所生生於匱不足匱不足之所生生於侈侈之所生生於毋度故曰審度量節衣服儉財用禁侈泰爲國之急也墨子辭過篇云其民饑寒並至故爲姦邪多姦邪多則刑罰深刑罰深則國亂說苑反質篇魏文侯問李克曰刑罰之源安生李克曰生於奸邪奸邪之行凡奸邪之心饑寒而起淫佚者久饑之詭也雕文刻鏤害農事者也錦繡纂組傷女工者也農事害則饑之本也女工傷則寒之原也饑寒並至而能不爲奸邪者未之有也男女飾美以相矜而能無淫佚者未嘗有也故上不禁技巧則國貧民侈國貧窮者爲姦邪

而富足者爲淫佚則驅民而爲邪也民已爲邪因以法隨誅之不赦其罪則是爲民設陷也刑罰之起有原人主不塞其本而替其末傷國之道也新書孽産子篇云百人作之不能衣一人也欲天下之無寒胡可得也一人耕之十人聚而食之欲天下之無饑胡可得也饑寒切於民之肌膚欲其無爲姦邪盜賊不可得也漢書景帝紀後二年詔曰雕文刻鏤傷農事者也錦繡纂組害女紅者也農事傷則饑之本也女紅害則寒之原也夫饑寒並至而能亡爲非者寡矣按數家所言意恉相同此文所從出也

夫貧生於富弱生於強亂生於治危生於安孫子兵勢篇云亂生於治怯生於勇弱生於強是故明王之養民也憂之勞之漢書董仲舒傳云憂勞萬民淮南子氾論訓云以勞天下之民高誘注勞猶憂也勞讀勞勑之勞教之誨之詩緜蠻慎微防萌以斷其邪說苑雜言篇孔子曰中人之情有餘則侈不足則儉無禁則淫無度無度則失縱欲則敗飲食有量衣服有節宮室有度畜聚有數車器有限以防亂之源也漢書王吉

傳云古者衣服車馬貴賤有章以褒有德而別尊卑今上下僭差人人自制是以貪財誅利不畏死亡周之所以能致治刑措而不用者以其禁邪於冥冥絕惡於未萌也故易美節以制度不傷財不害民節象詞七月詩大小教之終而復始豳風由此觀之民固不可恣也淮南子主術訓云古之置有司也所以禁民使不得自恣也今民奢衣服侈飲食事口舌史記蘇秦傳云兄弟嫂妹妻妾竊皆笑之曰周人之俗治產業力工商逐什二以爲務今子釋本而事口舌困不亦宜乎而習調欺廣雅釋詁云調欺也一切經音義十二引通俗文大調曰謾蒼頡篇謾欺也以相詐紿說文云詒相欺詒也紿與詒通比肩是也晏子春秋雜下云臨淄三百閭張袂成陰揮汗成雨比肩繼踵而在或以謀姦合任爲業本傳注云合任謂相合爲任俠也按合疑當作會詳述赦篇漢書酷吏尹賞傳受賕報讎漢紀成帝永始三年作受任報讎任卹合任之任疑漢書爲後人所

改

或以游敖博弈爲事漢書循吏名信臣傳云府縣吏家子弟好游敖不以田作爲事輒斥罷之或疑衍丁夫世不傳犂鋤傳本傳作扶蓋本是傳字尚書大傳云距冬至四十五日始出學傳農事世當爲卉說文云卉三十并也懷丸挾彈攜手遨游說文云彈行丸也管子輕重丁云挾彈懷丸遊水上彈翡燕小鳥輕重戊云衆鳥居其上丁壯者胡丸操彈居其下終日不歸詩北風云攜手同行柏舟云以遨以遊文選王褒四子講德論云相與結侶攜手俱游按北堂書鈔一百廿四引東觀漢記詔曰三輔皆好彈一大老從旁舉身曰噫嘻哉東京時挾彈成俗父老歎息王氏所言爲不虛矣或取好土作丸賣之於彈外不可以禦寇內不足以禁鼠晉靈好之以增其惡宣二年左傳未嘗聞志義之士喜操以游者也惟無心之人羣豎小子史記平原君傳毛遂曰白起小豎子耳接而持之妄彈鳥雀百發不

得一而反中面目此最無用而有害也或坐作竹簧
坐疑衍蓋卽化字之駁文釋名釋樂器云簧横也以竹鐵作於口横鼓之削銳其頭有傷
害之象傳以蠟蜜有甘舌之類御覽五百八十一傳作寒甘作口按漢書
五行志云有口舌之痾傳謂塗附之如漢書佞幸傳云傳脂粉也皆非吉祥善應或
作泥車瓦狗馬騎倡排排何本作俳說文云倡樂也俳戲也漢書霍光傳云引內
昌邑樂人擊鼓歌吹作俳倡按俳排古亦通用莊子在宥篇云人心排下而進上釋文排崔本作俳諸
戲弄小兒之具以巧詐漢書地理志云趙中山地薄人衆作姦巧多弄物爲倡優
成帝紀永始二年詔曰將作大匠萬年妄爲巧詐新書瑰瑋篇云飾知巧以相詐利詩刺不績
其麻女也婆娑詩東門之枌女今詩作市按本傳亦作市今多不修中饋
易家人六二在中饋休其蠶織詩瞻卬而起學巫祝鼓舞事神說文

云巫祝也女能事無形以舞降神也鹽鐵論散不足篇云世俗飾僞行詐爲民巫祝以取釐謝堅額健舌或以成業致富故憚事之人釋本相學是以街巷有巫閭里有祝**以欺誣細民熒惑****百姓**史記淮南王傳云熒惑百姓漢書作營顏師古注營謂回繞之按說文云營惑也熒營並與營通周禮凡以神仕者鄭注國語曰古者民之精爽不攜貳者而又能齋肅中正其知能上下比義其聖能光遠宣朗其明能光照之其聰能聽徹之如是則神明降之在男曰覡在女曰巫是以使制神之處位次主而爲之牲器時服巫既知神如此又能居以大灋是以聖人用之今之巫祝既闇其義何明之見何灋之行正神不降惑於淫厲苟貪貨食遂誣人神令此道滅痛矣**婦女羸弱**說文云羸瘦也漢書匈奴傳云見其羸弱**疾病之家懷憂憒憒**方言云愁恚憒憒毒而不發謂之氐惆郭注氐惆猶懊憹也易林訟之升憒憒不說憂從中出大有之蒙李梅零墜心思憒憒懷憂少愧亂我魂氣齊策孟嘗君曰文倦於事憒於憂**皆易恐懼至使奔走便時去離正**

宅漢時有避疾之事漢書游俠原涉傳云人嘗置酒請涉涉入里門客有道涉所知母病避疾在里宅者涉卽往候後漢書來歙後歷傳云皇太子驚病不安避幸安帝乳母野王君王聖舍魯恭後丕傳云趙王商嘗欲避疾便時移住學官丕止不聽按漢書孝平王皇后傳顏師古注云便時取時日之便也崎嶇路側漢書司馬相如傳云民人升降移徙崎嶇而不安史記作陭䧢按說文作敧䧢上漏下濕莊子讓王篇云原憲居魯環堵之室上漏下濕風寒所傷素問玉機眞藏論云風者百病之長也今風寒客於人使人毫毛畢直皮膚閉而爲熱漢書王吉傳云冬則爲風寒之所匽薄匈奴傳云郅支人衆中寒道死顏師古注中寒傷於寒也敍傳云道病中風師古注中傷也爲風所傷姦人所利賊盜所中益禍益祟說文云禍害也祟神禍也以致重者不可勝數或棄醫藥更往事神故至於死亡不自知爲巫所欺誤乃反恨事巫之晚此熒惑細民之甚者

也史記扁鵲傳云信巫不信醫不治也論衡辨祟篇云人之疾病希有不由風濕與飲食者當風臥濕握錢問祟飽飯饜食齋精解禍而病不治謂祟不得命自絕謂巫不審俗人之知也或裁好繒說文云繒帛也作爲疏頭令工采畫雇人書祝雇程本作顧漢書鼂錯傳顏師古注顧讎也若今言雇賃也廣韻十一暮雇九雇鳥也相承借爲雇賃字周禮太祝掌六祝之辭以事鬼神示祈福祥求永貞虛飾巧言欲邀多福詩天保云詒爾多福或裂拆繒綵裁廣數分長各五寸縫繪佩之或紡綵絲而縻說文云紡網絲也王先生云而當作爲斷截以繞臂此長無益於吉凶長字衍下文云此無益於奉終即其例而空殘滅繒綵縈悸小民縈與熒通漢書酷吏田延年傳霍光因舉手自撫心曰使我至今病悸韋昭云心中惴息曰悸御覽廿三引風俗通云夏至著五綵辟兵題曰游光厲鬼知其名者無溫疾五綵辟五兵也又永建中京師大疫云厲鬼字野

重游光亦但流言無指見之者其後歲歲有病人情愁怖復增題之冀以脫禍今家人織新縑皆取著後縑絹二寸許繫戶上此其驗也卅一引云五月五日以五綵絲繫臂者辟兵及鬼令人不病溫八百十四引云五月五日賜五色續命絲俗說益人命此文所云蓋即指此類

或舊脫據御覽八百十六引補**剋削綺縠**剋與刻通說文云綺文繒也縠細縛也**寸竊八采**寸竊當作刌切說文云切刌也刌切也御覽八十引春秋合誠圖而八彩注云八彩彩色有八也**以成榆葉**方言云揄鋪艦極帗縷葉輸毳也郭璞注今名短度絹為葉輸輸玉篇作褕榆葉疑即葉輸之誤**無窮**廣雅釋器云無縹綵也縹窮聲相近後漢書馬援傳章懷注引何承天纂文曰都致錯履無極皆布名隸釋國三老袁良碑孝順時拜梁相冊云賜玉具劍佩書刀繡文印衣無極手巾各一無極亦無窮之義**水波之文**淮南子本經訓云贏鏤雕琢詭文回波高誘注詭文奇異之文也回波若水波也**碎刺縫紩**說文云縫以鍼紩衣也紩縫也又云𪓐會五采繒色黹鍼縷所紩衣刺與黹通碎疑

當作辮辮辮縫紩四字同義作舊作詐爲笥囊裙褹衣被褹舊作褸按褹與襦同周禮司服注鄭司農云衣有褹裳者爲端釋文褹本亦作襦莊子外物篇云未解裙襦費繒百縑說文云縑幷絲繒也用功十倍此等之儔既不助長農工女王侍郎云長農當作良農繼培按良字是也桓十四年穀粱傳云國非無良農工女也無有益於世而坐食嘉穀書呂刑云農殖嘉穀消費白日漢書宣帝紀元康二年詔日警猶踐薄水以待白日按禮記檀弓云殷人尚白大事斂用日中鄭注日中時亦白凡言白日者義如此毀敗成功以完舊作見爲破以牢爲行傳作破牢爲僞按古者謂物不牢爲行治要載崔實政論云器械行沽周禮司市害者使亡鄭注害害於民謂物行苦者胥師察其詐僞飾行償慝者疏謂後鄭以爲行濫行沽行苦行濫義並同書舜典朕堲讒說殄行史記五帝紀作朕畏忌讒說殄僞行僞同訓故傳易行爲僞鹽鐵論力耕篇亦云工致牢而不僞以大爲小以

易爲難皆空禁者也新書瑰瑋篇云雕文刻鏤周用之物繁多纖微苦窳之器日變而起民弃完堅而務雕鏤纖巧以相競高作之空一日今十日不輕能成用一歲今半歲而弊作之費日挾巧用之易弊不耕而多食農人之食是天下之所以困貧而不足也山林不能給野火江海不能灌漏巵淮南子氾論訓云霤水足以溢壺榼而江河不能實漏巵鹽鐵論本議篇云川源不能實漏巵山海不能贍溪壑孝文皇帝躬衣弋綈足履革舃以韋帶劍集上書囊以爲殿帷見漢書東方朔傳按弋綈賈誼傳作皁綈廣韻云黓皁也弋即黓之省盛夏苦暑欲起一臺計直百萬以爲奢費而不作也漢書文帝紀贊云嘗欲作露臺召匠計之直百金上曰百金中人十家之產也吾奉先帝宮室常恐羞之何以臺爲王嘉傳云孝文皇帝欲起露臺惜百金之費克己不作按百萬即百金隱三年公羊傳百金之魚何休注百金猶百萬也古者以金重一斤若今萬錢矣今

京師貴戚衣服飲食車輿文飾廬舍皆過王制僭上甚矣漢書食貨志云宗室有土公卿大夫以下爭於奢侈室廬車服僭上亡限從奴僕妾皆服葛子升越筩中女布文選左思吳都賦云桃笙象簟韜於筩中蕉葛升越弱於羅紈劉淵林注蕉葛葛之細者升越越之細者按後漢書明德馬皇后紀章懷注曰越越布越絕書外傳記地傳云葛山者句踐罷吳種葛使越女織治葛布獻於吳王夫差越布之名起此華陽國志蜀志云安漢上下朱邑出好麻黃潤細布有羌筩盛藝文類聚六十一引揚雄蜀都賦云其布則筩中黃潤一端數金本傳注荆州記曰秭歸縣室多幽閑其女盡織布至數十升今永州俗猶呼貢布爲女子布也細緻釋名釋采帛云細緻染縑爲五色細且緻不漏水也綺縠見上冰紈漢書地理志云齊地織作冰紈綺繡純麗之物臣瓚曰冰紈紈細密堅如冰者也顏師古曰如說非也冰謂布帛之細其色鮮絜如冰者也紈素也按冰蓋即綾之古文藝文類聚六十九引六韜云桀紂之時婦女坐以文綺之

席衣以綾紈之衣韓詩外傳七陳饒曰綾紈綺縠靡麗於堂從風而弊綾紈即冰紈也方言云東齊言布帛之細者曰綾釋名云綾凌也其文望之如冰凌之理也**錦繡**說文云錦襄邑織文也繡五采備也攷工記云五采備謂之繡**犀象珠玉虎魄**虎魄舊作琥珀據傳改按漢書西域傳亦作虎魄**璹瑁石山隱飾**本傳注云謂隱起爲山石之文也**金銀錯鏤**說文云錯金涂也爾雅釋器云金謂之鏤**麞麂履舄**急就篇云麋麈麖麂皮給履顏師古注麋即今之麞也釋名釋衣服云履複其下曰舄按此文履當作屨周禮屨人鄭注複下曰舄禪下曰屨古人言屨以通於複今世言屨以通於禪方言云自關而西謂之屨中有木者謂之複舄履其通語也**文組綵褋**組謂履組文選陸士衡弔魏武帝文李善注引晏子春秋云景公爲履黃金之綦飾以組連以珠褋當爲屧說文云屧履中薦也漢書賈誼傳云今民賣僮者爲之繡衣絲履偏諸緣服虔曰加牙條以作履緣組即牙條也**驕奢僭主轉相誇詫箕子所唏今在僕妾**淮南

子說山訓云紂爲象箸而箕子唏方言云哀而不泣曰唏鹽鐵論散不足篇云箕子之譏始在天子今在匹夫**富貴嫁娶車騈各十**釋名釋車云輧車輧屏也四面屏蔽婦人所乘牛車也按各十謂送迎之車也詩鵲巢云百兩御之毛傳百兩百乘也諸侯之子嫁於諸侯送御皆百乘鄭箋御迎也家人送之良人迎之車皆百乘此十乘亦其比也或云各十當爲駱驛漢書王莽傳云駱驛道路顏師古注駱驛言不絕後漢書獨行范冉傳云車徒駱驛**騎奴**漢書何並傳云王林卿令騎奴還至寺門持刀劍其建鼓**侍僮**按說文云僮未冠也童男有辠曰奴奴曰童後世多以僮爲童以童爲僮**夾轂節引**文選羽獵賦李善注引春秋感精符云黃池之會重吳子滕薛夾轂周禮大馭凡馭路儀以鸞和爲節鄭注舒疾之法也漢書蕭望之傳云少史冠法冠爲妻先引文穎曰先引謂導車前**富者競欲相過貧者恥不逮及**鹽鐵論國病篇云葬死殫家遺女滿車富者欲過貧者欲及富者空滅貧者稱貸漢書地理志云列侯貴人車服僭上衆庶放效羞不相及嫁娶尤崇侈

靡送死過度王吉傳云聘妻送女無節則貧人不及漢紀作貧人恥不相及是故一饗之所費破終身之本業漢書地理志云好稼穡務本業後漢書明帝紀永平十二年詔曰麋破積世之業以供終朝之費古者必有命民然後乃得衣繒絲而乘車馬尚書大傳云古之帝王必有命民民能敬長憐孤取舍好讓舉事力者命於其君得命然後得乘飾車駢馬衣文錦今者既不能盡復古漢書禹貢傳云承衰救亂矯復古化在於陛下臣愚以爲盡如太古難宜少放古以自節焉荀子王制篇云衣服有制宮室有度人徒有數喪祭械用皆有等宜聲則凡非雅聲者舉廢色則凡非舊文者舉息械用則凡非舊器者舉毀夫是之謂復古細民誠可不須乃踰於古昔孝文大戴禮五帝德篇云女欲一日辯聞古昔之說禮記曲禮云必則古昔稱先生衣必細緻履必麞麂組必文采上作絲飾襪必緰此說文云韈足衣也襪與韤同見廣韻十月王先生云此當

作紫急就篇服瑣緰紫與繒連顏注緰紫緆布之尤精者也繼培按說文云緰緰貲布也繫傳本又作緰紫

挍飾車馬史記司馬相如傳云校飾厥文徐廣曰校一作袚袚猶拂也漢書作袚飾此挍字疑文之誤郎上所云車輿文飾也墨子辭過篇云飾車以文采說苑反質篇侯生諫秦始皇亦云衣服輕煖輿馬文飾所以自奉麗靡爛漫不可勝極

多畜奴婢諸能若此者既不生穀又坐爲蠹賊也鹽鐵論散不足篇云宮室奢侈林木之蠹也器械雕琢財用之蠹也衣服靡麗布帛之蠹也狗馬食人之食五穀之蠹也口腹從恣魚肉之蠹也用費不節府庫之蠹也漏積不禁田野之蠹也喪祭無度傷生之蠹也賊謂蟊賊詩瞻卬云蟊賊蟊疾鄭箋其爲殘酷痛病於民如蟊賊之害禾稼

子曰古之葬者厚衣之以薪葬之中野不封不樹喪期無時後世聖人易之以棺槨易繫辭下傳時王鄉本作數按傳亦作數

桐木爲棺葛采爲緘下不及泉上不泄臭

漢書楊王孫傳云昔帝堯之葬也窾木爲匵葛藟爲緘其穿下不亂泉上不泄殠故聖王生易尚死易葬也後世以楸梓槐柏杶椁杶舊作杔据傳改椁傳作樗各取方土所出膠漆所致新語道基篇云傳致膠漆丹青玄黃琦瑋之色詩泮水戎車孔博鄭箋云博當作傅甚傅緻者言安利也致緻古通用釘細要削除鏟摩不見際會江淹集銅劍讚云往古之事棺皆不用釘悉用細腰其細腰之法長七寸廣三寸厚二寸五分狀如木枰兩頭大而中央小仍鑿棺際而安之因普漆其外一棺凡用細腰五十四枚大畧如此按細腰亦作小要禮記檀弓云棺束縮二橫三衽每束一鄭注衽今小要喪大記云君蓋用漆三衽三束大夫蓋用漆二衽二束士蓋不用漆二衽二束鄭注用漆者塗合牝牡之中也衽小要也釋名釋喪制云棺束曰緘緘函也古者棺不釘也旁際曰小要其要約小也又謂之衽衽任也任制際會使不解也魏志文帝傳終制云棺但漆際會三過周禮弁師鄭注會縫中也藝文類聚七十引後漢張紘瓌材枕賦云會緻密固絶際無閒

一切經音義四引蒼頡篇云鏇削平也靡當作磨其堅足恃其用足任如此可矣其後京師貴戚必欲江南檽當作楟梓豫章楩柟淮南子修務訓云楩柟豫章之生也七年而後知故可以爲棺舟邊遠下士漢書劉輔傳云新從下士來未知朝廷體亦競相倣傚漢書匡衡傳云今長安天子之都親承聖化然其習俗無以異於遠方郡國來者無所法則或見侈靡而放效之夫檽梓豫章所出殊遠又乃生於深山窮谷新書資質篇云楩柟豫章天下之名木也生於深山之中產於谿谷之傍治要柟作梓文選劉公幹公讌詩注司馬紹統贈山濤詩注引同昭四年左傳云深山窮谷經歷山岑漢書哀帝紀云經歷郡國按廣雅釋詁云俓歷過也俓與經通爾雅釋山云山小而高岑釋名釋山云岑嶃也嶃嶃然也立千步之高百丈之谿傾倚險阻成十三年左傳云𡸣越險阻崎嶇不便求之連日然後見之伐

斫連月詩甘棠毛傳伐擊也說文伐斫並訓擊然後訖說文云訖止也會衆然後能動擔說文云儋何也儋擔正俗字齊語負任擔荷韋昭注背曰負肩曰擔管子入觀篇云大木不可獨伐也大木不可獨舉也大木不可獨運也牛列然後能致水王先生云列疑引形近之誤繼培按論衡效力篇云任車上阪強牛引前油潰入海油當作漕漢書趙充國傳云臣前部士入山伐材木大小六萬餘枚皆在水次冰解漕下顏師古注漕下以水運木而下也後漢書班彪後固傳西都賦云通溝大漕潰渭洞河章懷注引蒼頡篇云潰傍決也連淮逆河王先生云孟子從流上而亡反謂之連此連淮之訓行數千里然後到雒新語資質篇云楩柟豫章因江河之道而達於京師之下工匠雕治說文云雕琢文也積累日月計一棺之成功將千萬夫既其終用重且萬斤非大衆不能舉非大車不能輓東至樂浪漢書武帝紀云元封三年

朝鮮降以其地爲樂浪臨屯立莬眞番郡西至敦煌武帝紀云元鼎六年分武威酒泉地置張掖敦煌郡萬里之中相競用之此之費功傷農鹽鐵論散不足篇云墮成變故傷功工商上通傷農可爲痛心成十三年左傳云痛心疾首呂氏春秋禁塞篇云世有興主仁士深意念此亦可以痛心矣古者墓而不崇仲尼喪母冢高四尺遇雨而墮弟子請治之夫子位曰禮不修墓禮記檀弓崇作墳墮作崩禮作古本傳與記同鯉死有棺而無槨論語文帝葬於芷陽舊作芒碭据傳改史記將相名臣年表云孝文帝九年以芷陽鄉爲霸陵明帝葬於洛南後漢書章帝紀章懷注引帝王世紀云明帝顯節陵故富壽亭也西北去雒陽三十七里皆不藏珠寶不造廟不起山陵事見漢書文帝紀後漢書明帝紀陵墓雖卑而聖高傳作德最高今京師貴戚郡縣豪家管子輕重甲云

吾國之豪家史記呂不韋傳云子楚夫人趙豪家女也生不極養死乃崇喪卽務本篇所云約生以待終注詳前或至刻金鏤玉後漢書梁統後商傳云賜以東園朱壽之器銀鏤黃腸玉匣章懷注壽器棺也以朱飾之以銀鏤之續漢書禮儀志劉昭注引漢舊儀云帝崩以玉爲襦如鎧狀連縫之以黃金爲縷腰以下以玉爲札長一尺二寸半爲柙下至足亦縫以黃金縷檽梓楩柟良田造塋禮記檀弓云公叔文子升於瑕邱蘧伯玉從文子曰樂哉斯邱也死則我欲葬焉伯玉曰吾子樂之則瑗請前鄭注刺其欲害人良田又云孔子曰古也墓而不墳鄭注墓謂兆域今之封塋也黃壤致藏多埋珍寶偶人車馬鹽鐵論散不足篇云古者明器有形無實示民不用也及其後則有醯醢之藏桐馬偶人彌祭其物不備今厚資多藏器用如生人郡國繇吏素桑楺偶車櫓輪漢書韓延壽傳云賣偶車馬下里僞物顏師古注偶謂木土爲之象眞車馬之形也偶對也造起大冢廣種松柏廬舍祠堂崇侈上僭

鹽鐵論散不足篇云古者不封不樹反虞祭於寢無壇宇之居廟堂之位及其後則封之庶人之墳半仞其高可隱今富者積土成山列樹成林臺榭連閣集觀增樓中者祠堂屏閤垣闕罘罳寵臣貴戚州郡世家漢書食貨志云世家子弟如淳曰世家謂世世有祿秩家也每有喪葬都官後漢書郎顗傳云洛陽都官按漢書宣帝紀顏師古注云中都官凡京師諸官府也屬縣漢書薛宣傳云歷行屬縣各當遣吏齋奉周禮小祝及葬設道齎之奠注杜子春云齋當為粢道中祭也漢儀每街路輒祭後漢書桓榮後嗤傳云父鸞卒楊賜遣吏奉祠因縣發取祠具嗤拒不受車馬帷帳貸假待客之具競為華觀此無益於奉終無增於孝行但作煩攪擾傷害吏民易節彖曰不傷財不害民今按鄗畢之郊文武之陵漢書楚元王傳劉向云文武周公葬於畢史記周本紀集解引皇覽云文王武王周公冢皆在京兆長安鎬聚東社中正義引括地志云武王墓在雍州

萬年縣西南三十八里畢原上崔實政論云文武之兆與平地齊南城之壘曾析之冢傳注云南城山曾子父所葬在今沂州費縣西南按續漢書郡國志泰山郡有南城縣注故屬東海漢書地理志東海郡作南成曾析論語作曾皙孔安國曰曾參父也名點周公非不忠也曾子非不孝也以爲褒君顯父白虎通謚篇云人臣之義莫不欲褒稱其君孝經云以顯父母不在聚財揚名顯祖禮記祭統云顯揚先祖所以崇孝也不在車馬孔子曰多貨財傷於德弊則沒禮儀禮聘禮云多貨則傷於德弊美則沒禮荀子大略篇引聘禮志作幣厚則傷德財侈則殄禮此以爲孔子語而文又異或別有所本晉靈厚賦以彫牆春秋以爲非君宣二年左傳華元樂呂厚葬文公春秋以爲不臣成二年左傳呂作舉呂氏春秋安死篇高誘注引傳作呂按文十八年宣二年傳華作呂況於羣司士庶乃可僭侈主

上過天道乎漢書貢禹傳云後世爭爲奢侈轉轉益甚臣下亦相放效衣服履絝刀劍亂於主上主上時臨朝入廟眾人不能別異甚非其宜然非自知奢僭也猶魯昭公曰吾何僭矣今大夫僭諸侯諸侯僭天子天子過天道其日久矣景帝時武原侯衛不害坐葬過律奪國見史記高祖功臣侯年表舊脫武字據表補明帝時桑民摐陽侯坐冢過制髡削未詳周禮冢人鄭注漢律曰列侯墳高四丈關內侯以下至庶人各有差今天下浮侈離本僭侈過上亦已甚矣凡諸所譏皆非民性而競務者亂政薄化使之然也崔寔政論云王政一傾普天率土莫不奢僭者非家至人告乃時勢驅之使然漢書匡衡傳云此非其天性有由然也王者統世觀民設敎乃能變風易俗以致太平易觀象曰先王以省方觀民設敎漢書嚴安傳云變風易俗化於海內地理志云凡民函五常之性而其剛柔緩急音聲不同

繫水土之風氣故謂之風好惡取舍動靜亡常隨君上之情欲故謂之俗孔子曰移風易俗莫善於樂言聖王在上統理人倫必移其本而易其末此混同天下壹之虖中和然後王教成也按此篇大指本鹽鐵論散不足篇東西京風俗靡敝畧同詔告頻煩莫爲衰止今錄兩書詔文以明王氏之意漢書成帝紀永始四年詔曰聖王明禮制以序尊卑異車服以章有德雖有其財而無其尊不得踰制故民興行上義而下利方今世俗奢僭罔極靡有厭足公卿列侯親屬近臣四方所則未聞修身遵禮同心憂國者也或迺奢侈逸豫務廣地宅治園池多畜奴婢被服綺穀設鍾鼓備女樂車服嫁娶葬埋過制吏民慕效寖以成俗而欲望百姓儉節家給人足豈不難哉其申飭有司以漸禁之後漢書光武帝紀建武七年詔曰世以厚葬爲德薄終爲鄙至於富者奢僭貧者單財法令不能禁禮義不能止倉卒乃知其咎其布告天下令知忠臣孝子慈兄悌弟薄葬送終之義明帝紀永平十二年詔曰昔曾閔奉親竭歡致養仲尼葬子有棺無槨喪貴致哀禮存寧儉今百姓送終之制競爲奢靡生者無擔石之儲而財力盡於墳土伏臘無糟糠

而牲牢兼於一奠糜破積世之業以供終朝之費子孫饑寒絕命於此豈祖考之意哉又車服制度恣極耳目田荒不耕游食者衆有司其申明科禁宜於今者宣下郡國章帝紀建初二年詔曰比年陰陽不調饑饉屢臻深惟先帝憂人之本詔書曰不傷財不害民誠欲元元去末歸本而今貴戚近親奢縱無度嫁娶送終尤爲僭侈有司廢典莫肯舉察今自三公並宜明糾非法宣振威風其科制度所宜施行在事者備爲之禁先京師而後諸夏和帝紀永元十一年詔曰吏民踰僭厚死傷生是以舊令節之制度頃者貴戚近親百僚師尹莫肯率從有司不舉怠放日甚又商賈小民或忘法禁奇巧靡貨流積公行其在位犯者當先舉正市道小民但且申明憲綱勿因科令加虐羸弱安帝紀永初元年詔三公明申舊令禁奢侈毋作浮巧之物殫財厚葬元初五年詔曰舊令制度各有科品欲令百姓務崇節約遭永初之際人離荒戹朝廷躬自菲薄去絕奢飾食不兼味衣無二綵比年雖獲豐穰尚乏儲積而小人無慮不圖久長嫁娶送終紛華靡麗至有走卒奴婢被綺縠著珠璣京師尚若斯何以示四遠設張法禁懇惻分明而有司惰

任訖不奉行秋節既立鷙鳥將用且復重申以觀後效桓帝紀永興二年詔曰輿服制度有踰侈長飾者皆宜損省郡縣務存儉約申明舊令如永平故事

慎微第十三

凡山陵之高非削成而崛起也成而舊倒山海經西山經太華之山削成而四方漢書敍傳班彪王命論云未見運世無本功德不紀而得屈起在此位者也文選作倔起李善注云埤蒼曰崛特起也崛與倔同必步增而稍上焉川谷之卑非截斷而顛陷也說文云陷高下也一曰陊也必陂池而稍下焉史記司馬相如傳云陂池貏豸索隱引郭璞曰陂池旁穨之貌按池讀為陁傳又云罷池陂陁與貏豸陂池也是故積上不止必致嵩山之高釋名釋山云山大而高曰嵩嵩竦也亦高稱也按嵩古作崇積下不已必極黃泉之深隱元年左傳云不及黃泉史記鄭世家集

解引服虔注天玄地黃泉在地中故曰黃泉漢書揚雄傳解嘲云深者入黃泉非獨山川也人行亦然有布衣鹽鐵論散不足篇云古者庶人耋老而後衣絲其餘則麻枲而已故命曰布衣王先生云三字不辭疑有脫誤積善不怠禮記曲禮云敦善行而不怠必致顏閔之賢論語云德行顏淵閔子騫積惡不休必致桀跖之名荀子榮辱篇云爲桀跖則常危辱非獨布衣也人臣亦然趙策蘇秦曰天下之卿相人臣乃至布衣之士積正不倦必生節義之志積邪不止必生暴弑之心非獨人臣也國君亦然政教積德王先生云德當作得與下失字對文必致安泰之福老子云往而不害安平泰舉錯數失必致危亡之禍易繫辭下傳云舉而措之天下之民謂之事業錯與措通趙策客見趙王曰今治天下舉錯非也國家爲虛戾而社稷不血食漢書董仲舒傳云人君莫不欲安存而惡危亡故仲

尼曰湯武非一善而王也桀紂非一惡而亡也三代之廢興也在其所積漢書賈誼傳云安者非一日而安也危者非一日而危也皆以積漸然不可不察也積善多者雖有一惡是爲過失未足以亡積惡多者雖有一善是爲誤中未足以存人君聞此可以悚愳漢書董仲舒傳云積善在身猶長日加益而人不知也積惡在身猶火之銷膏而人不見也非明乎情性察乎流俗者孰能知之此唐虞之所以得令名而桀紂之可爲悼懼者也說文云懼恐也古文作愳布衣聞此可以改容史記司馬相如傳上林賦云愀然改容超若自失是故君子戰戰慄慄日慎一日淮南子人間訓云堯戒曰戰戰慄慄日慎一日人莫蹪於山而蹪於垤是故人皆輕小害易微事以多悔患至而後憂之是猶病者已惓而索良醫也後漢書光武帝紀建武二年詔曰諸將業遠功大誠欲傳於無窮宜如臨深淵如履薄冰戰戰慄

慄曰愼一日克己三省昭十二年左傳仲尼曰古也有志克己復禮仁也論語曾子曰吾日三省吾身不見是圖成十六年左傳夏書曰怨豈在明不見是圖孔子曰善不積不足以成名惡不積不足以滅身此下舊接夫賢聖畀革至胡福不除又復足以滅身四字今移正小人以小善謂無益而不爲也以小惡謂無傷而不去也是以惡積而不可掩罪大而不可解也易繫辭下傳王弼本謂作爲不爲不去不俱作弗是以作故按新書審微篇云善不可謂小而無益不善不可謂小而無傷又見連語古易蓋有作謂者淮南子繆稱訓云君子不謂小善不足爲也而舍之小善積而爲大善不謂小不善爲無傷也而爲之小不善積而爲大不善是故積羽沉舟羣輕折軸故君子禁於微此蹶踽舊作屬据本政篇改今詩作稿所以迷國而不返按詩外傳一云懷其寶而迷其國者不可與語仁按迷國論語作迷邦漢人避高祖諱改漢時劾奏

大臣多用之漢書王尊傳劾奏匡衡張譚懷邪迷國
王嘉傳孔光等劾嘉迷國罔上不道師丹傳策免丹
云懷諼迷國蓋當時律令如此**三季所以遂往而不振者也**晉語郭偃曰夫
三季王之亡也宜漢書敍傳敍天文志云三季之後
厥事放紛顏師古注三季三代之末也史記樂書云
流沔沈佚遂往不反司馬相如傳上林賦云恐後世
靡麗遂往而不反周語云踣斃不振韋昭注振救也
夫積微成顯積著成下脫一字按漢書律歷志云三微而成著三著而成象易乾鑿
度云三微而成一著三三著而成一體**鄂譽鄂譽鄂致存亡**文有脫誤按漢書韋賢傳
云睮睮諂夫咢咢黃髮如淳曰睮睮自媚貌顏師古
曰咢咢直言也此文疑當作鄂鄂譽譽以致存亡鄂
鄂與咢咢通譽譽與睮睮通鄂譽致存亡郎史記商
君傳趙良所謂武王諤諤以昌殷紂墨墨以亡也韓
詩外傳十云有諤諤爭臣者其國昌有默默諛臣者其國亡**聖人常慎其微也**淮南
子人閒訓云聖人敬小慎微漢書董仲舒傳云衆少
成多積小致鉅故聖人莫不以晻致明以微致顯是

以堯發於諸侯舜興虖深山非一日而顯也蓋有漸以致之矣言出於己不可塞也行發於身不可掩也言行治之大者君子之所以動天地也故盡小者大慎微者著按盡小者大二語本荀子大略篇文王小心翼翼詩大明武王夙夜敬止詩閔予小子按此爲成王詩武當作成思慎微眇早防未萌漢書賈誼傳云禮云禮云者貴絕惡於未萌而起教於微眇故能太平而傳子孫詩閟宮鄭箋云文王武王繼太王之事至受命致太平烈文箋云文王武王以純德受命定天位又云天之錫之以此祉福也又長愛之無有期竟子孫得傳世安而居之此卽用詩誼與鄭氏同且夫邪之與正猶水與火不同原不得並盛淮南子詮言訓云君子行正氣小人行邪氣內便於性外合於義循理而動不繫於物者正氣也重於滋味淫於聲色發於喜怒不顧後患者邪氣也邪與正相傷欲與性相害不可兩立一置一廢故聖人損欲而從事於性正性勝則遂重己不忍虧也故伯夷

餓死而不恨

論語

邪性勝則忸怵而不忍舍也

怵當爲忕爾雅釋言云狃復也郭注狃忕復爲後漢書馮異傳云狃忕小利章懷注忸忕猶慣習也謂慣習前事復爲之狃忸字通詩四月疏蕩釋文並引說文云忕習也今說文無忕字愧字注習也忕當即愧之別體怵說文訓恐與狃習義別漢書武帝紀元狩元年詔怵於邪說服虔曰怵音裔應劭曰忸忕也如淳曰怵音怵惕蓋服應本作忕如本作怵字形之誤如此

故王莽竊位而不慙

漢書

積惡習之所致也夫積惡習非久致死亡非一也世品人遂

積惡習以下文有脫誤漢書董仲舒傳云暴逆不仁者非一日而亡也亦以漸至此文蓋本之世品人遂下舊接併爾多益至末今移正然此四字下尚有脫文

夫聖賢卑革

革疑恭之誤後漢書竇融傳云每召會進見容貌辭氣卑恭已甚

則登其福

昭十五年左傳云福祚之不登叔父焉在

慶封伯有

舊脫

荒淫於酒沈湎無度以弊其家

襄廿八年

卅年左傳晉平殆政孫侍御云殆與怠同繼培按新書道術篇云志操精果謂之誠反誠爲殆詩玄鳥受命不殆鄭箋云受天命而行之不解殆是鄭讀殆爲怠也淮南子泰族訓句踐棲於會稽修政不殆鹽鐵論論菑篇周文武尊賢受諫敬戒不殆方言後劉子駿與揚雄書收藏不殆並以殆爲怠惑以喪志良臣弗匡故俱有禍昭元年左傳楚莊齊威始有荒淫之行毛詩雞鳴序云哀公荒淫怠慢削弱之敗秦策云地削兵弱幾於亂亡中能感悟勤恤民事周語云勤恤民隱勞精苦思精舊作積漢書張敞傳云勞精於政事論衡命祿篇云勞精苦形韓詩外傳五云勞心苦思孜孜不怠漢書平當傳云聖漢受命而王繼體成業二百餘年孜孜不怠大出陳應爵命管蘇按新序一稱楚共王有疾命令尹爵筦蘇遣申侯伯王薨令尹即拜筦蘇爲上卿逐申侯伯出之境呂氏春秋長見篇筦蘇作莧譆說苑君道篇作筦饒並以爲荊文王事申侯伯即僖七年左傳申侯楚文王死

後出奔鄭是二人皆在文王時新序以爲共王者誤也漢書古今人表中上有陳應在楚嚴王箴尹克黃
五參之後申公子培樂伯優孟之前楚蓳賈申叔時孫叔敖之下則爲莊王時人無疑但表列陳應於中
上必賢大夫不應被出且與管蘇不同時疑此陳應當爲申侯陳申應侯字形皆相近遂以致誤然事在
文王時此以爲莊王則又誤也召卽墨烹阿大夫齊威王事見史記田完世家故
能中興彊霸諸侯當時尊顯後世見思傳爲令名載
在圖籍韓非子用人篇云書圖著其名由此言之有希當作布衣漢碑布作希與
希相似人君其行一也知己曰明自勝曰彊老子云自知者明自勝者
彊夫有不善未嘗不知知之未嘗復行此顏子所
以稱庶幾也易繫辭下傳詩曰天保舊作祿盧學士云下作以天保解之當依
今詩作保定爾亦孔之固俾爾亶今詩作單厚胡福不除此下舊接

足以滅身小人以小善云云俾爾多益以莫不庶詩天保蓋此言也蓋舊作善下有也字按本書班祿篇引詩其下亦云蓋此言也今依例改之言天保佐王者定其性命甚堅固也使汝信厚何不治而多益之甚庶衆焉不字誤或當作吕王侍郎云上云甚堅固也甚衆庶下疑脱也字焉不二字屬下讀遵履五常順養性命以保南山之壽松柏之茂也德輶如毛詩烝民爲仁由已論語莫與併蠭自求辛螫詩小毖併蠭今作荓蜂按併當作拼桑揉詩荓云不逮釋文云荓本或作拼禍福無門惟人所召襄廿三年左傳閔子馬語天之所助者順也人之所尚者信也履信思乎順又以尚賢是以吉無不利也易繫辭上傳所尚王弼本作所助本書巫列篇同亮哉斯言爾雅釋詁云亮信也可無思乎

實貢第十四

國以賢興以諂衰君以忠安以忌危王先生云忌當依本傳作佞繼培按佞字是也漢書京房傳云房嘗宴見問上曰幽厲之君何以危所任者何人也上曰君不明而所任者巧佞此古今之常論而世所共知也然衰國危君繼踵不絕者尹文子大道篇云危亡繼踵豈世無忠信正直之士哉誠苦忠信正直之道不得行耳夫十步之閒必有茂草十室之邑必有俊士說苑說叢篇云十步之澤必有香草十室之邑必有忠士賢材之生日月相屬未嘗乏絕是故亂殷有三仁論語小衛多君子襄廿九年左傳以漢之廣博士民之衆多多字舊空据程本漢書梅福傳云夫以四海之廣士民之數能言之類至衆多也本傳漢上有大字按下文云以漢

土之廣博急就篇云漢地廣大無不容盛朝廷之清明上下之修治詩大明云會朝清明漢書伍被傳云被竊觀朝廷君臣父子夫婦長幼之序皆得其理上之舉錯遵古之道風俗紀綱未有所缺雖未及古太平時然猶爲治也而官無直吏位無良臣此非今世之無賢也乃賢者廢錮而不得達於聖主之朝爾漢書朱雲傳云廢錮終元帝之世按成二年左傳云子反請以重幣錮之杜注禁錮勿令仕夫志道者少友逐俗者多儔是以舉世多黨而用私競比質而行趨華傳作朋黨用私背實趨華按韓非子孤憤篇云臣利在朋黨用私漢書貨殖傳序云僞民背實而要名此以朋爲多以背實爲比質並誤行字亦疑衍程本又誤用爲朋古書多朋用三字往往相亂戰國策韓公仲朋亦作韓傒史記甘茂傳作公仲傒漢書古今人表又作公中用霍去病傳校尉僕多有功封爲煇渠侯顏師古曰功臣侯表作僕朋今此作多轉寫者誤也二事正與此類

貢士者非復依其質幹準其材行也直虛造空美掃地洞說擇能者而書之公卿刺史掾從事茂才孝廉且二百員通典十三云後漢光武十二年詔三公舉茂才各一人廉吏各一人左右將軍歲察廉吏各二人光祿歲舉郎茂才四行各一人察廉吏三人中二千石歲察廉吏各一人廷尉大司農各二人將兵將軍歲察廉吏各二人監御史司隸州牧歲舉茂才各一人續漢書百官志劉昭注載此詔稱漢官目錄云按後漢書章帝紀建初元年詔云茂才孝廉歲以百數丁鴻傳載和帝時定郡舉孝廉之數通典引之注云推核當時戶口一歲所貢不過二百餘人鴻傳語詳實邊篇注歷察其狀德侔顏淵卜冉按漢時保舉人皆有狀後漢書朱浮傳章懷注引漢官儀博士舉狀云生事愛敬喪沒如禮通易尚書孝經論語兼綜載籍窮微闡奧隱居樂道不求聞達身無金痍痼疾卅六屬不與妖惡交通王侯賞賜行應四科經任博士下言某官某甲保舉他狀當類此窮微闡奧下通典十三有師

事某官見授門徒五十五人以上論語云德行顏淵閔子騫冉伯牛仲弓淮南子精神訓云顏回季路子夏冉伯牛孔子之通學也**最其行能**漢書公孫弘傳云臣弘行能不足以稱後漢書和帝紀永元五年詔曰選舉良才爲政之本科別行能必由鄉曲按科別行能郎周禮鄉大夫職所謂考其德行道藝而興賢者能者鄭司農云興賢者謂若今舉孝廉興能者謂若今舉茂才漢書周勃傳顏師古注最者凡也**多不及中**漢書李廣傳云校尉以下材能不及中顏師古注中謂中庸之人也史記作才能不及中人**誠使皆如狀文則是爲歲得大賢二百也然則災異曷爲譏**譏舊作饑漢書董仲舒傳云春秋之所譏災害之所加也春秋之所惡怪異之所施也京房傳云古帝王以功舉賢則萬化成瑞應著末世以毀譽取人故功業廢而致災異宜令百官各試其功災異可惜此文大恉如房所言**此非其實之効**漢書魏相傳云今郡國守相多不實選風俗尤薄水旱不時後漢書順帝紀陽嘉元年詔曰閒者以來吏政不勤故災咎屢臻盜賊

多有退省所由皆以選舉不實官非其人是以天心未得人情多怨**夫說粱飯食肉**漢書王莽傳云王業市所賣粱飯肉羹持入視莽日居民食咸如此**有好於面目**王先生云此語與下有悅於心句當互易面字衍繼培按淮南子說林訓云佳人不同體美人不同面而皆悅於目**而不若糲粢藜烝之可食於口也**白虎通諫諍篇云黎蒸不熟黎卽藜之省**圖西施毛嬙有**舊作可**悅於心**管子小稱篇云毛嬙西施天下之美人也淮南子說山訓云畫西施之面美而不可說論衡言毒篇云好女說心**而不若醜妻陋妾之可御於前也虛張高譽**北堂書鈔五十四引東觀漢記云鄧豹遷大匠工無虛張之繕**彊蔽疵瑕**僖七年左傳云不女疵瑕**以相誑耀**漢書宣元六王傳張博常欲誑燿淮陽王元后傳莽日誑燿太后王莽傳所以誑燿媚事太后下至旁側長御方故萬端又云欲以誑燿百姓耀與燿同**有快於耳**漢書息夫躬傳云辯口快耳其實未可從**而不若忠**

選實行可任於官也周顯拘時脫一字故蘇秦故下脫一字疑

是疏疏與蘇聲相涉而失之史記蘇秦傳云求說周顯王顯王左右素習知蘇秦皆少之弗信

燕噲利虛譽故讓子之史記燕世家皆舍實聽聲嘔哇之過也

淮南子主術訓云天下多眩於名聲而寡察其實是故處人以譽尊而游者以辯顯列子說符篇云爰旌目餓於道狐父之盜下壺餐以餔之爰旌目三餔而後能視曰譆汝非盜耶吾義不食子之食也兩手據地而歐之狐父之人則盜矣而食非盜也以人之盜因謂食爲盜而不敢食是失名實者也歐與嘔同

夫聖人純賢者駁論衡明雩篇云世稱聖人純而賢者駁漢書梅福傳云一色成體謂之純白黑雜合謂之駁周公不求備論語四友不相兼友舊作肢據傳改

傳物志云文王四友南宮括散宜生閎天太顛按尚書大傳文王胥附奔輳先後禦侮謂之四鄰以免乎牖里之害指此四人故孔子以回賜師由擬之章懷注此傳郎以四友屬孔子非也春秋繁露天地之行篇

云任羣臣無所親若四肢之各有職也新語懷慮篇云目以精明耳以主聽口以別味鼻以聞芳手以之持足以之行各受一性不得兩兼舊作肢肢義亦可通然與下末世云云文意不合故定從本傳況末世乎是故高祖所輔佐光武所將相不遂僞舉不責兼行尹文子大道篇云天下萬事不可備能責其備能於一人則賢聖其猶病諸設一人能備天下之事則前後左右之宜遠近遲疾之閒必有不兼者焉苟有不兼於治闕矣後漢書韋彪傳云夫人才行少能相兼亡秦之所棄王莽之所捐舊作損二祖任用以誅暴亂成致治安漢書文帝紀元年有司固請曰古者殷周有國治安皆且千歲顏師古注治安言治理而且安寧也賈誼傳云陳治安之策太平之世而云無士數開横選而不得眞甚可憤也眞舊作直按續漢書五行志劉昭注引馬融上書云孔子曰十室之邑必有忠信如丘者焉以天下之大四海之衆云無若人臣以爲誣矣竝特選詳譽審得

其眞語意與此同夫明君之詔也若聲忠臣之和也當如響應荀子彊國篇云下之和上譬之猶響之應聲影之象形也新書大政上篇云故爲人君者其出令也其如聲士民學之其如響說文云呩相譍也譍以言對也應與譍同長短大小清濁疾徐必相和也是故求馬問馬求驢問驢求鷹問鷹求駹問駹鷹蕃驪之誤說文云驢似馬長耳驪馬深黑色駹馬面顙皆白也馬驢驪駹爲一物又以馬驢爲一物驪駹爲一物馬驢以形驪駹以色也漢書匈奴傳云匈奴騎其西方盡白東方盡駹北方盡驪南方盡騂馬此駹驪並舉之証由此教令則賞罰必也夫高論而相欺不若忠論而誠實漢書張釋之傳文帝曰卑之毋甚高論韓非子八經篇云八臣忠論以聞姦說苑說叢篇云高議而不可及不若卑論之有功也且攻玉以石詩鶴鳴云他山之石可以攻王淮南子說山訓云玉待礛諸而成器高誘注礛諸攻玉之石說文作厱諸治

金以鹽濯錦以魚浣布以灰 儀禮喪服傳云冠六升外畢鍛而弗灰士喪禮云冪奠用功布鄭注功布鍛濯灰治之布也既夕禮注功布灰治之布也禮記深衣注深衣者用十五升布鍛濯灰治雜記加灰錫也疏云取緦以爲布又加灰治之則曰錫考工記云㡛氏湅帛以欄爲灰渥淳其帛鄭注以欄木之灰漸釋其帛也內則云冠帶垢和灰請漱衣裳垢和灰請澣 夫物固有以賤治貴以醜治好者矣智者棄其所短而採其所長以致其功明君用士亦猶是也 管子形勢解云明主之官物也任其所長不任其所短故事無不成功無不立後漢書第五倫後種傳云春秋之義選人所長棄其所短 物有所宜不廢其材况於人乎夫修身慎行 孝經云修身慎行恐辱先也 敦方正直清廉潔白 呂氏春秋離俗覽云布衣人臣之行潔白清廉中繩愈窮愈榮 恬淡無爲 莊子胠篋篇文 化之本也憂君哀民獨覩亂

原春秋繁露度制篇云凡百亂之源皆出嫌疑纖微以漸寖稍長至於大五行相生篇云昭然獨見存亡之機得失之要治亂之源豫禁未然之前鹽鐵論申韓篇云塞亂源而天下治**好善嫉惡**漢書竇嬰傳藉福曰君侯資性喜善疾惡顏師古注喜好也**賞罰嚴明治之材也**

明君兼善而兩納之惡行之器也爲金玉寶政之材剛鐵用無此二寶惡行以下文有脫誤**苟務作異以求名詐靜以惑衆則敗俗傷風**淮南子齊俗訓云矜僞以惑世伉行以違衆聖人不以爲民俗漢書師丹傳哀帝策免丹云朕疾夫比周之徒虛僞壞化寖以成俗敍傳敍貢薦傳云侯服玉食敗俗傷化**今世慕虛者此謂堅白**公孫龍子有堅白篇史記平原君傳云公孫龍善爲堅白之辯莊子秋水篇公孫龍問於魏牟曰龍少學先生之道長而明仁義之行合同異離堅白然不然可不可困百家之知窮衆口之辯齊物論云以**堅白**堅白之昧終釋文司馬云謂堅石白馬之辯也

之行明君所憎而王制所不取禮記王制云行僞而堅言僞而辯學非而博順非而澤以疑衆殺是故選賢貢士必考覈其清素清當作情史記蔡澤傳應侯云披腹心示情素治要載尸子分篇云達情見素則是非不蔽據實而言其有小疵易繫辭上傳云悔吝者言乎其小疵也漢書平帝紀詔曰不以小疵妨大材勿彊衣飾方言云凡相被飾亦曰獘衣飾猶一被飾也後漢書黃瓊傳云梁冀前後所托辟召一無所用雖有善人而爲冀所飾舉者亦不加命以壯虛聲韓非子六反篇云世主聽虛聲而禮之後漢書黃瓊傳李固遺瓊書云俗論皆言處士純盜虛聲一能之士各貢所長淮南子主術訓云有一能者服一事漢書丙吉傳云士亡不可容能各有所長說苑君道篇云君使臣自貢其能則萬一之不失矣出處默語易繫辭上傳子曰君子之道或出或處或默或語勿彊相兼則蕭曹周韓之論論當作倫蕭何曹參周勃韓信並見史記何足得矣

（得矣蓋專美之訛）吳鄧梁竇之徒（吳漢鄧禹梁統竇融並見後漢書）而致十（十當作也而致上蓋脫二字楚策莫敖子華曰若君王誠好賢此五臣者皆可得而致之此或卽可得而致四字）各以所宜量材授任（漢書董仲舒傳云量材而授官）則庶官無曠（書皋陶謨）興功可成太平可致麒麟可臻（詩麟之趾疏引鄭康成答張逸云周之盛德關雎化行之時公子化之皆信厚與禮合古太平致麟之時不能過也此言太平致麟蓋亦用詩誼矣）且燕小其位卑然昭王尚能招集他國之英俊興誅暴亂成致治彊（史記燕世家云燕昭王卽位卑身厚幣以招賢者樂毅自魏往鄒衍自齊往劇辛自趙往士爭趨燕於是遂以樂毅爲上將軍與秦楚三晉合謀以伐齊盡取其寶燒其宮室宗廟齊城之不下者獨惟聊莒卽墨其餘皆屬燕漢書敍傳云招輯英俊顏師古注輯與集同）今漢土之廣博天子尊明而曾無一良臣此誠不懸

兆黎之愁苦（漢書王莽傳云期於安兆黎矣苦字舊空據程本）不急賢人之佐治爾孔子曰未之思也夫何遠之有（論語）忠良之吏誠易得也（成十七年左傳云能與忠良吉孰大焉後漢書循吏王渙傳鄧太后詔曰夫忠良之吏國家所以爲理也求之甚勤得之至寡）顧聖王欲之不爾

潛夫論卷第三終

潛夫論卷第四

蕭山汪繼培箋

班祿第十五

太古之時禮記郊特牲鄭注唐虞巳上曰太古烝黎初載漢書司馬相如傳云覽竊黎烝顏師古注黎烝衆庶也烝黎與黎烝同蔡中郎集陳留太守胡公碑銘亦云悠悠烝黎蓺文類聚十一引此文烝作兆兆黎見上篇詩大明云文王初載毛傳載識按此文初載即爾雅釋詁初哉並取始義載哉古字通未有上下而自順序天未事焉君未設焉後稍矯虔書呂刑云奪攘矯虔後稍類聚作末後或相陵虐襄十八年左傳云陵虐神主杜注神主民也侵漁不止漢書宣帝紀神爵三年詔曰侵漁百姓顏師古注漁者若言漁獵也爲萌巨害呂氏春秋高義篇高誘注萌民也按萌爲甿之借說文云民衆萌也甿民也讀

若盲新書大政下篇云民之爲言也瞑也萌之爲言也盲也漢書楚元王傳劉向疏云民萌何以勸勉顏師古注萌與甿同陳勝項籍傳贊云甿隸之人如淳曰甿古文萌字萌民也**於是天命聖人使司牧之使不失性**襄十四年左傳師曠曰天生民而立之君使司牧之勿使失性使不類聚作勿令**四海蒙利**漢書食貨志云百姓蒙利**莫不被德**莫不類聚作草木按淮南子氾論訓云禽獸草木莫不被其澤**僉共奉戴謂之天子**僉共類聚作恭儉誤說文云撿拱也拱斂手也二字連文僉共即撿拱省文襄廿五年左傳子產云奉戴厲公杜注奉戴猶奉事文十八年傳云同心戴舜以爲天子新書威不信篇云古之正義東西南北苟舟車之所達人迹之所至莫不率服而後云天子按管子君臣下篇云古者未有君臣上下之別未有夫婦妃匹之合獸處羣居以力相征於是智者詐愚彊者凌弱老幼孤獨不得其所故智者假衆力以禁彊虐而暴人止爲民興利除害正民之德而民師之此文意與彼同**故天之立君非私此人也**

以役民蓋以誅暴除害利黎元也荀子大略篇云天之生民非爲君也天之立君以以爲民也淮南子兵略訓云所爲立君者以禁暴討亂也又云明王之用兵也爲天下除害而與萬民共享其利漢書嚴安傳云興利除害誅暴禁邪蕭望之後育傳云其於爲民除害安元元而已谷永傳云天下黎元咸安家樂業按嚴安傳云元元黎民黎元郎元元黎民也史記文帝紀索隱引姚察云古者謂人云善人也因善爲元故云黎元其言元元者非一人也是以人謀鬼謀能者處之注見思賢篇詩云皇矣上帝臨下以今詩作有赫監觀四方求民之瘼今詩作莫蔡中郎集和熹鄧后謚議云參圖考表求人之瘼蜀志馬超傳云兼董萬里求民之瘼晉書武帝紀云皇天鑒下求人之瘼後漢書循吏傳序云廣求民瘼蓋本三家詩此文當本作瘼後人或據毛詩改之孫侍御云文選齊安陸昭王碑文云慮深求瘼李善注云詩求民之莫班固漢書引詩而爲此瘼爾雅曰瘼病也今漢書敍傳亦作莫顏師古訓莫爲定與毛鄭同宋書符瑞

志引漢書作瘼惟此二國其政不獲惟此今作彼四國爰究爰度上帝指之指今作者按詩正月有皇上帝伊誰云憎鄭箋云欲天指害其所憎而已所用詩與此同憎其式惡今作廓乃睠今作眷釋文云本又作睠西顧此惟與度今作宅論衡初稟篇亦作度漢書韋立成傳注臣瓚曰按古文宅度同蓋此言也言夏殷二國之政不得乃用奢夸廓大上帝憎之更求民之瘼聖人與天下四國究度而使居之也前哲良人哲舊作招成八年左傳云賴前哲以免也詩黃鳥云殲我良人疾□□程本作奢夸廓三字無紀極也文十八年左傳云聚歛積實不知紀極乃惟度法象周禮太宰縣治象之法於象魏使萬民觀治象明著禮秩莊八年左傳云衣服禮秩如適爲優疑修憲藝縣之無窮文六年左傳云陳之藝極杜注藝準也漢書蕭望之傳云作憲垂法爲無窮之

規故傳曰制禮上物不過十二天之道也哀七年左傳天之道作天之大數是以先聖籍田有制禮記祭義云天子爲藉千畝諸侯爲藉百畝供神有度周語襄王曰昔我先王之有天下也規方千里以爲甸服以供上帝山川百神之祀昭七年左傳云上所以共神也奉巳有節毛詩鴛鴦序云思古明王交於萬物有道自奉養有節焉禮賢有數上下大小貴賤親疏皆有等威階級衰殺宣十二年左傳云君子小人物有服章貴有常尊賤有等威杜注威儀有等差桓二年傳云皆有等衰杜注衰殺也禮記月令云以爲旗章以別貴賤等級之度各足祿其爵位祿當作保愼微篇亦誤保爲祿孝經云保其祿位公私達其等級禮行德義文有脫誤成二年左傳云器以藏禮禮以行義杜注車服所以表尊卑尊卑有禮各得其宜此文大意蓋與傳同當此之時也九州之內合三千里爾八百國禮記王制云凡

四海之內九州州方千里又云凡四海之內斷長補短方三千里又云凡九州千七百七十三國漢書賈山傳云昔者周蓋千八百國以九州之民養千八百國之君地理志云周爵五等而土三等公侯百里伯七十里子男五十里不滿爲附庸蓋千八百國此有脫誤其班祿也以上農爲正始於庶人在官者祿足以代耕蓋食九人諸侯下士亦然中士倍下士食十八人上士倍中士食三十六人大夫倍之食七十二人小國之卿二於大夫次國之卿三於大夫大國之卿四於大夫食二百八十八人君各什其卿天子三公公下舊衍侯字采視公侯蓋方百里卿采視伯方七十里大夫視子男方五十里元士視附庸方三十里本王制功成者封白虎通考黜篇云以德封者必試之

為附庸三年有功因而封之五十里元士有功者亦為附庸世其位大夫有功成封五十里卿功成封七十里公功成封百里**是故官政專公不慮私家**漢書賈誼傳云國耳忘家公耳忘私鮑宣傳云志但在營私家**子弟事學不干**舊作於何本改與並誤干誤為于又轉誤為於也**財利閉門自守**漢書王莽傳云閉門自守又坐隣伍鑄錢挾銅姦吏因以愁民**不與民交爭而無飢寒之道**漢書董仲舒傳云受祿之家食祿而已不與民爭業然後利可均布而民可家足**而不陷**而上脫三字**臣養優而不隘**漢書韋賢後玄成傳玄成友人侍郎章上疏云宜優養玄成禮記禮器云君子以為隘矣鄭注隘猶狹陋也**吏愛官而不貪**史記平準書云守閭閻者食粱肉為吏者長子孫居官者以為姓號故人人自愛而重犯法**民安靜而強力**漢書成帝紀陽朔四年詔曰先帝劭農薄其租稅寵其強力令與孝弟同科**此則太平之基立矣**毛詩南山有臺序云立太平之基

乃惟慎貢選明必黜陟官得其人人任其職欽若昊天敬授民時書堯典同我婦子饁彼南畝詩七月上務節禮正身示下下悅其政各樂竭巳奉戴其上毛詩吉日序云能慎微接下無不自盡以奉其上焉是以天地交泰易泰象曰天地交而萬物通陰陽和平淮南子氾論訓云陰陽和平風雨時節民無姦慝讀爲慝魯語云下無姦慝韋昭注慝惡也機衡不傾書堯典云在璿機玉衡史記天官書云北斗七星所謂旋機玉衡以齊七政漢書楊雄傳云玉衡正而泰階平德氣流布而頌聲作也宣十一年公羊傳云什一行而頌聲作其後忽養賢而鹿鳴思此後所述詩義皆與毛傳異蓋本三家之說背宗族而采蘩怨履畝稅而碩鼠作鹽鐵論取下篇云周之末塗德惠塞而嗜欲衆君奢侈而上求多民困於下怠於公乎是以有履畝之稅碩鼠之詩作也

賦歛重而譚告通舊脫而字譚作譚按毛詩大東序云東國困於役而傷於財譚大夫作是詩以告病班祿頗而傾甫刺顧茂才廣圻云傾當作頎隸釋高陽令楊著碑頎甫班爵頎甫郎毛詩祈父頎傾字形相近而誤繼培按志氏姓篇以單傾公爲頎公誤正類此刺舊亦誤作賴治要載陸景典語謂周襄申伯吉甫著誦祈父失職詩人作刺官人封爵不可不愼說與此合按毛傳圻父司馬也鄭箋申之云司馬掌祿士故司士屬焉其說葢採之三家隸釋繁陽令楊君碑云民思遺愛奔告於王頎不審眞莫肯慰揚頎亦謂頎甫安平相孫根碑又云圻甫考績行人定而緜蠻諷顧茂才云定當作乏之繼培按尚書大傳云行而無資謂之乏之呂氏春秋季春紀振乏之絕高誘注行而無資曰乏之是行人得言乏矣或云定當爲宊之誤說文云宊貧病也宊定字形亦相近故遂耗亂衰弱及周室微而五伯作六國弊而暴秦與背義理而尚威力滅典禮而行貪叨韓詩外傳五云自周室壞以來王道

廢而不起禮義絕而不繼秦之時非禮義棄詩書畧古昔大滅聖道專爲苟妄以貪利爲俗以告獵爲化而天下大亂燕策太子丹曰今秦有貪饕之心而欲不可足也說文云饕貪也重文作叨按考績篇作貪饕

重賦歛以厚已強臣下以弱枝春秋繁露盟會要篇云強幹弱枝以明大小之職

文德不獲封爵漢書公孫弘傳封弘詔云古者任賢而序位量能以授官勞大者厥祿厚德盛者獲爵尊故武功以顯重而文德以行襃按三式篇引嵩高烝民詩而釋之云申伯山甫文德致升平而王封以樂土賜以盛服文德獲封蓋三家詩說有之

列侯不獲下脫二字當是不獲治民即三式所云列侯或有德宜子民而道不得施也

是以賢者不能行禮以從道詩北門云終寠且貧毛傳寠者無禮也箋云君於巳祿厚終不足以爲禮

品臣不能無枉以從利品臣猶言衆臣通典卅五引應劭漢官儀載張敞蕭望之言曰夫倉廩實而知禮節衣食足而知榮辱今小吏奉率不足常有憂父母妻子之心雖欲潔身爲廉其勢不能後

漢書仲長統傳昌言損益篇云選用必取善士善士富者少而貧者多祿不足以供養安能不少營私門乎崔寔政論云今所使分威權御民人理獄訟幹賦庫者皆羣臣之所爲而其奉祿甚薄仰不足以養父毋俯不足以活妻子父母者性所愛也妻子者性所親也所愛所親方將凍餒雖冒刃求利尚猶不避況可令臨財御衆乎是所謂渴馬守水餓犬護肉欲其不侵亦不幾矣**君又驟赦以縱賊民無恥而多盜竊何者咸氣加而化上風**咸當作戾戾氣與下和氣相對說苑貴德篇云天子好利則諸侯貪諸侯貪則大夫鄙大夫鄙則庶人盜上之變下猶風之靡草也**慝害切而迫飢寒**漢書魏相傳云飢寒在身則亡廉恥寇賊姦軌所繇生也**此臧紇**舊作滅絕**所以不能詰其盜者也**襄廿一年左傳**詩云大風有隧貪人敗類**桑柔**爾之教矣民斯效矣**角弓今詩作胥傚白虎通三教篇引詩作斯效**是故先王將發號施令**淮南子本經訓云發號施令天下莫

不從風諄諄如也詩抑云誨爾諄諄按禮記中庸肫肫其仁鄭注肫肫讀如誨爾忳忳之忳忳忳懇誠貌也春秋繁露相生篇云孔子爲魯司寇斷獄屯屯與衆共之說苑至公篇作敦敦諄諄敦敦屯屯忳忳義並同惟恐不中而道於邪故作典以爲民極周禮云太宰掌建邦之六典又云設官分職以爲民極上下共之無有私曲管子五輔篇云公法行而私曲止三府制法後漢書郎顗傳云委任三府章懷注三公也按太尉司徒司空皆開府故曰三府未聞赦彼有罪詩小弁云舍彼有罪釋文舍音捨又音赦周禮司刺鄭注赦舍也獄貨惟寶者也書呂刑云獄貨非寶是故明君臨衆必以正軌隱五年左傳云講事以度軌量謂之軌既無厭有句有誤字務節禮而厚下復德而崇化使皆阜於養生周語云所以阜財用衣食韋昭注阜厚也而競於廉恥也管子牧民篇云國有四維一曰禮二曰義三曰廉四曰恥

淮南子泰族訓云民無廉恥不可治也非修禮義廉恥不立是以官長正而百姓化邪心黜而姦匿絕匿讀爲慝然後乃能協和氣而致太平也漢書楚元王傳劉向封事云和氣致祥乖氣致異祥多者其國安異衆者其國危易曰聖人養賢以及萬民頤彖辭爲本君以臣爲基然後高能可崇也文有脫誤當云國以民爲本君以臣爲基基厚然後高能可崇也鹽鐵論未通篇云築城者先厚其基而求其高畜民者先厚其業而後求其贍考工記云匠人牆厚三尺崇三之鄭注高厚以是爲率是以相勝馬肥然後遠能可致也詩有駜毛傳駜馬肥彊貌馬肥彊則能升高進遠臣彊力則能安國鄭箋云此喻僖公之用臣必先致其祿食祿食足而臣莫不盡忠人君不務此而欲致太平此猶薄趾二字當乙而望高牆淮南子泰族訓云不益其厚而張其廣者毀不廣其基而增其高者覆驥瘠而責遠道其

不可得也必矣

述敍第十六本傳在愛日篇後

凡治病者必先知脈之虛實素問玉機眞藏論黃帝曰凡治病察其形氣色澤脈之盛衰病之新故乃治之論評虛實論岐伯曰邪氣盛則實精氣奪則虛氣之所結莊子達生篇云忿滀之氣散而不反則爲不足上而不下則使人善怒下而不上則使人善忘不上不下中身當心則爲病素問舉痛論帝曰余知百病生於氣也怒則氣上喜則氣緩悲則氣消恐則氣下寒則氣收炅則氣泄驚則氣亂勞則氣耗思則氣結然後爲之方素問至眞要大論帝曰氣有多少病有盛衰治有緩急方有大小漢書藝文志云經方者本草石之寒溫量疾病之淺深假藥味之滋因氣感之宜辯五苦六辛致水火之齊以通閉解結反之於平故疾可愈而壽可長也鹽鐵論輕重篇云扁鵲撫息脈而知疾所由生陽氣盛則損之而調陰寒氣盛則損之而調陽是以氣脈

調和而邪氣無所留矣爲國者必先知民之所苦禍之所起然後設之以禁故姦可塞國可安矣墨子兼愛篇云聖人以治天下爲事者也必知亂之所自起焉能治之不知亂之所自起則不能治譬如醫之攻人之疾者然必知疾之所自起焉能攻之不知疾之所自起則弗能攻今日賊良民之甚者莫大於數赦管子法法篇云凡赦者小利而大害者也故久而不勝其禍毋赦者小害而大利者也故久而不勝其福赦贖數則惡人昌而善人傷矣後漢書桓譚傳云惡人誅傷則善人蒙福此倒用其語漢書刑法志文帝詔曰法者治之正所以禁暴而衞善人也奚以明之哉曰孝悌之家修身慎行孝經云修身慎行恐辱先也不犯上禁從生至死無銖兩罪銖兩言其輕漢書趙廣漢傳云銖兩之姦亦此意數有赦贖未嘗蒙恩漢書文三王傳云比比蒙恩又云數蒙聖恩得見貫赦常反爲禍

何者正直之士之爲吏也直舊作眞据程本改詩小明云正直是與不避
强禦漢書葢寛饒傳王生予書曰明主知君絜白公正不畏彊禦後漢書鮑永傳永辟扶風鮑恢爲
都官從事恢亦抗直不避强禦按詩烝民不畏强禦
文十年左傳引詩剛亦不吐柔亦不茹杜注云詩大
雅美仲山甫不辟强禦秦策高誘注引詩亦作不
辟强禦誘多用韓詩疑韓詩畏本作辟辟與避通不
辭上官辭謂謁辭漢書尹翁歸傳云徵拜東海太守
過辭廷尉于定國後漢書丁鴻傳云竇憲兄
弟各擅威權鴻上封事曰大將軍雖欲勑身自約不
敢僭差然而天下遠近皆惶怖承旨刺史二千石初
除謁辭求通待報雖奉符璽受臺勑不敢便去久者
至數十日梁統後冀傳云冀愛監奴秦宫宫至太倉
令威權大震刺史二千石皆謁辭之郭伋傳云召見
辭謁章懷注因辭而謁見也循吏傳云任延拜武威
太守帝親見戒之曰善事上官從事督察續漢書百官志云司隸校尉及諸州皆有從事史漢
書翟方進傳云督察公卿顏師古注督視也方懷不快易艮六二其心不快漢書高帝紀六

年張良曰取上素所不快計羣臣所共知最甚者一人先封以示羣臣而姦猾之黨漢書武帝紀元狩六年詔曰姦猾爲害又加誣言說文云加語相增加也誣加也漢書五行志淮陽王上書寃博辭語增加顏師古注言博本爲石顯所寃增加其語故陷罪皆知赦之不久則且共橫枉侵寃誣奏罪法崔寔政論云長吏或實清廉心平行潔內省不疚不肎媚竈曲禮不行於所屬私愛無□於□府州郡側目以爲負折乃選巧文猾吏向壁作條誣覆闔門捕攝妻子今主上妄行刑辟昭六年左傳叔向曰昔先王議事以制不爲刑辟漢書百官公卿表云廷尉掌刑辟宣帝紀元康二年詔曰用法或持巧心析律貳端深淺不平增辭飾非以成其罪奏不如實上亦亡繇知高至死徙下乃論寃漢書尹翁歸傳云案致其罪高至於死按高下猶重輕也而被舊作彼寃之家乃甫當乞鞫告故以信直信讀爲申說文云鞫窮治辠人也經典通用鞫禮記文王世子云告於甸人鄭注告讀爲

鞫讀書用灋曰鞫周禮小司寇讀書則用灋注鄭司農云如今時讀鞫已乃論之史記夏侯嬰傳云嬰試補縣吏與高祖相愛高祖戲而傷嬰人有告高祖高祖時爲亭長重坐傷人告故不傷嬰集解鄧展曰律有故乞鞫高祖自告不傷人索隱案晉灼云獄結竟呼囚鞫語罪狀囚若稱枉欲乞鞫者許之也漢書景武昭宣元成功臣表新時侯趙弟坐爲太常鞫獄不實如淳曰鞫者以其辭決罪也晉灼曰律說出罪爲故縱入罪爲故不直**亦無益於死亡矣**漢書刑法志緹縈上書云死者不可復生刑者不可復屬**及隱逸行士淑人君子**詩尸鳲**爲讒佞利口所加誣覆冒**論語云惡利口之覆邦家者漢書王尊傳云浸潤加誣以復私怨列女傳齊威虞姬傳云執事者誣其辭而上之虞姬曰有司受賂聽用邪人卒見覆冒不能自明明德馬后傳云時有楚獄因證相引繫者甚多后恐有單辭妄相覆冒承閒爲上言之後漢書皇甫規傳云今見覆沒恥痛貫深覆沒卽覆冒冒沒聲近義同**下土冤民**漢書于定國傳云張釋之爲廷尉天下無冤民下土注見浮侈

篇能至闕者萬無數人其得省問者不過百一既對尚書空遣去者復十六七雖蒙考覆覆當作覈說文云覈實也考事西笮邀遮其辭得實曰覈州郡轉相顧望漢書王嘉傳云外內顧望留苦其事舊作留吾眞事按漢書西域大宛傳云不敢留苦顏師古注不敢留連及困苦之也易林咸之豫萃之咸巽之非未濟之需並云稽難行旅留連愁苦春夏待秋冬秋冬復涉春夏如此行逢赦者不可勝數漢書楚元王後向傳云得踰冬減死論服虔曰踰冬至春行寬大而減死罪如淳曰獄冬盡當決竟而得踰冬復至後冬故或逢赦或得減死也魏相傳云大將軍用武庫令事遂下相廷尉獄久繫踰冬會赦出又謹慎之民用天之道分地之利擇莫犯土句有誤字程本土作法謹身節用孝經云用天之道分地之利謹身節用以養父母此庶人之孝也急就篇云鬼薪白粲鉗釱髡不肯謹愼自令然積累

纖微以致小過後漢書梁統後商傳云大獄一起無辜者衆死囚久繫纖微成大後漢紀安帝永寧元年岑宏議云幾微生過遂陷不義論衡累害篇云將吏異好清濁殊操清吏增郁郁之白舉涓涓之言濁吏懷恚恨徐求其過因纖微之謗被以罪罰韓詩外傳九云禍起於纖微漢書張湯後安世傳云累積纖微此言質良蓋民惟國之基也禮記月令云黑黃蒼赤莫不質良鄭注質正也良善也按此當作貞良言當作皆蓋當作善此皆貞良善民爲句貞良見敘錄史記秦始皇紀琅邪臺刻石辭云姦邪不容皆務貞良崔寔政論云競擿微短吹毛求疵重案深詆以中傷貞良輕薄惡子漢書酷吏尹賞傳云雜舉長安中輕薄少年惡子國基注見本政篇不道凶民漢書翟方進傳云丞相宣以一不道賊如淳曰律殺不辜一家三人爲不道蕭望之傳云諸盜及殺人犯不道者百姓所疾苦也思彼姦邪起作盜賊以財色殺人父母戮人之子滅人之門取人之賄及貪殘不軌漢書王尊

傳云五官掾張轉貪汙不軌凶惡弊吏掠殺不辜漢書魏相傳云人有告相賊殺不辜谷永傳云多繫無辜掠立迫恐後漢書章帝紀元和元年詔曰律云掠者惟得榜笞立又令丙箠長短有數自往者大獄已來掠考多酷鉆鑽之屬慘苦無極念其痛毒怵然動心侵冤小民注見考績篇皆望聖帝當為誅惡治冤漢書胡建傳云誅惡以禁邪以解蓄怨楚語云蓄怨滋厚反一門赦之令惡人高會而夸詫漢書高帝紀云置酒高會服虔曰大會也老盜服臧而過門臧舊作藏据傳改臧謂所竊物也鹽鐵論刑德篇云盜有臧者罰周禮司厲注鄭司農云今時盜賊臧加責沒入縣官孝子見讎而不得討哀十三年左傳云越子伐吳吳王孫彌庸見姑蔑之旗曰吾父之旗也不可以見讎而弗殺也亡主見物而不得取漢書于定國傳云或盜賊發吏不亟追而反繫亡家顏師古注不急追賊反繫失物之家亡主猶亡家痛莫甚焉故將赦而先

暴寒者以其多冤結悲恨之人也漢書于定國傳云民多冤結夫養稊稗者傷禾稼惠姦宄者賊良民韓非子難一云夫惜草茅者耗禾穗惠盜賊者傷良民今緩刑罰行寬惠是利姦邪而害善人也按韓子語本管子明法解後漢書梁統傳云刑輕之作反生大患惠惡加姦軌而害及良善也書曰文王作罰刑茲無赦康誥是故先王之制刑法也非好傷人肌膚漢書董仲舒傳云傷肌膚以懲惡斷人壽命者也白虎通壽命篇云壽命者上命也淮南子精神訓云夫人之所以不能終其壽命而中道夭於刑戮者何也以其生生之厚乃以威姦懲惡除民害也易繫辭下傳云不威不懲後漢書陳寵傳云往者斷獄嚴明所以威懲姦慝管子明法解云賞功誅罪所以爲天下致利除害也天下本以民不能相治故爲立王者以統治之漢書谷永傳云臣聞天生蒸民不能相治爲立王者以統理之亦見成帝

紀建始三年詔及王莽傳天子在於奉天威命共行賞罸共讀爲恭書甘誓云今予惟恭行天之罸故經稱天命有德五服五章天罸有罪五刑五用書皐陶謨罸討今作討詩刺彼宜有罪汝反脫之詩瞻卬反脫今作覆說古者惟始受命之君承大亂之極被前王之惡其民乃並爲敵讎書微子云小民方興相爲敵讎罔不寇賊消義姦宄奪攘書呂刑云罔不寇賊鴟義姦宄奪攘攘矯虔王先生云消卽鴟之誤以革命受祚易革象云湯武革命爲之父母書洪範云天子作民父母故得一赦繼體以下則無違焉違當作遵崔寔政論云大赦之造乃聖王受命而興討亂除殘誅其鯨鯢赦其臣民漸染口化者耳及戰國之時犯罪者輒亡奔鄰國遂赦之以誘還其逋逃之民漢承秦制遵而不越荀悅漢紀云夫赦者權時之宜非常典也漢興承秦兵革之後大過之世比屋可刑故設三章

之法大赦之令蕩滌穢流與民更始時勢然也後世
承業襲而不革失時宜矣大過二字今本漢紀缺据
初學記廿補
何者人君配乾而仁順育萬物以成大功舊無
物字据本傳補春秋繁露王道通三篇云仁之善者
在於天天仁也天覆育萬物既化而生之有養而成
之事功無已終而復始又云天常以愛利爲意以養
長爲事春秋冬夏皆其用也王者亦常以愛利天下
爲意以安樂一世爲事
好惡喜怒而備用也
非得以養姦活罪爲仁放縱
天賊爲賢□也
漢書宣帝紀黃龍元年詔曰今吏或
以不禁姦邪爲寬大縱釋有罪爲不
苛或以酷惡爲賢皆失其中天賊卽忠
貴篇所云天以爲賊或云當作大賊非
今夫性惡之
人
論衡本性篇云周人世
碩以爲人性有善有惡
居家不孝悌出入不恭敬
輕薄慢傲凶悍無辨
淮南子時則訓云求不孝不悌
戮暴傲悍而罰之呂氏春秋處
方篇云少不悍辟而長不簡慢高誘注悍兇也文選
范蔚宗宦者傳論李善注引桓譚新論云居家循理

鄉里和順出入恭敬言語謹遜謂之善士明以威侮侵利爲行書甘誓云威侮五行

史記匈奴傳中行說曰匈奴明以戰攻爲事此用其文以賊殘酷虐爲賢賊殘疑倒

漢書哀帝紀詔曰察吏殘賊酷虐者以時退李尋傳云諸闒茸佞讇抱虛求進及用殘賊酷闇者宜以時廢退翟方進傳劾奏朱博等云所居皆尚殘賊酷虐苛刻慘毒以立威故數陷王法者

漢書高惠高后文功臣表序云多陷法禁此乃民之賊孟子云今之所謂良臣古之所謂民賊也下愚極惡之人也漢書古今人表序云可與爲惡不可與爲善是謂下愚王莽傳贊云窮凶極惡雖脫桎梏而出囹圄禮記月令云命有司省囹圄去桎梏終無改悔之心自詩以羸敎頭當云自恃以數赦贖字形相近而誤出獄踧踖論語云踧踖如也復犯法者何不然何不然言何所不然也漢書韓信傳何不誅何不服何不散顏注如此匡衡傳云竊見大赦之後姦邪不爲衰止今日大赦明日犯法相隨入獄此

殆導之未
得其務也
洛陽至有主諧合殺人者
說文云諧詥也
詥諧也合乃詥
之省續漢書五行志載桓帝末童謠曰河間來合
諧王先生云諧合殺人若今律云私和頂兇矣
謂
之會任之家
會任浮侈篇作合任按史記貨殖傳子
貸金錢千貫節駔會漢書作儈顏師古
注儈者合會二家交易者也一切經音
義六引聲類云儈合市人也會與儈同
受人十萬謝
客數千又重饋部吏吏與通姦
漢書宣帝子東平思
王傳云通姦犯法
利入深重幡黨盤牙
漢書司馬相如傳上林賦云翩
幡互經郭璞曰互經互相經過
也牙卽互字谷永傳云百官盤互顏師古注盤互盤
結而交互也互字或作牙言如豕牙之盤曲犬牙之
相入也楚元王傳劉向云宗族磐互師古亦云字或
作牙後漢書滕撫傳云盜賊羣起磐牙連歲章懷注
磐牙謂相連結黨錮傳序注引謝承後漢書云中官
黃門磐牙境界魏志曹眞後爽傳根據槃牙吳志陸
瑁傳九域槃牙按牙並當作互字形相近而
訛師古謂如豕犬之牙非是盤磐槃古字通
請至貴

戚寵臣說聽於上謁行於下漢書外戚恩澤表注如淳曰律諸爲人請求於吏以枉法而事已行爲聽行者皆爲司寇是故雖嚴令尹謂洛陽令河南尹也終不能破攘斷絕王先生云攘是壞字之誤繼培按破壞見救邊篇何者凡敢爲大姦者一切經音義十六引三蒼云敢必行也不畏爲之史記酷吏張湯傳云趙王上書告湯大臣也史謁居有病湯至爲摩足疑與爲大姦材必有過於衆而能自媚於上者也淮南子泰族訓云智伯有五過人之材史記衞將軍傳云以和柔自媚於上多散苟得之財禮記曲禮云臨財毋苟得奉以謟諛之辭以轉相驅非有第五公之廉直第五倫也見後漢書孰能不爲顧詩正月鄭箋云顧猶視也念也按爲顧謂曲法瞻狗論衡逢遇篇云節高志妙不爲利動性定質成不爲主顧顧亦謂委曲承意也令案洛陽主殺人者高至數十下至四五身不死

則殺不止皆以數赦之所致也由此觀之大惡之資終不可化雖歲赦之適勸姦耳舊脫赦之二字按匡衡傳云雖歲赦之刑猶難使措而不用也此文多本衡語今据補崔寔政論亦云雖日赦之亂甫繁耳或云三辰有候云舊作之初學記廿引或三辰有候周禮凡以神仕者掌三辰之灋鄭注日月星辰天氣當赦開元占經六十五引黃帝占云天牢中常有繫星三以甲子丙子戊子庚子壬子暮視之其一星去有喜事其二星去有賜令爵祿之事三星盡去人君德令赦天下甲子期八十一日丙子期七十二日戊子期六十日庚子期八十日壬子期六十二日而赦御覽六百五十二引風角書云春甲寅日風高去地三四丈鳴條從申上來爲大赦期六十日又云候赦法冬至後盡丁巳之日南風從巳上來滿三日以上必有大赦又引望氣經云黃氣四出注期五十日赦故人主順之而施德焉未必然也然舊作殺然誤爲然又轉作殺也未必然也見史記自序王者至貴與

天通精御覽七十六引春秋保乾圖云天子至尊也神精與天地通淮南子天文訓云人主之情上通於天御覽九八百七十六引情並作精覽冥訓亦云遭急迫難精通於天心有所想意有所慮未發聲色天爲變移易是類謀云主有所貴王侯元德天下歸鄉心有所維意有所慮未發顏色莫之漸射出天地災捉挺患無形之外淮萌纖微之初先見吉凶爲帝演謀忽之可也勿之之無也此文本於彼彼文有脫誤後漢書楊震後賜傳云王者心有所惟意有所想雖未形顏色而五星以之推移陰陽爲其變度亦本易緯書洪範或若休咎庶徵月之從星此乃宜有是事故見瑞異或戒人主或字誤王先生云疑感之誤若忽不察是乃已所感致而反以爲天意欲然非直也直當作眞漢書息夫躬傳王嘉曰天之見異所以勑戒人君欲令覺悟反正推誠行善孔光傳云臣聞師曰天右與王者故災異數見以譴告之欲其改更若不畏懼有以塞除而輕忽簡誣則凶

罰加焉谷永傳云竊聞明王即位正五事建大中以承天心則庶徵序於下日月理於上如人君淫溺後宮般樂游田五事失於躬大中之道不立則咎徵降而六極至又云臣聞災異皇天所以譴告人君過失猶嚴父之明誡畏懼敬改則禍銷福降忽然簡易則咎罰不除俗人又曰風俗通云止繫風俗見善不徙故謂之俗人見意林先世欲赦常先遣馬分行市里聽於路陽咸云當赦以知天之教也乃因施德若使此言也而信則殆過矣夫民之性固好意度者也韓非子解老篇云前識者無緣而忘意度者也見久陰則稱將水見久陽則稱將旱見小貴則言將饑見小賤則言將穰兩小字當作米然或信或否由此觀之民之所言未必天下讀如下兩之下前世贖赦稀疏民無覬覦桓二年左傳師服曰民服事其上而下無覬覦近時以來

赦贖稠數說文云稠多也故每春夏輒望復赦崔寔政論云孝文皇帝即位二十三年乃赦示不廢舊章而已近永平建初之際亦六七年乃一赦亡命之子皆老於草野窮困懲艾比之於死頃開以來歲且一赦百姓忸忕輕爲姦非每迫春節徼倖之會犯惡尤多或抱罪之家僥倖蒙恩說文云儌幸也僥倖即儌幸之別經典通作徼幸昭六年左傳云徼幸以成之故宣此言以自悅喜誠令仁君聞此以爲天教而輒從之誤莫甚焉論者多曰久不赦則姦宄熾而吏不制漢書刑法志云酷吏擊斷姦軌不勝故赦贖以解之此乃招亂之本原本傳作此此未昭政亂之本源政當是治唐人避諱改之本書斷訟篇云必未昭亂之本原語意亦未足按文義當作此此乃未昭治亂之本原昭九年左傳云木水之有本原不察禍福之所生者之言也管子君臣下篇云審知禍福之所生正世篇云古之欲正世世調天下者必

先觀國政料事務察民俗本治亂之所生知得失之所在然後從事故法可立而治可行凡民之舊脫所以輕爲盜賊吏之所以易作姦匿者匿讀爲慝以赦贖數而有僥望也若使犯罪之人終身被命漢書刑法志云已論命晉灼注命者名也成其罪也張耳傳云嘗亡命遊外黃顏師古注命者名也凡言亡命謂脫其名籍而逃亡鮑宣傳云名捕隴西辛興師古注詔顯其名而捕之被命猶言名捕也得而必刑則計姦之謀破而慮惡之心絕矣夫良贖可良疑赦可疑行孺子可令姐釋名釋長幼云兒始能行曰孺子孺濡也言濡弱也說文云㜘驕也姐乃㜘之省中庸之人可引而下後漢書楊終傳云上智下愚謂之不移中庸之流要在教化引舊作弘新書連語云中主者可引而上可引而下申鑒政體篇云教化之廢推中人而墜於小人之域教化之行引中人而納於君子之塗故其諺曰一歲載赦奴兒噫嗟

奴讀爲鴛鴦崔寔政論亦載此諺困學紀聞十三引政論奴作好或云好兒卽好人非也噫嘻政論作喑噁史記韓信傳云項王喑噁叱咤千人皆廢索隱喑噁懷怒氣漢書作意烏猝嗟晉灼注意烏恚怒聲也方言云宋衞之閒凡怒而噎噫謂之脅閱莊子知北遊篇云宋者喑醷物也釋文李郭皆云喑醷聚氣貌一切經音義十五喑噫大呼也噫嗟喑噁意烏噎噫喑醷喑噫並聲近義同淮南子繆稱訓云意而不戴高誘注意恚聲戴嗟也意嗟急氣言之則爲意

言王誅不行則痛瘀之子皆輕犯

急就篇云瘧瘚瘀痛瘼溫病說文云瘀積血也

況狻乎若誠思畏

思字衍卽畏之駁文

盜賊多而姦不勝故赦則是爲國爲姦宄報也

按漢書韓安國傳云丞相蚡言於太后曰王恢首爲馬邑事今不成而誅恢是爲匈奴報讎也陳湯傳湯上疏言臣與吏士共誅郅支單于幸得禽滅萬里振旅宜有使者迎勞道路今司隸反逆收繫按驗是爲郅支報仇也爲國爲姦軌報謂姦人讎良民而得放釋不啻爲姦人報讎與蚡湯所言同意

夫天

道賞善而刑淫襄十四年左傳師曠曰良君將賞善而刑淫天工人其代之書皐陶謨故凡立王者將以誅邪惡而養正善而以逞邪惡逆妄莫甚焉漢書刑法志宣帝詔曰決獄不當使有罪興邪不辜蒙戮晉灼注當重而輕使有罪者起邪惡之心也且夫國無常治又無常亂法令行則國治法令弛則國亂管子任法篇云法者不可恒也存亡治亂之所從出又云君臣上下貴賤皆從法此謂爲大治韓非子有度篇云國無常彊無常弱奉法者彊則國彊奉法者弱則國弱法無常行亦無常弛亦舊作法據諸子彙函改君敬法則法行君慢法則法弛昔孝明帝時劇舉茂才御覽二百六十五六百五十二並作荊州舉茂才按作荊州是也下云部南郡郡從事續漢書郡國志南郡屬荊州過闕謝恩賜食事訖問何異聞對曰巫有劇賊九人續漢書郡國志

巫縣屬南郡漢書朱博傳云縣有劇賊刺史數以竊郡竊當作察漢書朱博傳云部刺
史奉使典州督察郡國竊察聲相近莊子庚桑楚篇竊竊乎釋文崔本作察察齊物論篇竊竊然知之釋
文司馬云竊竊猶察察也家語好生篇竊竊夫其有益與無益王肅注竊宜爲察皆其證訖不能
得帝曰汝非部南郡從事邪對曰是帝乃振怒書洪範云
帝乃震怒振震古字通管子七臣七主篇云臣下振怒曰賊發部中而不能擒
然材才當作才何以爲茂擢數百便免官而切讓州郡十
日之閒賊即伏誅由此觀之擒滅盜賊在於明法不
在數赦令不顯行賞罰以明善惡嚴督牧守以擒姦
猾而反數赦以勸之其文常舊作帝曰謀反大逆不道
諸犯不當得赦皆除之將與士大夫灑心更始御覽六百

五十二引漢舊儀云踐祚改元立皇后太子赦天下每赦自殊死以下及謀反大逆不道諸不當得赦者皆赦除之令下丞相御史復奏可分遣丞相御史乘傳駕行郡國解囚徒布詔書郡國各分遣使傳廄車馬行屬縣解囚徒後漢書順帝紀陽嘉三年詔曰嘉與海內洗心更始其大赦天下自殊死以下謀反大逆諸犯不當得赦者皆赦除之文與此同崔寔政論云踐祚改元際未嘗不赦每其令曰蕩滌舊惡將與士大夫更始是褒已薄先且違無改之義非所以明孝抑邪之道也歲歲灑之然未嘗見姦人冗吏周禮槁人掌共外內朝冗食者之食鄭注冗食者謂留治文書若今尚書之屬諸上直者疏云冗食者冗散也外內朝上直諸吏謂之冗吏亦曰散吏王先生云冗疑冗有肯變心悔服稱詔者也悔服謂悔過服罪漢書蕭望之傳云不悔過服罪深懷怨望宣帝子東平思王宇傳云王既悔過服罪太后寬忍以貫之有司奏事又俗疑欲彙函作乃以赦前之微過妨今日之顯舉然則改往修來更始之

詔亦不信也漢書平帝紀卽位詔曰夫赦令者將與天下更始誠欲令百姓改行絜己全其性命也往者有司多舉奏赦前事累增罪過誅陷亡辜殆非重信愼刑灑心自新之意也及選舉者其歷職更事有名之士則以爲難保廢而弗舉甚謬於赦小過舉賢材之義諸有臧及內惡未發而薦舉者皆弗案驗令士厲精鄉進不以小疵妨大材自今以來有司無得陳赦前事置奏上有不如詔書爲虧恩以不道論詩譏君子屢盟亂是用長巧言故不若希其令必其言若艮不能了無赦者了舊作子廣雅釋詁云了訖也王侍郎云子疑于罕之爲愈令世歲老古時一赦世當作卅謂三十年也老蓋放字放與攷字形相近攷通考轉譌爲老漢書貢禹傳云承衰救亂矯復古化在於陛下臣愚以爲盡如太古難宜少放古是其證崔實政論云今如欲遵先王之制宜曠然更下大赦令因明諭使知永不復赦則羣下震慄莫輕犯罪縱不能然宜十歲以上乃時一赦意與此同則姦宄之滅十八九可

勝必也昔大司馬吳漢老病將卒世祖問以遺戒對曰臣愚不智不足以知治慎無赦而已矣後漢書夫方以類聚物以羣分易繫辭上傳人之情皆見乎辭繫辭下傳云聖人之情見乎辭故諸言不當赦者非修身慎舊作修行則必憂哀謹慎而嫉毒姦惡者也諸利數赦者非不達赦疑政務則必舊作交內懷隱憂詩柏舟云如有隱憂有願爲者也人君之發令也必諮於羣臣羣臣之姦邪者固必伏罪隱十一年左傳云許既伏其罪矣雖正直吏猶有公過自非驚拳莊十九年左傳李離史記循吏傳就肯刑身以正國循吏傳論云李離過殺而伏劍晉文以正國法然則是皆接私計以論公政也御覽六百九十四接作挾下有

夫字接接讀爲挾挾儀禮鄉射禮兼挾乘矢鄭注古文挾皆作接大射儀注同漢書賈誼傳云陛下接王淮南諸子孟康曰接音挾挾持欲王淮南諸子也與狐議裘無時焉可與狐舊作與瓜據御覽改按與狐議裘蓋相傳有是言抱朴子博喻篇云與姤勝已者而謀舉疾惡之賢是與狐議治裘也天中記引符子云魯侯欲以孔子爲司徒將召三桓而議之左邱明曰周人有愛裘而好珍羞欲爲千金之裘而與狐謀其皮欲具少牢之珍而與羊謀其羞言未卒狐相率逃於重邱之下羊相呼藏於深林之中故周人之謀失之矣今君欲以孔子爲司徒召三桓謀之非亦與狐謀裘羊謀羞哉傳曰民之多幸國之不幸也宣十六年左傳夫有罪而備辜漢書王莽傳云所征殄滅盡備厥辜按備俱犕之誤後漢書皇甫嵩傳董卓曰義眞犕未乎章懷注犕古服字寃結而信理信讀爲申後漢書馮異傳云申理枉結此天之正也而王之法也故曰無縱詭隨以謹無良詩民勞若枉善人以惠姦

惡此謂斂怨以爲德詩蕩先帝制法論衷刺刀者衷與衷甲之衷同或當作衷漢書金日磾傳云何羅褢白刃從東箱上褢衷同字刺刀疑刺刃禮記少儀云凡有刺刃者以授人則辟刃何則以其懷姦惡之心有殺害之意也聖主有子愛之情漢書匡衡傳云陛下聖德天覆子愛海內而是有殺害之意故誅之況成罪乎尚書康誥王曰於戲封敬明乃罰人有小罪匪省今書作非眚乃惟終自作不典戒今作式爾有厥罪小乃不可不殺言惡舊作恐人有罪雖小然非以過差爲之也漢書王嘉傳云人情不能不有過差乃欲終身行之故雖小不可不殺也何則是本頑凶思惡而爲之者也乃有大罪匪今作非終乃惟省哉今作眚災適爾既道極

厥罪今作辜時亦今作乃不可殺言殺人雖有大罪非欲以終身爲惡乃過誤爾是不殺也周禮調人凡過而殺傷人者以民成之鄭注過無本意也司刺再宥曰過失鄭司農云過失若今律過失殺人不坐死後漢書郭躬傳云法令有故誤誤者其文則輕若此者雖曰赦之可也金作贖刑赦作眚罪書堯典云金作贖刑眚災肆赦皆謂良人吉士詩黃鳥云殲我良人卷阿云藹藹王多吉士時有過誤不幸陷離者爾襄廿一年左傳人謂叔向曰子離於罪其爲不知乎先王議讞獄以制議讞衍一字昭六年左傳叔向云昔先王議事以制不爲刑辟漢書景帝紀中五年詔曰諸獄疑若雖文致於法而於人心不厭者輒讞之張湯傳云平亭疑法奏讞疑說文云讞者議辠也讞與瀲同原情論意漢書王嘉傳云聖王斷獄必先原心定罪探意立情五行志引京房易傳曰誅不原情茲謂不仁後漢書霍諝傳云諝聞春秋之義原情定過赦事

誅意以救善人非欲令兼縱惡逆以傷人也是故周官差八議之辟小司寇此先王所以整萬民而致時雍也莊廿三年左傳曹劌曰夫禮所以整民也書堯典云黎民於變時雍易故觀民設教觀象辭變通移時之議繫辭下傳云易窮則變變則通通則久今日捄世莫乎此意何本乎作先按當作莫急乎此

三式第十七

高祖定漢與羣臣約自非劉氏不得王非有武功不得侯史記絳侯世家亞夫曰高皇帝約非劉氏不得王非有功不得侯不如約天下共擊之孝文皇帝始封外祖史記外戚世家云文帝追尊薄太后父爲靈文侯因爲典式行之至今孝武皇帝封爵丞相以褒有德後亦承

之漢書公孫弘傳云元朔中代薛澤爲丞相先是漢常以列侯爲丞相惟弘無爵上於是下詔封弘爲平津侯其後以爲故事建武乃絕傳記所載稷卨伯夷皐陶伯翳日疑皆受封土詩長發疏云中候握河紀說堯云斯封稷契皐陶賜姓號又云考河命說舜之事云褒賜羣臣賞爵有功稷契皐陶益上地禹卨契字周宣王時輔相大臣以德佐治亦獲有國故尹吉甫作封頌二篇頌疑當爲誦詩崧高云吉甫作誦毛傳作是工師之誦也其詩曰亹亹申伯王纘之事于邑于謝南國于是式崧高是舊作二据程本改今詩國下無于字按志氏姓篇引詩纘作薦謝作序于是作爲此書引詩不用毛氏後人或据毛詩改之遂致兩引互異又曰四牡彭彭八鸞鏘鏘王命仲山甫城彼東方烝民此言申伯山甫文德致升平而王封以樂土賜以盛服也漢書梅福

傳云升平可致張晏曰民有三年之儲曰升平按食貨志云民三年耕則餘一年之畜衣食足而知榮辱廉讓生而爭訟息故三載考績孔子曰苟有用我者期月而已可也三年有成成此功也三考黜陟餘三年食進業曰登再登曰平餘六年食三登曰泰平二十七歲遺九年食然後王德流洽禮樂成焉升平郎登平升平受封與志說合易曰鼎折足覆公餗其刑渥凶鼎九四刑王弼本作形此言公不勝任則有渥刑也是故三公在三載之後宜明考績黜刺簡練其材其有稷卨伯夷申伯仲山甫致治之效者封以列侯令受南土八蠻之賜王先生云蠻當作鸞其尸祿素餐文選曹子建求自試表李善注引韓詩曰何謂素餐素者質也人但有質朴而無治民之材名曰素餐尸祿者頗有所知善惡不言默然不語苟欲得祿而已譬若尸矣漢書貢禹傳禹上書云血氣衰竭耳目不聰明非復能有補益所謂素餐尸祿洿朝之臣也谷永傳

云無使素餐之吏久尸厚祿無進治之效無忠善之言者使從渥刑是則所謂明德慎罰書康誥而簡練能否之術也誠如此則三公競思其職而百寮爭竭其忠矣書皋陶謨云百僚師師寮與僚同一式先王之制繼體立諸侯以象賢也禮記郊特牲云繼世以立諸侯象賢也鄭注賢者子孫恒能法其先父德行子孫雖有食舊德之義易訟六三食舊德貞厲終吉然封疆立國不爲諸侯張官置吏不爲大夫荀子大略篇云天之生民非爲君也天之立君以爲民也故古者列地建國非以貴諸侯而已列官職差爵祿非以尊大夫而已白虎通封公侯篇云列土爲疆非爲諸侯張官設府非爲卿大夫皆爲民也後漢書光武帝紀建武六年詔曰張官置吏所以爲人也按張官置吏本管子明法解必有功於民乃得保位故有考績黜刺九錫三削

之義白虎通考黜篇云諸侯所以考黜何王者所以勉賢抑惡重民之至也尚書曰三載考績三考黜陟禮說九錫車馬衣服樂則朱戶納陛虎賁鈇鉞弓矢秬鬯皆隨其德可行而賜又云百里之侯一削爲七十里侯再削爲七十里伯三削爲寄公七十里伯一削爲五十里伯再削爲五十里子三削地盡五十里子一削爲三十里子再削爲三十里男三削地盡五十里男一削爲三十里男再削爲三十里附庸三削爵盡詩云彼君子兮不素餐兮伐檀由此觀之未有得以無功而祿者也毛詩伐檀序云在位貪鄙無功而受祿當今列侯獨斷云漢制皇子封爲王者其實古諸侯也周末諸侯或稱王而漢天子自以皇帝爲稱故以王號加之總名諸侯王子弟封爲侯者謂之諸侯羣臣異姓有功封者謂之徹侯後避武帝諱改曰通侯法律家皆曰列侯御覽一百九十八引風俗通云列者言其功德列著乃饗爵也率皆襲先人之爵因祖考之位其身無功於漢無德於民專國南面臥

食重祿下殫百姓富有國家此素餐之甚者也漢書張湯後延壽傳云延壽已歷位九卿既嗣侯國在陳留別邑在魏郡租入歲千餘萬延壽自以身無功德何以能久堪先人大國數上書讓減戶邑此卽本其意言之孝武皇帝患其如此乃令酎金以黜之而益多怨酎舊作酹漢書景帝紀元年高廟酎張晏曰正月旦作酒八月成名曰酎酎之言純也至武帝時因八月嘗酎會諸侯廟中出金助祭所謂酎金也武帝紀元鼎五年九月列侯坐獻黃金酎祭宗廟不如法奪爵者百六人如淳曰漢儀注諸侯王歲以戶口酎黃金於漢廟皇帝臨受獻金金少不如斤兩色惡王削縣侯免國臣瓚曰食貨志南越反時卜式上書願死之天子下詔褒揚布告天下天下莫應列侯以百數莫求從軍至酎飲酒少府省金而列侯坐酎金失侯者百餘人續漢書禮儀志劉昭注引漢律金布令云列侯各以民口數率千口奉金四兩奇不滿千口至五百口亦四兩皆會酎少府受今列侯或有德宜子民而道不得施

白虎通封公侯篇云擇賢而封之使治其民以著其德極其才上以尊天子備蕃輔下以子養百姓施行其道**或有凶頑醜**脫一字**不宜有國而惡不上聞**漢書王吉傳諫昌邑王賀云恩愛行義孅介有不具者於以上聞非饗國之福也張敞傳顏師古注上聞聞於天子也按漢書景帝子河閒獻王傳有司奏元殘賊不改不可君國子民趙敬肅王彭祖傳彭祖取淖姬生一男號淖子彭祖薨時淖姬兄為漢宦者上召問淖子何如對曰為人多欲上曰多欲不宜君國子民外戚傳云霍光以許皇后父廣漢刑人不宜君國君國子民蓋亦漢時律令文語本湯征見史記殷本紀**且人情莫不以已為賢而效其能者周公之戒不使大臣怨乎不以**論語**詩云駕彼四牡四牡項領**節南山毛傳項大也箋云四牡者人君所乘駕今但養大其領不肯為用喻大臣自恣王不能使也此引詩以明大臣怨乎不以則以四牡項領而靡所騁喻賢者有才而不得試與鄭氏異說蓋本三家詩說中論爵祿篇云君子不患道

德之不建而患時世之不遇詩曰駕彼四牡四牡項領我瞻四方蹙蹙靡所騁傷道之不遇也新序雜事五云處勢不便豈可以量功校能哉詩不云乎駕彼四牡四牡項領夫久駕而長不得行項領不亦宜乎隸釋堂邑令費鳳碑云退已進弟不營榮祿栖遲歷稔項領滯畜易林履之剝否之屯噬嗑之歸妹未濟之明夷並云名成德就項領不試抱朴子嘉遁篇云空谷有項領之駿者孫陽之恥也勗學篇云項領之駿騁迹於千里博喻篇云兩絆而項領則騏騄與蹇驢同矣諠並與此同今列侯年卅以來宜皆試補長吏墨綬以上關內侯補黃綬漢書百官公卿表云爵十九關內侯二十列侯又云凡吏秩比六百石以上皆銅印黑綬比二百石以上皆銅印黃綬以信讀爲申其志以旌其能周語韋昭注旌表也其有韓侯邵虎之德詩韓奕江漢邵今作召上有功於天子舊作下下有益於百姓則稍遷位益土以彰有德書皐陶謨云天命有德五服五章哉彰與章義

同

其懷姦藏惡尤無狀者懷姦亦漢時律令文漢書孫寶傳劾奏立尚懷姦罔上翟方進傳方進劾立懷姦邪亂朝政又奏立黨友後將軍朱博鉅鹿太守孫閎故光祿大夫陳咸皆內懷姦猾元后傳解光奏曲陽侯根內懷姦邪欲筦朝政晉語云使百姓莫不有藏惡於其心中韋昭注人懷悖逆也後漢書章帝紀建初元年刺史明加督察尤無狀者章懷注無狀謂其罪惡尤大其狀無可寄言故云無狀

削土奪國以明好惡且夫列侯皆剖符受策史記高祖紀六年乃論功與諸列侯剖符行封釋名釋書契云漢制約勑封侯曰冊冊說文云冊符命也諸侯進受於王也冊與策同周禮大宗伯王命諸侯則儐鄭注儐進之也王將出命假祖廟立依前南鄉儐者進當命者延之命使登內史由王右以策命之降再拜稽首登受策以出**國大臣也雖身在外而心在王室**書顧命云雖爾身在外乃心罔不在王室**宜助聰明與智賢愚**何有誤字淮南子主術訓云羣臣輻湊並進無愚智賢不肖莫不盡其能者則君得

所以制臣臣得所以事君治國之道明矣以佐天子詩六月何得坐作奢僭驕育負責育蓋贏字之壞大戴禮曾子制言上篇云富貴吾恐其贏驕也字亦作盈漢書楚元王傳劉向封事云驕盈無厭淮南厲王傳云驕盈行多不軌敍傳云武安驕盈又云常山驕盈欺枉小民淫恣酒色職爲亂階詩巧言以傷風化而已乎漢書韓延壽傳云旣傷風化重使賢長吏嗇夫三老孝弟受其恥按景十三王傳趙王曰中山王但奢淫不佐天子拊循百姓何以稱爲藩臣此文本之詔書橫選猶乃特進後漢書左雄傳云特選橫調紛紛不絕楊震後秉傳云秉上言自頃所徵皆特拜不試又云時郡國計吏多留拜爲郎秉上言宜絕橫拜以塞覬覦之端李固傳云舊任三府選令史光祿試尚書郎時皆特拜不復選試橫選特進猶云特拜橫拜也而不介列侯舉下當脫士字此於主德大洽列侯大達兩大字疑當作未一切經音義六引蒼頡篇云洽遍徹也非執術督責總覽

獨斷御下方也 漢書公孫弘傳對策云擅殺生之柄通壅塞之塗權輕重之數論得失之道使遠近情僞必見於上謂之術鼂錯傳上書言人主所以尊顯功名揚於萬世之後者以知術數也史記李斯傳云賢主者必且能全道而行督責之術者也又云能獨斷而審督責必深罰故天下不敢犯也後漢書光武帝紀云明愼政體總攬權綱覽卽攬之省 今雖未使典始 當作司 治民然有橫選當循王制皆使貢士不宜闕也是誠封三公以旌積德 書盤庚云汝有積德 試 舊作誠 列侯以除素餐上合建侯之義 易屯利建侯 下合黜刺之法賢材任職則上下蒙福 後漢書竇融傳光武賜書云內則百姓蒙福 素餐委國 春秋繁露立元神篇云退讓委國而去 位無凶人 文十八年左傳云賓于四門四門穆穆無凶人也 誠如此則諸侯必內思制行而助國矣 制舊作刺按刺乃剌之誤剌卽制字

說文云利裁也从刀从未未物成有滋味可裁斷今則不然有功不賞無德不削甚非勸善懲惡漢書賈誼傳云慶賞以勸善刑罰以懲惡張敞傳云非賞罰無以勸善懲惡誘進忠賢漢書循吏傳云蜀地辟陋有蠻夷風文翁欲誘進之爾雅釋詁云誘進也移風易俗之法術也孝經云移風易俗莫善於樂二式昔先王撫世選練明德定四年左傳云選建明德史記趙世家云選練舉賢任官使能以統理民史記陸賈傳云統理中國建正封不過百取法於震王先生云百下脫里字繼培按後漢書光武帝紀建武二年博士丁恭議曰古帝王封諸侯不過百里故利以建侯取法於雷白虎通封公侯篇云諸侯封不過百里象雷震百里昭七年左傳云諸侯正封以為賢人聰明不是過也又欲德能優而所治纖漢書食貨志賈誼曰古之治天下至纖至悉也顏師古注纖與纖同則職修理而民被澤矣漢書薛宣傳云衆職

修理今之守相制地千里威權勢力盛於列侯材明德義未必過古而所治逾百里此以舊脫所治多荒亂也是故守相不可不審也鹽鐵論除狹篇云古者封賢祿能不過百里百里之中而爲都疆垂不過五十猶以爲一人之身明不能照聽不得達故立卿大夫士以佐之而政治乃備今守相或無古諸侯之賢而莅千里之政不可不孰擇也呂氏春秋務本篇云處官則荒亂昔宣皇帝興於民閒深知之故常嘆曰萬民所以安田里無憂患者政平訟治也與我共此者其惟良二千石於是明選守相其初除者必躬見之觀其志趣以昭其能明察其治重其刑賞見漢書循吏傳序後漢書左雄傳亦載之姦宄滅少戶口增息者賞賜金帛爵至封侯謂王成黃霸見漢書循吏傳崔實政

論云漢法亦三年一察治狀舉孝廉尤異宣帝時王成爲膠東相黄霸爲潁川太守皆且十年但就增秩賜金封關內侯以次入爲公卿其耗亂無狀者漢書景帝紀後二年詔曰不事官職耗亂者丞相以聞請其罪皆銜刀瀝血於市賞重而信罰痛而必漢書宣帝紀贊云孝宣之治信賞必罰按韓非子五蠹篇云賞莫如厚而信使民利之罰莫如重而必使民畏之羣臣畏勸競思其職宣帝紀贊云吏稱其職民安其業故能致治

安而世升平降鳳皇而來麒麟天人悅喜符瑞並臻

功德茂盛立爲中宗續漢書禮儀志光武帝建武十九年詔曰惟孝宣帝有功德其上尊號曰中宗後漢書光武帝紀中元元年羣臣奏言孝宣帝每有嘉瑞輒以改元神爵五鳳甘露黃龍列爲年紀蓋以感致神祇表彰德信是以化致升平稱爲中興論衡宣漢篇云孝宣皇帝元康二年鳳皇集於太山後又集於新平四年神爵集於長樂宮或集於上林九眞獻麟神爵二年鳳皇甘露降集京師

四年鳳皇下杜陵及上林五鳳三年帝祭南郊神光並見或興於谷燭耀齋宮十有餘日明年祭后土靈光復至至如南郊之時甘露神爵降集延壽萬歲宮其年三月鸞鳳集長樂宮東門中樹上甘露元年黃龍至見於新豐醴泉滂流彼鳳皇雖五六至或時一鳥而數來或時異鳥而各至麒麟神爵黃龍鸞鳥甘露醴泉祭后土天地之時神光靈耀可謂繁盛累積矣由此觀之牧守大臣者誠盛衰之本原也不可不選練也法令賞罰者誠治亂之樞機也不可不嚴行也韓非子六反篇云聖人之治也審于法禁法禁明著則官法必于賞罰五蠹篇云明其法禁必其賞罰昔仲尼有言政寬則民慢慢則糾之以猛猛則民殘殘則施之以寬寬以濟猛猛以濟寬政是以和昭廿年左傳今者刺史守相率多怠慢違背法律廢忽詔令專情務利不卹公事續漢書百

官志劉昭注引蔡質漢儀云詔書舊典刺史班宣周
行郡國省察治政黜陟能否斷理冤獄以六條問事
其二條云二千石不奉詔書遵承典制倍公向私旁
詔守利侵漁百姓聚斂爲姦此所云正其事矣初學
記廿四引崔寔政論云今典州郡者自違詔書縱意
出入御覽四百九十六又引云每詔書所欲禁絕雖
重懇惻罵詈極筆由復廢捨終無悛意故細民冤結
里語曰州郡記如霹靂得詔書但挂壁
無所控告漢書武五子傳壺關三老上書云獨冤結
而亡告襄八年左傳云翦焉傾覆無所控
告下土邊遠能詣闕者萬無數人其得省治不能百
一郡縣負其如此也說文云負恃也故至敢延期民日往上
書此皆太寬之所致也噬嗑之卦下動上明其象曰
先王以明罰敕法夫積怠之俗賞不隆則善不勸罰
不重則惡不懲管子正世篇云古之所謂明君者非
一君也其設賞有薄有厚其立禁有

輕有重迹行不必同非故相反也皆隨時而變因俗而動夫民躁而行僻則賞不可以不厚禁不可以不亟故聖人設厚賞非侈也立重禁非戾也賞薄則民不利禁輕則邪人不畏故凡欲變風改俗者其行賞罰者疑行也必使足驚心破膽漢書賈誼傳云大諸侯之有異心者破膽而不敢謀谷永傳云臣永所以破膽寒心顏師古注言懼甚後漢書崔駰後實傳政論云孝宣皇帝明於君人之道審於爲政之理故嚴刑峻法破姦軌之膽民乃易視漢書鮑宣傳云曠然使民易視聖主誠肯明察羣臣竭精稱職有功效者漢書薛宣傳云入守左馮翊滿歲稱職爲眞又云功效卓爾自左內史初置以來未嘗有也無愛金帛封侯之賞其懷姦藏惡別無狀者圖鐵鑕鉞之決文有脫誤王先生云當云則有鐵鑕斧鉞之誅然則良臣如王成黃霸龔遂邵信臣之徒並見漢書循吏傳邵傳作召顏師古注召讀曰邵按召邵古通用

可比郡而得也神明瑞應可朞年而致也漢書楚元王傳劉向云神明之應應若景嚮京房傳云古帝王以功舉賢則萬化成瑞應著

三式

愛日第十八

國之所以爲國者以有民也民之所以爲民者以有穀也穀之所以豐殖者以有疑衍人功也功之所以能建者以日力也後漢書張純後後奮傳云國以民爲本民以穀爲命崔實政論同管子八觀篇云民非穀不食穀非地不生地非民不動民非作力毋以致財淮南子主術訓云食者民之本也民者國之本也國者君之本也是故人君者上因天時下盡地財中用人力周語云豐殖九藪治國之日舒以長故其民閒暇而力有餘孟子云今國家閒暇亂國之日促以短故其民困務而力不足所謂治國之日舒

以長者非謁羲和而令安行也藝文類聚五十二謁上有能字下同山海經大荒南經東南海之外甘水之閒有羲和之國有女子名曰羲和方浴日於甘淵郭璞注羲和蓋天地始生主日月者也故啓筮曰空桑之蒼蒼八極之旣張乃有夫羲和是主日月職出入以爲晦明又曰瞻彼上天一明一晦有夫羲和之子出於暘谷故堯因此而立羲和之官以主四時楚辭離騷云吾令羲和弭節兮王逸注羲和日御也弭按也按節徐步也安行亦弭節之意又非能增分度本傳注引洛書甄耀度曰凡周天三百六十五度四分度之一一度爲千九百三十二里日一日行一度月一日行十三度十九分度之一也而益漏刻也說文云漏以銅受水刻節晝夜百刻周禮挈壺氏鄭注漏之箭晝夜共百刻冬夏之閒有長短焉太史立成法有四十八箭乃君明察而百官治下循正而得其所則民安靜而力有餘故視日長也商子墾令篇云無宿治則邪官不及爲私利於民而百官之情不相稽則農有餘日所

謂亂國之日促以短者非謁義和而令疾驅也又非能減分度而損漏刻也乃君不明（類聚作君暗）則百官亂而姦宄興（漢書五行志云詩云爾德不明以亡陪亡卿不明爾德以亡背亡仄言上不明暗昧蔽惑則不能知善惡親近習長同類亡功者受賞有罪者不殺百官廢亂）法令鬻而役賦繁則希民困於吏政（說文云俙訟面相是也徐鍇曰面從相質也希乃俙之省）仕者窮於典禮（典疑曲之誤崔實政論云長吏或實清廉不肯媚竈曲禮不行於所屬私愛無口於口府魏志荀彧傳云交帝曲禮事彧是也漢書儒林傳云嚴彭祖廉直不事權貴或說曰君㠯不修小禮曲意亡貴人左右之助曲禮郎小禮曲意按武帝紀建元元年詔曰河海潤千里其令祠官修山川之祠爲歲事曲如禮王莽傳云外交英俊內事諸父曲有禮意皆曲禮之證）寃民□獄乃得直（空格程本作就漢書酷吏田延年傳霍將軍曰曉大司農通往就獄得公議之按就獄得直吏

政猶未大壞此當爲鬻獄昭十四年左傳云雍子自知其罪而賂以買直鮒也鬻獄鬻獄乃得直郎所謂買直也烈士交私乃見保漢書張湯傳云與長安富賈田甲魚翁叔之屬交私元后傳王鳳云御史大夫音謹勅臣敢以死保之姦臣肆心於上昭十二年左傳云昔穆王欲肆其心周行天下亂化流行於下隱五年左傳云亂政亟行所以敗也毛詩凱風序云衛之淫風流行君子載質而車馳細民懷財類聚作賄而趨走後漢書皇甫規傳云載贄馳車懷糧步走故視日短也詩云王事靡盬不遑將父皇皇者華言在古閒暇而得行孝今迫促不得養也漢書武帝紀建元元年詔曰今天下孝子順孫願自竭盡以承其親外迫公事內乏資財是以孝心闕焉意與此同孔子稱庶則富之既富則教之論語是故舊脫據傳補禮義生於富足史記貨殖傳云倉廩實而知禮節衣食足而知榮辱禮生於有而廢於無

故君子富好行其德小人富以適其力淮南子齊俗訓云夫民有餘卽讓不足則爭讓則禮義生爭則暴亂盜竊起於貧窮鄧析子無厚篇云凡民有穿窬爲盜者有詐僞相迷者此皆生于不足起於貧窮富足生於寬暇足舊作貴据傳改漢書郊祀志公孫卿曰非少寬暇神不來貧窮起於無日聖人深知力者乃民之本也而國之基國基注見本政篇故務省役而爲民愛日是以堯勅義和欽若昊天敬授民時書堯典邵伯訟不忍煩民聽斷棠下詩甘棠鄭箋云召伯聽男女之訟不重煩勞百姓止舍小棠之下而聽斷焉此訟上當有決字史記燕世家云召公巡行鄉邑有棠樹決獄政事其下定九年左傳杜注召伯決獄於蔽芾小棠之下能興時雍而致刑錯書堯典云黎民於變時雍刑錯注見德化篇今則不然萬官撓民逸周書史記解云外內相間下撓其民說文云撓擾也令長自衒

傳作令長以神自蓄按說文云衒行且賣也或从立作衒賣衒也讀若育賣蓄聲相近百姓廢農桑農字据傳補下文亦云民廢農桑而守之而趨府庭者非朝晡不得通晡傳作餔按說文云餔日加申時食也又申字下云吏以餔時聽事申旦政也高誘淮南子敍云除東郡濮陽令以朝餔事畢之閒乃深思先師之訓參以經傳道家之言比方其事爲之注解後漢書趙熹傳云朝晡入臨晡餔古通用非意氣不得見漢書宣帝紀元康二年詔曰或擅興繇役飾廚傳稱過使客韋昭曰廚謂飲食傳謂傳食言修飾意氣以稱過使而已後漢書仲長統傳昌言法誡篇云近臣外戚宦豎請托不行意氣不滿立能陷人於不測之禍獨行陸續傳云使者大怒以爲獄門吏卒通傳意氣蜀志法正傳云以意氣相致鄧芝之傳云性剛簡不飾意氣風俗通窮通篇云韓演爲丹陽太守法車徵從事汝南閻符迎之於杼秋意氣過於所望莊子列禦寇篇小夫之知不離苞苴竿牘釋文引司馬彪注云竿牘謂竹簡爲書以相問遺修意氣也世說紕漏篇云虞嘯父爲孝武侍中帝從容問

日鄉在門下初不聞有所獻替虞家富春近海謂帝望其意氣對曰天時尚煖鰲魚鰕鱗未可致尋當有所上獻帝撫掌大笑以獻爲意氣漢晉人習語也訟不訟輒連月日舉室釋作以相贍視辭人之家說文云辭訟也輒請鄰里應對送餉比事訖竟亡一歲功漢書元帝紀建昭五年詔曰不良之吏覆案小罪徵召證案典不急之事以妨百姓使失一時之作亡終歲之功則天下獨有受其饑者矣呂氏春秋愛類篇云士有當年而不耕者則天下或受其饑矣而品人俗士之司典者曾不覺也郡縣既加冤枉州司不治令破家活遠詣公府後漢書靈帝紀光和三年章懷注公府三公府也公府不能照察眞僞照舊作昭按實邊篇交際篇並作照察今據改楚辭九辨云信未達乎從容王逸注君不照察其眞僞亦一證管子形勢解云日月昭察萬物者也天多雲氣蔽蓋者衆則日月不明人主猶日月也羣臣多

姦立私以擁蔽主則人主不得昭察其臣下昭亦照之誤照察本於彼九辨又云彼日月之照明兮王逸注三光照察詩柏舟鄭箋衣之不澣則憒辱無照察東方之日毛傳人君明盛無不照察禮記哀公問已成而明鄭注照察有功論衡吉驗篇照察明著皆其證也則但欲罷之以久困之資罷讀為疲故猥說一科盧學士云說疑當作設繼培按設字是也後漢書質帝紀本初元年詔曰造設科條令此注百日王先生云科令為句此注百日是此滿百日之誤乃為移書廣韻五支移字注云官曹公府不相臨敬則為移移書箋表之類也其不滿百日輒更造數按造數疑當作遭赦甚違邵伯訟棠之義此所謂誦詩三百授之以政不達雖多亦奚以為者也孔子曰聽訟吾猶人也並見論語從此觀之中材以上史記魏豹彭越傳贊云中材以上且羞其行皆議曲直之辨刑法之理可疑當在皆字下

或當作耳帶上讀**鄉亭部吏**漢書百官公卿表云大率十里一亭亭有長十亭一鄉鄉有三老有秩嗇夫游徼周禮大司徒凡萬民之不服教而有獄訟者與有地治者聽而斷之鄭司農云與其地部界所所屬吏共聽斷之蜡氏有地之官鄭司農云有地之官有部界之吏今時鄉亭是也**足以斷決**禮記月令云審斷決**使無怨言**僖廿四年左傳云且出怨言**然所以不者蓋有故焉傳曰惡直醜正實繁有徒**昭廿八年左傳繁作蕃**夫直者貞正而不撓志**晉語云撓志以從君漢書楚元王傳劉向封事云君子獨處守正不撓衆枉按說文云橈曲木後世橈曲字皆从手**無恩於吏怨家務主者**務當作賂昭十四年左傳云雍子自知其罪而賂以買直是也列女傳齊威虞姬傳云周破胡賂執事者使竟其罪執事者誣其辭而上之主者即執事者周禮訝士鄭注如今郡國亦時遣主者吏詣廷尉議者史記呂不韋傳太后乃陰厚賜主腐者吏張丞相傳任敖擊傷主呂后吏外戚世家竇姬請其主遣宦者吏皆

所謂主者結以貨財故鄉亭與之爲排直家說文云排擠也後反覆時吏坐之周禮鄉士旬而職聽於朝鄭注十日乃以職事治之於外朝容其自反覆方士書其刑殺之成與其聽獄訟者鄭注但書其成與治獄之吏姓名備反覆有失實者故其枉之於庭傳作廷謂縣廷也史記游俠傳縣廷漢書作庭王先生云以上下文例之枉當爲排此枉字疑後人據傳改之以羸民與豪吏訟史記曹相國世家云居縣爲豪吏其勢不如也是故縣與部并後有反覆長吏坐之漢書百官公卿表云縣萬戶以上爲令減萬戶爲長皆有丞尉是爲長吏故舉縣排之於郡以一人與一縣訟其勢不如也故郡與縣并後有反覆太守坐之故舉郡排之於州以一人與一舊脫郡訟其舊脫勢不如也故州與郡并而不肯治故乃遠詣公府爾公

府不能察而苟欲以錢刀課之錢刀傳作日月按錢刀字非誤漢書薛宣傳云宣爲相府辭訟例不滿萬錢不爲移書後皆遵用薛侯故事則貧弱少貨者終無以舊作已据傳改曠旬滿祈王先生云祈疑期之誤豪富饒錢者史記秦始皇紀二十六年徙天下豪富於咸陽平準書云募豪富人相假貸小爾雅廣詁云饒多也取客使往治要載崔實政論云假令無奴當復取客客庸一月千可盈千日非徒百也治訟若此爲務助豪猾而鎮貧弱也說文云鎮博壓也漢書酷吏嚴延年傳云其治務在摧折豪強扶助貧弱此反言之江充傳云交通郡國豪猾何寃之能治非獨鄉部辭訟也武官斷獄亦皆始見枉於小吏終重寃於大臣怨故未讎史記蔡澤傳云今君之怨已讎而德已報輒逢赦令不得復治正士懷寃結而不得信讀爲申猾吏崇

姦宄而不痛坐漢書陳萬年傳云豪猾吏及大姓犯法輒論輸府論衡商蟲篇云豪民猾
吏郡縣所以易侵小民而天下所以多饑窮也除上
天感動降災傷穀但以人功見事言之除舊作於据傳改按但當
作且本書邊議篇云除其仁恩且以計利言之後漢
書竇融傳亦云除言天命且以人事論之皆其例也
後漢書光武帝紀建武五年詔曰久旱傷麥秋種未
下朕甚憂之將殘吏未勝獄多冤結元元愁恨感動
天氣乎此文本之漢書成帝紀鴻嘉四年詔曰一人
有辜舉宗拘繫農民失業怨恨者衆傷害和氣水旱
爲災亦此意也今自三府以下至於縣道鄉亭續漢書百官志云凡縣主
蠻夷曰道及從事督郵百官志諸州刺史下有從事屬國都尉下有督郵有典之
司民廢農桑而守之辭訟告訴周禮小司徒云聽其辭訟說文云訴告也
或从朔心作愬管子任法篇云告愬其主及以官事應對吏者一人之下有

脫文日廢十萬人人疑衍或當作又復下計之一人有事二人獲飼王先生云獲當是護傳云二人經營亦護持之意繼培按護獲形近易誤儀禮大射儀授獲者退立於西方獲者興共而俟鄭注古文獲皆作護此其類也是爲日三十萬人離其業也尉繚子將理篇論決獄云農無不離田業以中農率之則是歲三百萬口受其饑也三百當作二百中農食七人三十萬人當食二百一十萬人云二百者舉成數也漢書貢禹傳云漢家鑄錢及諸鐵官皆置吏卒徒攻山取銅鐵一歲功十萬人以上中農食七人是七十萬人常受其饑也此文本之然則盜賊何從消漢書嚴安傳云盜賊消則刑罰少消與銷同太平何從作孝明皇帝嘗問今旦何得無上書者左右對曰反支故傳注云凡反支日用月朔爲正戌亥朔一日反支申酉朔二日反支午未朔三日反支辰巳朔四日反支寅卯朔五日反支子丑朔六日反支見陰陽書也

帝曰民既廢農遠來詣闕而復使避反支是則又奪其日而寃之也乃勑公車受章無避反支續漢書百官志公車司馬令屬衛尉掌吏民上章上明聖主常作上聖明王爲民愛日如此而有司輕奪民時如彼孟子云彼奪其民時使不得耕耨漢舊儀云郡國守丞長史上計事竟君侯出坐庭上親問百姓所疾苦計室掾史一人大音者讀勑畢遣勑曰詔書數下禁吏無苛暴丞史歸告二千石順民所疾苦急去殘賊審擇良吏無任苛刻治獄決訟務得其中明詔憂百姓困於衣食二千石帥勸農桑思稱厚恩有以賑贍之無煩擾奪民時蓋所謂有君無臣僖二年公羊傳文有主無佐按漢書鼂錯傳錯對策云臣聞五帝其臣莫能及則自親之三王臣主俱賢則共憂之五伯不及其臣則任使之今執事之臣莫能望陛下清光譬之猶五帝之佐也有主無佐蓋即本於彼元首聰明股肱怠惰者也書皋陶謨詩曰何本作云國

旣卒斬何用不監節南山傷三公居人尊位食人重祿而曾不肯察民之盡瘁也孔子病夫未之得也患不得之旣得之患失之者論語患不得之今作患得之按荀子子道篇孔子曰小人者其未得也則憂不得旣已得之又恐失之說苑雜言篇同論語古本亦當有不字漢書朱雲傳云今朝廷大臣上不能匡主下亡以益民皆尸位素餐孔子所謂鄙夫不可與事君苟患失之亡所不至者也今公卿始起州郡而致宰相漢書朱博傳云漢家至德溥大宇內萬里立置郡縣部刺史奉使典州督察郡國吏民安寧故事居部九歲舉爲守相其有異材功效著者輒登擢又云故事選郡國守相高第爲中二千石選中二千石爲御史大夫任職者爲丞相此其聰明智慮韓非子難三云恃盡聰明勞智慮未必闇也患其苟先私計而後公義爾漢書鮑宣傳云羣臣幸得居尊官食重祿豈有肯加惻隱於細民助陛下流教化者耶志

但在營私家稱賓客爲姦利而已說苑臣術篇云安官貪祿營於私家不務公事懷其智藏其能容容乎與世沈浮上下左右觀望如此者具臣也詩云莫肯念亂誰無父母沔水今民力不暇穀何以生百姓不足君孰與足論語嗟哉可無思乎

潛夫論卷第四終

蕭山汪繼培箋

斷訟第十九

五代不同禮，三家不同教，非其苟相反也，蓋世推移而俗化異也。史記秦始皇紀李斯曰五帝不相復三代不相襲各以治非其相反時變異也漢書武帝紀元朔六年詔曰朕聞五帝不相復禮三代不同法所繇殊路而建德一也韓安國傳王恢曰臣聞五帝不相襲禮三王不相復樂非故相反也各因世宜也匡衡傳衡上疏曰臣聞五帝不同禮三王各異教民俗殊務所遇之時異也數家語意相襲而文或少異淮南子齊俗訓云世異則事變時移則俗易修務訓高誘注推移猶轉易也俗化異則亂原殊，故三家符世，符當作御御符字形相近或當爲撫聲之誤也御世見敍錄撫世見忠貴三式德化篇皆革定法管子正世篇云古之所謂明君者非一君也其設賞有薄有厚其立禁有輕有重迹行不必同非故相反也皆隨時而變因俗而動商子更法篇云伏犧神農教而不誅黃帝堯舜誅而不怒及至文武各當時而立法因事而制禮禮法以時而定制令各順其宜壹言篇云聖人之爲國也不法古不修今因世而爲之治度俗而爲之法故法不察民之情而立之則不成治宜於時而行之則不干

高祖制三章之約漢書高帝紀元年召諸縣豪傑曰與父老約法三章耳殺人者死傷人及盜抵罪服虔曰隨輕重制法也

孝文除克膚之刑漢書文帝紀十三年除肉刑法刑法志載詔云夫刑至斷支體刻肌膚終身不息何其刑之痛而不德也克與刻通說文云克象屋下刻木之形

是故自非殺傷盜贓贓程本作賊誤漢書高帝紀李奇注云傷人有曲直盜贓有多少罪名不可豫定故凡言抵罪

文罪之法輕重無常各隨時宜要取足用勸善消惡而已漢書刑法志云漢興高祖初入關約法三章曰殺人者死傷人及盜抵罪獨削

煩苛兆民大說其後四夷未附兵革未息三章之法不足以禦姦於是相國蕭何攈摭秦法取其宜於時者作律九章循吏黃霸傳張敞云漢家承敝通變造起律令卽以勸善禁姦條貫詳備不可復加夫制法之意若爲藩籬溝壍以有防矣楚語云爲之關籥蕃籬而遠備閑之壍當作塹說文云塹阬也周禮薙氏春令爲阱擭溝瀆之利於民者鄭注阱穿地爲塹所以禦禽獸擇禽獸之尤可數犯者而加深厚焉今姦宄雖衆然其原少君事雖繁然其守約知其原少姦易塞見其守約政易持舊作治据下文改塞其原則姦宄絕鹽鐵論申韓篇云塞亂原而天下治大戴禮盛德篇云刑罰之所從生有源不務塞其源而務刑殺之是爲民設陷以賊之也施其術則遠近治令一歲斷獄雖以萬計漢書董仲舒傳云一歲之獄以萬千數鹽鐵論申韓篇云今斷獄歲以萬計然辭訟之辯說文云辡皐人相與

訟也辯治也從言在辡之間鬭賊之發鄉部之治獄官之治者漢書鼂錯傳云獄官主斷其狀一也本皆起民不誠信而數相欺紿也漢書韓延壽傳云吏民不忍欺紿紿與詒同舜勑龍以讒說殄行震驚朕師書堯典乃自上古患之矣故先慎己喉舌喉舊作唯詩烝民云王之喉舌以元示民元當爲玄德之玄荀子正論篇云上周密則下疑玄矣孔子曰亂之所生也則言語以爲階易繫辭上傳小人不恥不仁不畏不義繫辭下傳脈脈規規玉篇云眽眽姦人視也亦作脈脈脈與眽眽通漢書東方朔傳云跂跂脈脈善緣壁顏師古注脈脈視貌莊子秋水篇云規規然自失釋文云規規驚視自失貌荀子非十二子篇莫莫然瞡瞡然楊倞注瞡與規同規規見小之貌按莫莫與脈脈聲亦相近常懷姦唯唯當爲詐禮記經解云君子審禮不可誣以姦詐王侍郎云唯疑睢姦睢猶恣睢

昧冒前利不顧廉恥襄廿六年左傳云楚王是故昧於一來杜注昧猶貪冒周語云戎狄冒沒輕儳貪而不讓昧冒猶冒沒也漢書匈奴傳云單于咸棄其愛子昧利不顧說苑正諫篇云吳王欲伐荊舍人少孺子曰園中有樹其上有蟬蟬高居悲鳴飲露不知螳螂在其後也螳螂委身曲附欲取蟬而不知黃雀在其傍也黃雀延頸欲啄螳螂而不知彈丸在其下也此三者皆欲得其前利而不顧其後之有患也鹽鐵論結和篇云登得前利不念後咎苟且中脫一字後則檢解奴抵檢蓋偷之誤解讀爲懈奴抵字未詳以致禍變者比屋是也非唯細民爲然自封君舊脫王侯貴戚豪富尤多有之假舉驕奢以作淫侈高負千萬不肯償責小民守門號哭啼呼曾無怵惕慙怍哀矜之意崔寔政論云今官之接民甚多違理作使百工及從民市輒設計加以誘來之器成之後更不與直老弱凍餓痛號道路守闕告哀終不見省孟子

云皆有怵惕惻隱之心書呂刑云皇帝哀矜庶獄之不辜苟崇聚酒徒無行之人史記酈生傳云吾高陽酒徒也淮陰侯傳云始爲布衣時貧無行漢書五行志谷永云崇聚票輕無誼之人以爲私客傳空引滿漢書敘傳云趙李諸侍中皆引滿舉白孟康曰舉白見驗飲酒盡不也傳空猶舉白也啁啾罵詈禮記三年問云猶有啁噍之頃焉釋文啁噍聲啁啾與啁噍同文選長笛賦李善注引蒼頡篇云啾衆聲也史記魏豹傳云漢王慢而侮人罵詈諸侯羣臣如罵奴耳晝夜鄂鄂慢游是好書皋陶謨云惟慢遊是好又云罔晝夜頟頟按頟頟鄂鄂聲相近幽州人謂頟爲鄂見釋名釋形體或毆擊責主入舊作人於死亡羣盜攻剽劫人無異史記酷吏傳云義縱少年時嘗與張次公俱攻剽爲羣盜貨殖傳云閭巷少年攻剽椎埋劫人作姦晉書刑法志陳羣新律序云舊律盜律有劫畧雖會赦贖不當復得在選辟之科而州司公府反爭取之且觀諸敢妄

驕奢而作大責者必非救飢寒而解困急振貧窮而行禮義者也咸以崇驕奢而奉淫湎爾成二年左傳云淫湎毀常詩蕩云天不湎爾以酒釋文引韓詩云飲酒閉門不出客曰湎春秋之義責知誅率王侍郎云公羊桓五年葬陳桓公何休注云不月者責臣子也知君父有疾當營衛不謹而失之也襄二十五年吳子謁伐楚門於巢卒何休注云君子不怨所不知故與巢得殺之是責知也昭二十六年尹氏召伯毛伯以王子朝奔楚何休注云立王子朝獨舉尹氏出奔并舉召伯毛伯者明本在尹氏當先誅渠率後治其黨是誅率也繼培按後漢書孔融傳云漢律與罪人交關三日已上皆應知情即責知之意鹽鐵論疾貪篇云春秋刺譏不及庶人責其率也漢書孫寶傳云春秋之義誅首惡而已皆用公羊說孝文皇帝至寡動欲任德然河陽侯陳信坐負六月免國月舊作日史記高祖功臣侯年表云坐不償人責過六月奪侯孝武仁明周陽侯

田彭祖坐當軹侯宅而不與免國漢書外戚恩澤侯表作田祖坐當歸
軹侯宅不與免此脫歸字史記惠景間侯者年表亦作彭祖軹侯作章侯諛表無章侯軹者薄昭所封國
也黎陽侯邵延坐不出持馬身斬國除除舊空据程本史記惠景
間侯者年表作黎侯漢書功臣表作黎侯並無陽字此蓋與周陽相涉而誤邵史漢並作召漢書顏師古
注云時發馬給軍匿而不出也按武帝紀元狩五年天下馬少平牡馬匹二十萬食貨志云車騎馬之縣
官錢少買馬難得迺著令令封君以下至三百石吏以差出牡馬持馬馬蕃特馬之誤特馬即牡馬周禮校
人凡馬特居四之一鄭司農云四之一者三牝一牡二帝豈樂以錢財之故莊子
徐無鬼篇云錢財不積則貪者憂而傷大臣哉乃欲絕詐欺之端漢書
王尊傳云絕詐欺之路必國家之舊脫法防禍亂之原漢書金日磾傳云亂
國大綱開禍亂原春秋繁露度制篇云凡百亂之源皆出嫌疑纖微以漸寖稍長至於大聖人章其疑者

別其微者絕其纖者不得嫌以蚤防之聖人之道衆隄防之類也以利民也故一人伏正罪而萬家蒙乎福者聖主行之不疑永平時後漢明帝紀元諸侯負責輒有削絀之罰此其後皆不敢負民而世自節儉辭訟自消矣史記平津侯傳後載王元后詔云儉化俗民則尊卑之序得而骨肉之恩親爭訟之原息漢書楚元王傳劉向封事云崇推讓之風以銷分爭之訟消與銷同今諸侯貴戚或曰字誤勑民王先生云疑已之誤慎行德義無違制節謹度孝經未嘗負責身絜規避王先生云規避當作珪璧繼培按後漢書馮衍傳衍說鮑永云珪璧其行志厲青雲淮南子氾論訓文或既欺負百姓上書封租願且償責後漢書孝明八王傳云梁節王暢少貴驕頗不遵法度梁相舉奏暢不道暢慙懼上疏辭謝不敢復有所橫費租入有餘乞裁食睢陽穀熟虞蒙寧陵五縣此類是

也
此乃殘掠官民掠與畧同注見下而還依縣官也依讀爲薆蔽也
史記絳侯世家索隱云縣官謂天子也所以謂國家
爲縣官者夏家王畿內縣即國都也王者官天下故
曰官也其誣罔慢易罔程本作國誤誣罔亦漢時律令文漢書武帝紀元鼎五年樂通侯
欒大坐誣罔是也說文云嫚侮易也經典通作慢
大戴禮子張問入官篇云慢易者禮之所以失也罪
莫大焉昭五年左傳昭子曰豎牛禍叔孫氏使亂大從罪莫大焉孝經曰陳之以
德義而民興行示之以好惡而民知禁今欲變巧僞
以崇美化息辭訟以閒官事者莫若表顯有行白虎通辟
雍篇云顯有能褒有行痛誅無狀晏子春秋諫下云痛誅其罪導文武之法
明詭詐之信疑罰今侯王貴戚不得浸廣下有脫文姦宄遂
多豈謂每有爭鬭辭訟婦女必致此乎亦以傳見凡

諸禍根不早斷絕（韓非子初見秦篇云削迹無遺根無與禍鄰禍乃不存漢書匈奴傳陳饒曰椎破故印以絕禍根）則或轉而滋蔓（隱元年左傳云無使滋蔓）人（疑必）若斯邪（疑也）是故原官察之所以務念（昭六年左傳云明察之官）臣主之所以憂勞者（越語范蠡曰為人臣者君憂臣勞）其本皆鄉亭之所治者大半詐欺之所生也（漢書刑法志云原獄刑所以蕃若此者禮教不立刑法不明民多貧窮豪桀務私姦不輒得獄犴不平之所致也服虔曰鄉亭之獄曰犴）故曰知其原少則姦易塞也見其守約則政易持也（姦宄遂多至此當在篇末蓄總結一篇之意）或婦人之行貴令鮮絜（詩采蘋鄭箋云婦人之行尚柔順自潔清鮮絜猶言潔清荀子宥坐篇孔子曰夫水以出以入以就鮮絜）令以（己同）適矣無顏復入甲門（適下當有乙字古人稱人以甲乙韓非子用人篇云罪生甲禍歸乙此其例也）

周禮司刺疏云甲乙者與喩之義縣官原之周禮司厲疏云漢時名官爲縣縣官非謂州縣也故令使罪所旣入家必未昭亂之本原亂上當有治字說見述赦篇不惟貞絜所生者之言也詩南有喬木鄭箋云賢女雖出遊流水之上人無欲求犯禮者亦由貞絜使之然蝃蝀箋云淫奔之女大無貞絜之信貞女不二心以數變史記田單傳論王蠋曰貞女不更二夫成三年左傳云無有二心故有匪石之詩柏舟不枉行以遺憂詩斯干云無父母詒罹毛傳罹憂憂也鄭箋云無遺父母之憂史記韓安國傳帝謝太后曰兄弟不能相教乃爲太后遺憂故美歸寧之志詩葛覃云歸寧父母毛傳寧安也父母在則有時歸寧草蟲箋云君子待己以禮庶自此可以寧父母一許不改葢所以長貞絜而寧父兄也其不循此而二三其德者詩氓此本無廉恥之家不貞專之所也詩關雎窈窕淑女毛

傳幽閒貞專之善女文選顏延年秋胡詩李善注引薛君韓詩章句曰窈窕貞專貌列女傳宋鮑女宗云婦人以專一爲貞貞梁寡高行傳頌云貞專精純史記秦始皇紀會稽刻石云有子而嫁倍死不貞

若然之人又何醜恡

方言云恪恨也恡與恪同

輕薄父兄淫僻婦女

禮記經解云婚姻之禮廢則夫婦之道苦而淫辟之罪多列女傳周主忠妾傳頌云主妻淫僻

不惟義理苟疏一德借本治生

史記貨殖傳云善治生者能擇人而任時

逃亡抵中

史記孟嘗君傳馮驩云不足者雖守而責之十年息愈多急即以逃亡自捐之若急終無以償上則爲君好利不愛士民下則有離上抵負之名周禮朝士凡屬責者以其地傳而聽其辭鄭注屬責轉責使人歸之而本主死亡歸受之數相抵冒者也抵抵中之抵義與抵負抵冒同

乎

當作卒屬下讀乎卒字形相近儀禮士冠禮啐醴鄭注啐古文爲呼此其比也

以致於刳腹芟頸滅宗之禍者

呂氏春秋順說篇云刈人之頸刳人之腹芟當作艾艾與刈通

何所無之先

王因人情喜怒之所不能已者則爲之立禮制而崇德讓舊脫不字鹽鐵論散不足篇云宮室輿馬衣服器械喪祭飲食聲色玩好人情之所不能已也故聖人爲之制度以防之禮記坊記云禮者因人之情而爲之節文以爲民坊者也人所可已者則爲之設法禁而明賞罰韓非子五蠹篇云明其法禁必其賞罰今市賣勿相欺婚姻無相詐非人情之不可能者也是故不若立義順法過絕其原書呂刑云過絕苗民管子正法篇云過之以絕其志意毋使民幸初雖憖悋於一人然其終也長利於萬世周語云王天下者必先諸民然後庇焉則能長利韓非子難一文公曰雍季言萬世之利也小懲而大戒易繫辭下傳戒王本作誡此所以全小而濟頑凶也小下當脫人字易曰此小人之福也夫立法之大要漢書陳萬年傳顏師古注大要大歸也必

令善人勸其德而樂其政，邪人痛其禍而悔其行。（昭卅一年左傳云：上之人能使昭明，善人勸焉，淫人懼焉。）諸一女許數家，雖生十子，更百赦，勿令得蒙一還私家，則此姦絕矣。不則髠其夫妻，徙千里外劇縣，（漢時有劇縣平縣之目，見後漢書安帝紀永初元年。）乃可以壽其（舊作者，据何本改。）心而絕其後。（說苑政理篇云：刑者懲惡而禁後者也。）姦亂絕則太平興矣。（史記秦始皇紀云：欲以興太平。漢書路溫舒傳云：太平之風可興於世。）又貞絜寡婦，或男女備具，財貨富饒，（漢書地理志云：民以富饒。）欲守一醮之禮，（禮記郊特牲云：壹與之齊，終身不改，故夫死不嫁。鄭注：齊謂其牢而食，同尊卑也。齊或爲醮。列女傳蔡人之妻曰：適人之道，壹與之醮，終身不改。宋鮑女宗云：婦人一醮不改。陳寡孝婦傳頌同。）成同穴之義，（詩大車云：死則同穴。）執節堅固，（列女傳齊孝孟姬頌云孟姬好禮執節甚公漢書賈捐之傳云守道堅固執義不回齊懷必死列女傳節義傳序云惟若節義必死無二召南申女傳云守節持義必死不往終無更許之慮列女傳息夫人云人生要一死而已終不以身更貳醮遭值不仁世叔爾雅釋親云父之昆弟先生爲世父後生爲叔父無義兄弟或利其娉幣漢書陳平傳云平貧迺假貸幣以聘聘與娉同或貪其財賄淮南子覽冥訓高誘注云齊之寡婦無子不嫁事姑謹敬姑無男有女女利毋財令毋毋嫁婦婦益不肯正此類也詩氓云以爾車來以我賄遷毛傳賄財遷徙也鄭箋徑以女車來迎我我以所有財遷徙就女也貪其財賄奪之使不得遷矣或私其兒子則彊中欺嫁桓九年紀季姜歸於京師穀梁傳云爲之中者歸之也范甯注中謂闚與婚事處迫脅遣送人有自縊房中飲藥車上莊卅二年公羊傳云季子和藥而飲之絕命斃軀孤捐童孩此猶迫脅人命自殺也命當

爲令漢書景十三王傳云河間王元迫脅凡七人令自殺又云趙王元迫脅自殺者凡十六人**或後夫多設人客威力脅載守將抱執**說文云粡扶也將卽粡字漢書外戚傳孝景王皇后傳云女逃匿扶將出拜後漢書列女陰瑜妻傳云扶抱載之**連日乃緩與彊掠人爲妻無異**史記陳丞相世家云曾孫何坐畧人妻掠與畧同方言云畧強取也**婦人軟弱**廣韻云輭柔也軟俗史記貨殖傳云妻子輭弱按輭軟竝偄之別體說文云偄弱也漢書王尊傳又作耎弱**猥爲衆彊所扶與執迫幽阸連日後雖欲復修本志嬰絹**漢書司馬遷傳云嬰金鐵受辱顏師古注嬰繞也史記秦始皇紀後班固論云素車嬰組嬰絹猶嬰組卽上云自縊也**吞藥**下有脫文何本增晚矣二字大誤

衰制第二十

無慢制而成天下者王先生云慢疑憲形近之誤**三皇也晝則象**

而化四表者五帝也明法禁而和海內者三王也白虎通五刑篇云聖人治天下必有刑罰何所以佐德助治順天之度也故懸爵賞者示有所勸也設刑罰者明有所懼也傳曰三皇無文五帝畫象三王明刑襄廿九年公羊傳何休注引孔子曰三皇設言民不違五帝畫象世順機三王肉刑揆漸加應世黠巧姦偽多疏云孝經說文行賞罰而齊萬民者治國也君立法而下不行者亂國也臣作政而君不制者亡國也管子明法篇云所謂治國者主道明也所謂亂國者臣術勝也是故民之所以不亂者上有吏吏之所以無姦者官有法商子靳令篇云法平則吏無奸法之所以順行者國有君也君之所以位尊者身有義也義下舊衍身有二字無也字商子君臣篇云古者未有君臣上下之時民亂而不治是以聖人列貴賤制爵位立名號以別君臣上下之義地廣民衆萬物多故分

五官而守之民衆而奸邪生故立法制爲度量以禁之是故有君臣之義五官之分法制之禁不可不愼也**義者君之政也法者君之命也**按下文云法也者先王之政也令也者己之命也此有脫誤**人君思正以出令而貴賤賢愚莫得違也則君位於上而民氓治於下矣**管子法法篇云政者正也正也者所以正定萬物之命也是故聖人精德立中以生正明正以治國故正者所以止過而逮不及也任法篇云生法者君也守法者臣也法於法者民也君臣上下貴賤皆從法此謂大治**人君出令而貴臣驕吏弗順也則君幾於弑而民幾於亂矣**商子君臣篇云處君位而令不行則危五官分而無常則亂法制設而私善行則民不畏刑君尊則令行官修則有常事法制明則民畏刑法制不明而求民之行令也不可得也民不從令而求君之尊也雖堯舜之智不能以治**夫法令者君之所以用其國也君出令而不從**

是與無君等藝文類聚五十四引申子云君之所以尊者令令之不行是無君也故明君愼令主令不從則臣令行國危矣尹文子大道篇云公法廢私政行亂國也御覽六百卅八引崔實政論云君以審令爲明臣以奉令爲忠故背制而行賞謂之作福背令而行罰謂之作威作威則人畏之作福則人歸之夫威福人主之神器也譬之操莫邪執其柄則人莫敢抗失其柄則還見害也夫法令者人君之銜轡箠策也淮南子主術訓云法律度量者人主之所以執下釋之而不用是猶無轡銜而馳也而民者君之輿馬也若使人臣廢君法禁而施己政令則是奪君之轡策而己獨御之也愚君闇主荀子臣道篇云闇主惑君託坐於左而姦臣逆道史記李斯傳云兼行田常子罕之逆道執轡於右此齊騶馬繻所以沈胡公於具水繻舊作傳楚語云昔齊騶馬繻以胡公入於貝水古書需字多

作鳶與專相似具水水經注巨洋水篇引國語作具水云袁宏謂之巨昧王韶之以爲巨蔑亦或曰朐瀰皆一水也而廣其目焉元和夏孝廉文燾云具巨朐聲相近則作具是也宋羊叔牂所以弊華元於鄭師宣二年左傳按僖十年傳敝於韓杜注敝敗也弊與敝同而莫之能御也楚語云遭世之亂而莫之能禦也韋昭注禦止御與禦同是故陳恒執簡公於徐州哀十四年左傳作舒州李兌害主父於沙丘楚策孫子曰李兌用趙餓主父於沙丘事詳史記趙世家皆以其毒素奪君之轡策也毒字衍卽素之駁文文言故曰臣弒其君子弒其父非一朝一夕之故也其所由來者漸矣由變之不蚤變也王易故下無也字蚤變作早辨古字並通用由變之變舊作辯蓋後人以王本改之是故妄違法之吏妄造令之臣不可不誅也議者必將以爲刑殺當不

用而德化可獨任漢書董仲舒傳云天道之大者在陰陽陽爲德陰爲刑刑主殺而德主生是故陽常居大夏而以生育養長爲事陰常居大冬而積於空虛不用之處以此見天之任德不任刑也王者承天意以從事故任德教而不任刑此非刑者不可任以治世猶陰之不可任以成歲也變通者之論也非叔世者之言也變通注見遞赦篇王先生云叔當作救昭六年左傳子產曰吾以救世也繼培按漢書元帝紀云見宣帝所用多文法吏以刑名繩下嘗侍燕從容言陛下持刑太深宜用儒生宣帝作色曰漢家自有制度本以霸王道雜之奈何純任德教用周政乎且俗儒不達時宜好是古非今使人眩於名實不知所守何足委任此文意與彼同夫上聖不過堯舜而放四子書堯典盛德不過文武而赫斯怒詩皇矣詩云君子如怒亂庶遄沮君子如祉亂庶遄已巧言是故君子之有喜怒也蓋舊作善以止亂也故有以

誅止殺以刑禦殘商子畫策篇云以殺去殺雖殺可也以刑去刑雖重刑可也且夫治世者若登丘矣必先躡其卑者然後乃得履其高禮記中庸云譬如登高必自卑是故先致治國然後三王之政乃可施也道齊三王然後五帝之化乃可行也道齊五帝然後三皇之道乃可從也且夫法也者先王之政也令也者己之命也呂氏春秋圜道篇云令者人主之所以爲命也先王之政所以與舊脫衆共也己之命所以獨制人也呂氏春秋處方篇云法也者衆之所同也商子修權篇云法者君臣之所共操也權者君之所獨制也君誠能授法而時貸之布令而必行之則羣臣百吏莫敢不悉心從己令矣漢書成帝紀建始四年詔曰公卿大夫其勉悉心顏師古注悉盡也已

令無違則法禁必行矣故政令必行憲禁必從而國不治者未嘗有也此一弛一張以今行古以輕重尊卑之術也管子重令篇云凡君國之重器莫重於令令重則君尊君尊則國安令輕則君卑君卑則國危故安國在乎尊君尊君在乎行令行令在乎嚴罰罰嚴令行則百吏皆恐罰不嚴令不行則百吏皆喜故明君察於治民之本本莫要於令故曰虧令者死益令者死不行令者死留令者死不從令者死五者死而無赦惟令是視故曰令重而下恐禮記雜記孔子曰一弛一張文武之道也

勸將第二十一

太古之民淳厚敦朴上聖撫之恬澹無為素問陰陽應象大論云聖人為無為之事樂恬憺之能按說文恬憺並訓安澹則憺之假借亦作淡莊子胠篋篇云恬淡無為體道履德簡刑薄威不殺不誅而民自化此德之上

也德稍弊邪心孳生次聖繼之觀民設教[易觀象詞]作[舊作坐古佗字與坐相近]爲誅賞以威勸之既作五兵又爲之憲以正厲之[商子更法篇云伏犧神農教而不誅黃帝堯舜誅而不怒及至文武各當時而立法因事而制禮禮法以時而定制令各順其宜兵甲器備各便其用]詩云修爾輿馬弓矢戈兵用戒作則用逖蠻方[抑今詩輿作車戈作戎作則作戎作逖作逷援說文云逷古文逖]故曰兵之設也久矣[襄廿七年左傳]涉歷五代以迄於今[迄治要作迨]國未嘗不以德昌而以兵彊也[史記自序序律書云非兵不彊非德不昌]今兵巧之械[史記律書云其於兵械尤所重正義云內成曰械器外成曰械械謂弓矢殳矛戈戟漢書藝文志論兵書云技巧者習手足便器械積機關以立攻守之勝者也]盈乎府庫[禮記樂記云車甲衅而藏之府庫曲禮云在府言府在庫言庫鄭注庫謂車馬]

兵甲之處也。月令云：審五庫之量。御覽一百九十一引蔡邕月令章句云：五庫者，一曰車庫，二曰兵庫。淮南子時則訓云：七月官庫。高誘注：庫，兵府也。說文云：庫，兵車藏也。

孫吳之言聒乎將耳

韓非子五蠹篇云：境內皆言兵，藏孫吳之書者家有之。漢書藝文志兵家：吳孫子兵法八十二篇，吳起四十八篇。說文云：聒，讙語也。一切經音義廿引蒼頡篇云：擾亂耳孔也。

然諸將用之進戰則兵敗退守則城亡

韓非子五蠹篇云：出兵則軍敗，退守則城拔。

是何也哉曰彼此之情不聞乎主上勝負之數不明乎將心

孫子謀攻篇云：知彼知己，百戰不殆。始計篇云：主孰有道，將孰有能，天地孰得，法令孰行，兵衆孰強，士卒孰練，賞罰孰明，吾以此知勝負矣。商子戰法篇云：兵起而程敵，政不若者勿與戰，食不若者勿與久，敵衆勿為客，敵盡不如，擊之勿疑。故曰兵大律在謹論敵察，則衆勝負可先知也。六韜兵徵篇：太公曰：勝負之徵，精神先見，明將察之。

士卒進無利而自退無畏

字。治要無「自」字。按晉語

粱由靡論慶鄭云不聞命而擅進退犯政也又云戰而自退後不可用此自退之證或云自郎而之駁文

讃學篇亦以而爲自此所以然也夫服重上阪治要作嶸誤楚策汗明日夫驥之齒至矣服鹽車而上太行中阪遷延負轅不能上漢書鼂錯傳云上下山阪出入溪澗中國之馬弗與也

出馳千里莊子秋水篇云騏驥驊騮一日而馳千里出馳治要作步驟按荀子哀公篇云步驟馳騁

馬之禍也然節馬治要作騏驥王先生云節馬當是良馬涉下節士而誤

樂之者以王良足爲盡力也以王良治要作以御者良按王良疑當作良工

呂氏春秋知士篇云今有千里之馬於此非得良工猶若弗取良工之與馬也相得則然後成譬之若枹之與鼓夫士亦有千里高節死義此上之千里也能使士行千里者其惟賢者也

先登陷陣

赴死嚴敵民之禍也然節士樂之者以明君可爲効

死也史記貨殖傳云壯士在軍攻城先登陷陣卻敵斬將搴旗前蒙矢石不避湯火之難者爲重賞

使也韓詩外傳十卞莊子曰節士不以辱生楚策張儀曰法令既明士卒安難樂死凡人所以肯赴死亡而不辭者舊脫據治要補非為趨利則因以避害也管子明法解云人臣之行理奉命者非以愛主也且以就利而避害也無賢鄙愚智皆然顧其所利害有異爾不利顯名則利厚賞也賞當作實史記魯仲連傳云此兩計者顯名厚實也下文亦云榮名厚實不避恥辱恥舊作聖據程本改則避禍亂也非此舊脫據治要補四者雖聖王不能以要其臣慈父不能以必其子管子形勢解云民之所以守戰至死而不衰者上之所以加施於民者厚也故上施厚則民之報上亦厚上施薄則民之報上亦薄故薄施而厚責君不能得之於臣父不能得之於子明主深知之故崇利顯害以與下市韓非子難一云臣盡死力以與君市君垂爵祿以與臣市君臣之際非父子之親也計數之所出也說苑復恩

篇云君臣相與以市道接君懸祿以待之臣竭力以報之逮臣有不測之功則主加之以重賞如上有超異之恩則臣必死以復之**使親疏貴賤賢鄙愚智皆必順我令乃得其欲**商子賞刑篇云所謂一賞者利祿官爵摶出於兵無有異施也夫故愚知貴賤勇怯賢不肖皆盡其胸臆之知竭其股肱之力出死而爲上用也**是以一旦軍鼓雷震旌旗並發**說苑指武篇子路曰鐘鼓之音上聞於天旌旗翩翻下蟠於地由且舉兵而擊之呂氏春秋期賢篇云野人之用兵也鼓聲則似雷**士皆奮激競於死敵者豈其情厭久生而樂害死哉**史記司馬相如傳喻巴蜀檄云人懷怒心如報私讎彼豈樂死惡生非編列之民而與巴蜀異主哉害治要作空按作空是也史記仲尼弟子列傳子羔謂子路曰出公去矣而門已閉子可還矣毋空受其禍漢書高帝紀項伯夜馳見張良具告其實欲與俱去毋特俱死蘇林曰特但也顏師古曰但空也空死而無成名**乃義士且以徼其名**徼舊作激據治

要改微微與下求字同義說苑說叢篇云人徼於名不毀爲聲激言於不言其漢書揚雄傳云不修廉隅以徼名當世顏師古注徼要也字或作激激發也投激亦字誤顏說非也貪夫且以求其賞爾淮南子兵略訓云夫人之所樂者生也而所憎者死也然而高城深池矢石若雨平原廣澤白刃交接而卒爭先合者彼非輕死而樂傷也謂其賞信而罰明也今吏從軍敗沒死公事者以十萬數上不聞弔唁嗟歎之榮名下又無祿賞之厚實商子壹言篇云民之從事死制也以上之設榮名置賞罰之明也管子權修篇云將用民力者則祿賞不可不重也節士無所勸慕庸夫無所貪利韓非子六反篇云厚賞者非獨賞功也又勸一國受賞者甘利未賞者慕業是報一人之功而勸境內之衆也欲治者何疑於厚賞此其所以人懷沮解舊作懈据治要改鹽鐵論擊之篇云西域迫近胡寇沮心內解必爲巨患漢書趙充國傳云欲沮解之顏師古注沮壞也欲壞其計令解散之不

肯復死者据治要補也軍起以來暴師五年史記蒙恬傳云暴師於外十餘年典兵之吏將以舊作下据治要改千數大小之戰歲十百合漢書高帝紀云旦日合戰蕭何傳云多者百餘戰少者數十合而希有功歷察其敗無他故焉皆將不明於据治要補變勢而士不勸於死敵也孫子地形篇云將不能料敵以少合衆以弱擊強兵無選鋒曰北六韜奇兵篇云將不明則三軍大傾管子法法篇云民不勸勉不行制不死節則戰不勝而守不固兵法篇云賞罰明則勇士勸也其士之不能死也乃其將不能效也言賞則不與言罰則不行效當作故韓非子初見秦篇云白刃在前斧鑕在後而卻走不能死也非其士民不能死也上不能故也言賞則不與言罰則不行賞罰不信故士民不死也又難二云趙簡子圍衛之郛郭鼓之而士不起簡子投枹曰烏乎吾之士數弊也行人燭過免冑而對曰臣聞之亦有君之不能耳

士無弊者士進有獨死之禍退蒙衆生之福此其據治要補所以臨陣亡戰而競思奔北者也鄧析子無厚篇云御軍陣而奔北孫子曰將者智也仁也敬也信也勇也嚴也孫子始計篇云將者智信仁勇嚴也魏武帝注將宜五德備此益以敬蓋所見本異是故智以折敵折疑料之誤史記白起傳論云料敵合變仁以附衆史記司馬穰苴傳云文能附衆武能威敵敬以招賢信以必賞勇以益氣嚴以一令故折敵則能合變衆附愛則思力戰賢智集則英謀得英程本作陰按英疑策之誤詩兔罝鄭箋云此兔罝之人於行攻伐可用爲策謀之臣使之慮無亦言賢也賞罰必則士盡力勇氣益則兵勢自倍威令一則惟將所使必有此六者乃可折衝擒敵大戴禮王言篇云明王之守也必折衝乎千里之外

輔主安民前羌始反時先零羌滇零以永初元年爲寇明年自稱天子六年滇零死子零昌復襲僞號至元初四年爲任尚客刺死朧右始平詳後漢書安帝紀及西羌傳將帥以定令之羣管子霸形篇云朝定令於百吏王先生云羣字是郡字之誤藉富厚之蓄史記游俠傳序云藉於有土卿相之富厚據列城而氣當作處利勢權十萬之衆下篇云諸郡皆據列城而擁大衆或疑權爲擁之誤按史記呂后紀灌嬰曰諸呂權兵關中易林益之臨帶季兒良明知權兵權兵言執兵柄史記袁盎傳云絳侯爲太尉主兵柄是其義矣本書潛歎篇權噬賢之狗義與此同將勇傑之士以誅草創新叛散亂之弱虜漢書終軍傳云萬事草創後漢書隗囂傳章懷注草創謂始造也擊自至之小寇不能擒滅輒爲所敗令遂雲烝脫一字起合從連横漢書刑法志云合從連衡轉相攻伐顏師古注衡横也戰國時齊楚韓魏燕趙爲從秦國爲横掃滌

并涼舊作源據下篇改後漢書隗囂傳討王莽檄云緣邊之郡江海之瀕滌地無類章懷注滌蕩也蕩地無遺類也內犯司隸東寇趙魏續漢書郡國志趙國魏郡郡屬冀州西鈔蜀漢郡國志蜀郡漢中屬益州後漢書循吏王渙傳章懷注鈔掠鈔掠也一切經音義二引通俗文云遮取謂之抄掠抄與鈔同五州殘破六郡削迹漢書趙充國傳云六郡良家子服虔曰金城隴西天水安定北地上郡是也按天水後漢明帝永平十七年更名漢陽郡國志金城隴西漢陽安定北地屬涼州上郡屬并州此非天之災長吏過爾非舊作亦據下文改孫子地形篇云兵有走者有弛者有陷者有崩者有亂者有北者凡此六者非天地之災將之過也越絕書計倪內經計倪曰與人同時而戰獨受天之殃未必天之罪也亦在其將孫子曰將者民之司命而國家安危之主也孫子作戰篇文舊脫家字據孫子補是故諸有寇之郡太守令長不可以不曉兵今觀諸將將謂

郡守漢書酷吏嚴延年傳顏師古注云謂郡守爲郡將者以其兼領武事也既無斷敵合變之奇斷治要作料按史記白起傳論云白起料敵合變出奇無窮料斷義相近古亦通用史記韓信傳云大王自料勇悍仁彊孰與項王新序善謀篇作自斷又新序雜事一宋玉對楚王問豈能與之斷天地之高文選斷亦作料復無明賞必罰之信然其士民又甚貧困器械不脩習吳語云申胥華登簡服吳國之士於甲兵韋昭注簡習也將恩不素結史記淮陰侯傳云信非得素拊循士大夫也此所謂驅市人而戰之卒讀爲猝然有急則吏以暴發虐其士士以所拙治要作屈遇敵巧此爲將据治要補吏驅怨以禦讎漢書鼂錯傳云其與秦之行怨民相去遠矣顏師古注言發怨恨之人使行戍也士卒縛手以待寇也淮南子說山訓云縛手走不能疾夫將不能勸其士士不能用其兵此二者與無兵

等六韜軍畧篇云凡帥師將軍慮不先設器械不備教不精信士卒不習若此不可以爲王者之兵也漢書鼂錯傳云士不選練卒不服習起居不精動靜不集趨利弗及避難不畢前擊後解與金鼓之音相失此不習勒卒之過也百不當十兵不完利與空手同甲不堅密與袒裼同弩不可以及遠與短兵同射不能中與亡矢同中不能入與亡鏃同此將不省兵之禍也五不當一故兵法曰器械不利以其卒予敵也卒不可用以其將予敵也將不知兵以其主予敵也君不擇將以其國予敵也無士無兵而欲合戰其敗負也理數也然舊作治數也据治要改補管子兵法篇云治衆有數勝敵有理察數而知理故曰其敗者非天之所災將之過也饒士處世饒士謂士之才德優饒者但患無典爾典司也故苟有土地百姓可富也苟有市列商賈可來也苟有士民國家可疆也苟有法令姦邪可禁也商子錯法篇云古之明君錯法

而民無邪舉事而材自練賞行而兵強又云苟有道理地足容身土民可致也苟容市井財貨可聚也有土者不可以言貧有民者不可以言弱漢書食貨志云今弘羊令吏坐市列顏師古注市列謂列肆 夫國不可從外治兵不可從中御六韜立將篇云國不可從外治軍不可從中御白虎通三軍篇云大夫將兵出不從中御者欲盛其威使士卒一意繫心也 郡縣長吏幸得兼此數者之斷已而之舊作支又重而字据程本刪改 不能以稱明詔安民氓哉漢舊儀云御史大夫敕上計丞長史曰詔書數下布告郡國臣下承宣無狀多不究百姓不蒙恩被化守丞長史到郡與二千石同力爲民興利除害務有以安之稱詔書漢書鼂錯傳云甚不稱明詔求賢之意 此亦陪克闒茸詩蕩云曾是掊克按鈔錄亦作掊闒茸見賢難篇 無里之爾里當作俚之下脫一字漢書季布欒布田叔傳贊云其畫無俚之至耳晉灼曰揚雄方言曰俚聊也許慎曰賴也此此爲其計畫無所聊賴 夫世有非常之人

然後定非常之事必道疑遇非常之失然後見下脱四字史記司馬相如傳云蓋世必有非常之人然後有非常之事有非常之事然後有非常之功此文當同之是

故選諸有兵之長吏宜踔躒豪厚越取幽奇漢書孔光傳云竊見國家故事尚書以久次轉遷非有踔絕之能不相踰越顔師古注踔高遠也踔躒猶言踔絕後漢書班彪後固傳西都賦云逴犖諸夏典引云卓犖乎方州文苑禰衡傳英才卓躒並與踔躒同說苑說叢篇云德以純厚故能豪按越取謂不次擢用漢書東方朔傳云武帝初卽位徵天下舉方正賢良文學材力之士待以不次之位顔師古注不拘常次言超擢之後漢書安帝紀永初二年詔云二千石長吏明以詔書博衍幽隱朕將親覽待以不次是其義也

材明權變任將帥者後漢書南蠻傳永和時日南象林徼外蠻夷攻圍日南李固議亦云宜更選有勇畧仁惠任將帥者以爲刺史太守

不可苟惟疑推基序或阿親戚墨子兼愛下篇云勿有親戚弟兄之所阿漢書貢禹

傳云不阿親戚使舊作便典兵官蓋謂鄧隲也隲以車騎將軍討羌戰敗羌遂大盛朝廷不能制詔隲還師以鄧太后故拜隲爲大將軍見後漢書西羌傳此所謂以其國與敵者也注見上

救邊第二十二

聖王之政普覆兼愛不私近密不忽疏遠鹽鐵論地廣篇云王者包含并覆普愛無私不爲近重施不爲遠遺恩吉凶禍福與民共之共意林作同易繫辭上傳云吉凶與民同患哀樂之情恕以及人漢書杜周傳杜欽對策云克已就義恕以及人視民如赤子漢書路溫舒傳云愛民如赤子按傳云文帝永思至德以承天心崇仁義省刑罰通關梁一遠近敬賢如大賓愛民如赤子內恕情之所安而施之於海內是以囹圄空虛天下太平此節大指本於彼救禍如引手爛鹽鐵論刑德篇云有司治之若救爛

撲焦是以四海歡悅俱相得用往者羌虜背叛始自涼并延及司隸東禍趙魏西鈔蜀漢五州殘破六郡削迹周迴千里野無孑遺詩雲漢云靡有孑遺寇鈔禍害晝夜不止百姓滅沒日月焦盡淮南子兵畧訓云勇敢輕敵疾若滅沒荀子議兵篇云若赴水火入焉焦沒耳說文云爨火所傷也或省作焦㶳火餘也盡與㶳同詩桑柔具禍以燼鄭箋云災餘曰燼釋文燼本亦作盡而內郡之士漢書宣帝紀本始元年詔內郡國擧文學高第韋昭曰中國爲內郡緣邊有夷狄障塞者爲外郡不被殃者咸云當且放縱後漢書烏桓傳班彪上言烏桓天性輕黠好爲寇賊若久放縱而無總領者必復侵掠居人以待天時越語范蠡曰天時不作弗爲人客韋昭注謂天時利害災變之應漢書趙充國傳宣帝敕讓充國云今五星出東方中國大利蠻夷大敗太白出高用兵深入敢戰者吉弗敢戰者凶將軍急裝因天時誅不

義萬下必全後漢書王昌傳云展轉中山來往燕趙以須天時章懷注須待也用意若此豈人心哉漢書宣帝紀地節四年詔曰何用心逆人道也前羌始反公卿師尹咸欲捐棄涼州却保三輔漢書百官公卿表云右扶風與左馮翊京兆尹是爲三輔服虔曰皆治在長安中朝廷不聽後羌遂侵下有脫字而論者多恨不從惑疑或議余竊笑之所謂媾亦悔不媾亦有悔者爾秦策云三國攻秦秦王欲割河東而講公子池曰講亦悔不講亦悔高誘注講成也講媾古字通未始識變之理地下脫不可二字無邊無邊亡國是故失涼州則三輔爲邊三輔內入則弘農爲邊弘農內入則洛陽爲邊推此以相況雖盡東海猶有邊也後漢書龐參傳云永初元年涼州先零種羌反叛遣車騎將軍鄧騭討之參上書曰萬里運糧遠就羌戎不若總兵

養衆以待其疲車騎將軍隲宜且振旅留征西校尉任尚使督涼州士民轉居三輔四年羌寇轉盛兵費日廣參奏記於鄧隲曰參前數言宜棄西域乃爲西州士大夫所笑果破涼州禍亂至今善爲國者務懷其內不求外利務富其民不貪廣土三輔山原曠遠民庶稀疏故縣上城可居者多今宜徙邊郡不能自存者入居諸陵田戍故縣孤城絶郡以權徙之又虞詡傳云永初四年羌胡反亂殘破并涼大將軍鄧隲以軍役方費事不相贍欲棄涼州議者咸同詡聞之乃說李修曰先帝開拓土宇劬勞後定而今憚小費舉而棄之涼州既棄即以三輔爲塞三輔爲塞則園陵單外此不可之甚者也節信所言與詡合參傳西州士大夫葢卽指節信諸人

今不厲武以誅虜

逸周書酆保解云靜兆厲武大武解云武厲以勇

選材以全境

漢書王嘉傳云今之郡守重於古諸侯往者致選賢材

而云邊不可守欲先自割示偄寇敵不亦惑乎

示字舊脫孫侍御補按說文偄弱也趙策虞卿曰坐而割地自弱以強秦文云割地以和是不亦大示天下弱乎史記廉

頗藺相如傳亦云王不行示趙弱且怯也昔樂毅以傳傳之小燕按齊策貂勃云安平君以惴惴之即墨三里之城五里之郭敝卒七千禽其司馬而反千里之齊傳傳即惴惴之誤莊子齊物論云小恐惴惴是其義已漢書賈捐之傳論珠厓云顓顓獨居一海之中顓顓與惴惴同顏師古注一顓與專同專專猶區區一日圜貌其說非也破滅彊齊威震天下眞可謂良將矣事見史記樂毅傳然即墨大夫以孤城獨守六年不下竟完其民田單帥窮卒五千擊走騎刼復齊七十餘城可謂善用兵矣事見史記田單傳舊作田單師窮卒五千騎擊走卻据單傳改傳云夷殺騎刼自序云田單用即墨破走騎刼圍聊莒連年終不能拔史記魯仲連傳云田單攻聊城歲餘士卒多死而聊城不下此文聊莒當作聊城莒未嘗降燕也此皆以至彊攻至弱以上智圖下愚論語云唯上知與下愚不移而猶不

能克者何也曰攻常不足而守恒有餘也漢書趙充國傳云臣聞兵法攻不足者守有餘後漢書馮異傳云夫攻者不足守者有餘章懷注孫子兵法之文按孫子軍形篇云守則不足攻則有餘前日諸郡皆據列城而擁大衆羌虜之智非乃樂毅田單也郡縣之阸未若聊莒即墨也然皆不肯專心堅守昭廿七年左傳云有堅守之心而反彊驅劫其民捐棄倉庫背城邑走詳實邊篇注由此觀之非苦城乏糧也但苦將不食爾折衝安民要在任賢不在促境後漢書西域傳延光二年敦煌太守張璫上書陳三策其下計謂宜棄交河城收鄯善等悉使入塞尚書陳忠上疏以爲蹙國減土經有明誡敦煌宜置校尉按舊增四郡屯兵以西撫諸國庶足折衝萬里意與此同齊魏郤守國不以安子嬰自削秦不以在武皇帝攘

（六年）誅斬大宛（太初四年）武軍所嚮（宣十二年左傳潘党曰君盍築武軍杜注築軍

夷析境（析舊从手作按淮南子原道訓云廓四方析八極高誘注析開也古亦省作斥漢書武五子傳燕王旦上書云孝武皇帝威武洋溢遠方執寶而朝增郡數十斥地且倍韋賢後玄成傳云孝武皇帝斥地遠境起十餘郡匈奴傳云孝武世出師征伐斥奪此地攘之於幕北顏師古注並云斥開也地理志云武帝攘卻胡越開地斥境夏侯勝傳云孝武皇帝廓地斥境立郡縣又云武帝有攘四夷廣土斥境之功斥境即析境字亦借拓後漢書傅燮傳云世宗拓境列置四郡文苑傳杜篤論都賦云孝武拓地萬里威震八荒肇置四郡據守敦煌鮮卑傳蔡邕議云世宗神武將帥良猛財賦充實所拓廣遠）面數千里東開樂浪（漢書武帝紀在元封三年）西置燉煌（元鼎六年）南踰交趾（即定南越也趾紀作阯地理志作趾後漢書光武帝紀建武五年章懷注云阯與趾同古字通應劭漢官儀曰始開北方遂交於南為子孫基阯也）北築朔方（元朔二年）卒定南越（元鼎

營以章武功後漢書隗囂傳討王莽檄云有不從命武軍平之**無不夷滅**漢書武五子傳贊云師行三十年兵所誅屠夷滅死者不可勝數梅福傳云至於夷滅顏師古注夷平也謂平除之也**今虜近發封畿之內**史記文帝紀後二年詔日封畿之內勤勞不處**而不能擒亦自痛**疑病**爾非有邊之過也脣亡齒寒體傷心痛**鹽鐵論誅秦篇云中國與邊境猶支體與腹心也夫肌膚寒於外腹腸疾於內內外之相勞非相爲助也脣亡則齒寒支體傷而心憯怛故無手足則支體廢無邊境則內國害按脣亡齒寒本僖五年左傳**必然之事又何疑焉**燕策云在必然之物以成所欲王何疑焉**君子見機**易繫辭下傳機王弼本作幾**況已著乎乃者邊害**漢書曹參傳顏師古注云乃者猶言曩者**震如雷霆赫如日月**詩常武云震驚徐方如雷如霆後漢書范升傳升奏記王邑云今天下之事昭昭於日月震震於雷霆**而談者皆諱之曰猋并竊盜**猋舊

作燚按說文云猋犬走貌从三犬猋并竊盜猶史記叔孫通傳云鼠竊狗盜也王先生云猋并當是犬羊之誤漢書王莽傳嚴尤云饑寒羣盜犬羊相聚也後漢紀安帝永初四年虞詡遷朝歌長時朝歌多盜賊馬稜憂之詡曰此賊犬羊相聚以求溫飽耳明府無以爲憂

淺淺善靖俾君子怠書秦誓云惟截截善諞言俾君子易辭文十二年公羊傳作惟諓諓善竫言漢書李尋傳云秦穆公說諓諓之言鹽鐵論國病篇亦云諓諓者賊也論誹篇又云疾小人淺淺面從按莊子在宥篇而佞人之心翦翦者釋文引李頤注云翦翦淺短貌翦翦淺淺並與諓諓同俾君子怠亦見史記三王世家齊王策文

欲令朝廷以寇爲小而不蚤憂害乃至此尚不欲救

諺曰諺字舊脫據御覽八百卅六補痛不著身言忍之錢不出家言與之假使公卿子弟有被羌禍朝夕切急如邊民者則競言當誅羌矣今苟以已無慘怛冤痛漢書元帝紀初元二

年詔曰憯怛於心顏師古注憯痛也怛悼也**故端坐相仍**鹽鐵論禁耕篇云端坐而民豪按端坐猶言安坐也吳志虞翻傳孫策云端坐悒悒諸葛恪傳云端坐使老晉書東海王越傳云端坐京輦以失據會**又不明修守禦之備**舊脫守字据邊議篇補六韜王翼篇云修溝塹治壁壘以備守禦齊語云小國諸侯有守禦之備史記秦本紀云鄭君謹修守禦備**陶陶閒澹**詩君子陽陽毛傳云陶陶和樂貌**臥委天□**程本作聽疑非**羌獨往來**六韜兵道篇云凡兵之道莫過乎一一者能獨往獨來**深入多殺**史記吳王濞傳云擊反虜者深入多殺爲功**已乃陸陸**後漢書馬援傳云今更共陸陸章懷注陸陸猶祿祿也按莊子漁父篇祿祿而受變於俗史記平原君傳公等錄錄漢書蕭何曹參傳贊當時錄錄顏師古注錄錄猶鹿鹿說文云逯行謹逯逯也娽隨從也陸陸碌碌祿祿錄錄鹿鹿逯逯娽娽並通**相將詣闕諧辭禮謝**後漢書橋玄傳云詣闕謝罪**退云狀**狀上當脫無字無狀注見斷訟篇**會坐朝**

堂周禮攷工記匠人外有九室鄭注如今朝堂諸曹治事處疏云鄭據漢法謂正朝之左右爲廬舍者也按後漢時國家有大事皆於朝堂會議後漢書鄧隲傳云其有大議乃詣朝堂與公卿參謀袁安傳云武威太守孟雲上書北虜既已和親而南部復往抄掠北單于謂漢欺之謀欲犯邊宜還其生口以安慰之詔百官議朝堂又云竇太后兄車騎將軍憲北擊匈奴安與太尉宋由司空任隗及九卿詣朝堂上書諫班超後勇傳曹宗請擊匈奴鄧太后召勇詣朝堂會議應奉後劭傳中平二年漢陽賊東侵三輔皇甫嵩討之請發烏桓三千人北軍中候鄒靖上言烏桓衆弱宜開募鮮卑事下四府大將軍掾韓卓與劭相難反覆於是詔百官大會朝堂陳球傳竇太后將葬曹節等欲別葬太后而以馮貴人配祔詔公卿大會朝堂令中常侍趙忠監議盧植傳董卓大會百官於朝堂議欲廢立鮮卑傳熹平六年鮮卑寇三邊夏育請徵幽州諸郡兵出塞擊之大臣多有不同乃召百官議朝堂皆其事也

則無憂國哀民懇惻之誠

漢書傳喜傳云忠誠憂國按漢時每以不憂國責大臣成帝紀永始四年詔曰公卿

列侯親屬近臣四方所則未聞修身遵禮同心憂國者也孔光傳策免光云今相朕出入三年憂國之風復無聞焉朱博傳奏封事言丞相光志在**苟轉相顧**自守不能憂國恭詔奏之文相洽如此**望莫肯違止**顧望注見述赦篇止當作正後漢書鄧惲後壽傳云違衆正議以安宗廟皇甫規傳云互相瞻顧莫肯正言皆此意獨斷云其有疑事公卿百官會議若臺閣有所正處而獨執異意者曰駁議駁議曰某官某甲議以爲如是下言臣愚戇議異違正郎駁議也**日晏時移議無所定**漢書龔勝傳云月暮議者罷**已且須後**禮記學記云雖合之可也鄭注合之須後**後得小**漢書食貨志詔書且須後後漢書循吏衛颯傳須後詔書顏師古章懷注並云須待也**安**詩民勞云汔可小安**則恬然棄忘旬時之間虜復爲害軍書交馳羽檄狎至**漢書息夫躬傳云軍書交馳而輻湊羽檄重迹而押至文穎曰押音狎習之狎文選陸倕石闕銘李善注引作狎褻廿七年左傳云晉楚狎主諸侯之盟杜注狎更也**乃復**

怔忪如前（方言云征伀遑遽也江浙之間凡窘猝怖遽謂之征伀怔忪與征伀同玉篇云怔忪懼貌）若此以來出入九載庶曰式臧覆出爲惡（詩雨無正）佪潰潰（爾雅釋訓云儚儚洄洄惛也釋文洄本作裍裍按玉篇作佪佪與此合說文衣部又引裍裍襩襩說文無襩字當依此作潰今爾雅無潰潰蓋脫佚也）當何終極春秋譏鄭棄其師（閔二年）況棄人乎一人吁嗟王道爲虧（後漢書魯恭傳云一夫吁嗟王道爲虧鮑永後昱傳云一人呼嗟王政爲虧蓋當時成語也小爾雅廣訓云吁嗟嗚呼也有所歎美有所傷痛隨事有義也此即傷痛之義矣）況百萬之衆叫號哭泣（叫舊脫据實邊篇補詩北山云或不知叫號）感天心乎且夫國以民爲基貴以賤爲本（淮南子泰族訓云國主之有民也猶城之有基老子云貴以賤爲本高以下爲基新書大政上篇云聞之於政也民無不以爲本也國以爲本君以爲本吏以爲本故國以民爲安危君以民

爲威侮吏以民爲貴賤此之謂民無不爲本也**是以聖王養民愛之如子**襄十四年左傳師曠曰養民如子新序雜事一養作愛說苑政理篇太公曰善爲國者遇民如父母之愛子**憂之如家**漢書翟方進傳云憂國如家**危者安之亡者存之**趙策張孟談曰亡不能存危不能安則無爲貴知士也**救其災患除其禍亂**襄十一年左傳云救災患恤禍亂廿八年傳云救其菑患**是故鬼方之伐**易既濟九三高宗伐鬼方**非好武也**周語祭公謀父曰是先王非務武也**玁狁於攘**詩出車攘作襄釋文襄本或作攘後漢書蔡邕傳釋誨云玁狁攘而吉甫宴邕集難夏育擊鮮卑云周宣王命南仲吉甫攘玁狁威荆蠻**非貪土也**淮南子兵畧訓云古之用兵者非利土壤之廣而貪金玉之畧將以存亡繼絕平天下之亂而除萬民之害也**以振民育德**易蠱象詞**安疆宇也**後漢書馮衍傳云安其疆宇**古者天子守在四夷**昭廿三年左傳沈尹戌語**自彼氐羌莫**

不來享詩殷武普天思服行葦賴德詩北山云普天之下文王有聲云無思不服行葦義見下篇況近我民蒙禍若此可無救乎凡民之所以奉事上者懷義恩也痛則無恥禍則不仁禍舊作福據程本改忿戾怨懟生於無恥今羌叛久矣傷害多矣百姓急矣憂禍深矣上下相從未見休時不一命大將以掃醜虜詩常武云仍執醜虜漢書黥布傳云埽淮南之衆顏師古注埽者謂盡舉之如埽地之爲掃與埽同而州稍稍興役意林州下有縣字按本書皆以州郡連言此亦當作州郡漢書西南夷傳云州郡擊之不能服連連不已詩皇矣云執訊連連漢書東方朔傳云緜緜連連殆哉世之不絕也若排簾障風探沙擁河簾舊作樓擁舊作灌並据意林改御覽九簾作翣翣與箑通扇也八百五十四簾又作糠探作陶按陶當作掏一切經音義七引通俗文云指

出日掏探掏義同無所能禦徒自盡爾意林作無益於事徒自弊耳今數
州屯兵十餘萬人哀元年左傳云夫屯晝夜九日杜注夫猶兵也疏云屯是戍守之名
故詩序云屯戍於毋家十舊作才据程本改後漢書西羌傳虞詡說任尚云三州屯兵二十餘萬人棄農
桑疲苦徭役而未有功劾勞費日滋皆稟食縣官急就篇云稟食縣官帶金銀顏師古注稟
食縣官官給其食也漢書地理志顏注稟給也稟與稟同後漢書南蠻傳李固云計人稟五升章懷注古
升小故人月五升也歲數百萬斛又有月直後漢書陳寵後忠傳注引謝承書云
施延到吳郡海鹽取卒月直賃作牛路亭父以養其毋但此人耗不可勝供耗猶
費也漢書西南夷傳都尉萬年曰兵久不決費不可共顏師古注共讀曰供而反憚暫出
之費甚非計也且舊作是夫危者易傾疑者易化今虜
新擅邊地未敢自安易震蕩也襄廿六年左傳析公曰楚師輕窕易震蕩

也。百姓新離舊壞舊作懷思慕未衰漢書元帝紀永光四年詔曰頃者徙郡國民以奉園陵令百姓遠棄先祖墳墓破業失產親戚別離人懷思慕之心家有不安之意易獎厲也獎舊作將按說文云獎嗾犬厲之也經典多作獎漢書哀帝紀云獎厲太子遜周書和寤解云王乃厲翼於尹氏八士孔晁注厲獎厲也誠宜因此遣大將誅討迫脅離逖破壞之書多方云離逖爾土漢書趙充國傳云虜破壞可日月冀如寬假日月史記封禪書公孫卿日非少寬假神不來蓄積富貴各懷安固之後則離動矣周書曰凡彼聖人必趨時周祝解凡作觀趨作趣是故戰守之策不可不早定也漢書高帝紀韓信曰吏卒皆山東之人日夜企而望歸及其鋒而用之可以有大功天下已定民皆自寧不可復用不如決策東向此文意與彼同

邊議第二十三

明於禍福之實者不可以虛論惑也察於治亂之情者不可以華飾移也韓非子姦劫弒臣篇云聖人者審於是非之實察於治亂之情也是故不疑之事聖人不謀韓非子內儲說上惠子曰凡謀者疑也疑也者誠疑以爲可者半以爲不可者半浮游之說聖人不聽禮記緇衣云大人不倡游言鄭注游猶浮也不可用之言也漢書韓安國傳云訹邪臣浮說史記蘇秦傳云明主絕疑去讒屛流言之迹何者計不背見實而更爭言也詩小旻云維邇言是爭漢書灌夫傳韓安國云譬如賈豎女子爭言何其無大體也是以明君先盡人情不獨委夫良將修己之備無恃於人孫子九變篇云用兵之法無恃其不來恃吾有以待之無恃其不攻恃吾有所不可攻也故能攻必勝敵而守必自全也

羌始反時計謀未善黨與未成人衆未合兵器未備

或持竹木枝或空手相附王先生云附疑搏草食散亂草食疑當爲草舍後漢書馮異傳云王郎起光武自薊東南馳晨夜草舍未有都督漢書敘傳敘西域傳云昭宣承業都護是立總督城郭三十有六都督郎謂都護總督也魏志夏侯惇傳云使惇都督二十六軍留居巢其後遂以名官甚易破也然太守令長皆奴怯畏偄不敢擊奴讀爲駑漢書蘇建後武傳李陵曰陵雖駑怯亦見霍光諸葛豐傳武帝紀天漢三年匈奴入鴈門太守坐畏愞棄市閩越王傳云東粵王餘善發兵距漢漢使大司農張成故山州侯齒將屯不敢擊卻就便處皆坐畏懦誅畏偄畏愞畏懦義並同擊上當有討字見下篇後漢書西羌傳云時羌歸附既久無復器甲或持竹竿木枝以代戈矛或負板案以爲楯或執銅鏡以象兵郡縣畏懦不能制本此及實邊篇故令虜遂乘勝上彊史記高祖紀云秦兵強常乘勝逐北上疑自之誤黥布傳云楚王恃戰勝自彊破州滅郡日長炎炎吳語申胥曰日長炎炎韋昭注炎炎進貌

殘破三輔覃及鬼方詩蕩若此已積十歲矣百姓被害迄今不止而癡兒騃子說文云癡不慧也譺騃也儗騃也佁癡貌讀若騃癡譺凝佁騃同字方言云癡騃也周禮司刺三赦曰蠢愚鄭注蠢愚生而癡騃童昏者漢書息夫躬傳云左將軍公孫祿司隸鮑宣皆外有直項之名內實騃不曉政事後漢書獨行傳戴就曰薛安庸騃尚云不當救助且待天時用意若此豈人也哉夫仁者恕己以及人說文云恕仁也管子版法解云取人以己者度恕而行也度恕者度之于己也已之所不安勿施於人楚辭離騷云羌內恕己以量人兮漢書鼂錯傳云取人以己內恕及人杜周傳杜欽對策云克己就義恕以及人智者講功而處事魯語云夫仁者講功而智者處物周語云言智必及事韋昭注能處事物爲智文十八年左傳云德以處事事事以度功禮記文王世子鄭注物猶事也今公卿內不傷士民滅沒之痛外不慮久兵之禍孫子

作戰篇云夫兵久而國利者未之有也**各懷一切**後漢紀和帝永元十三年班超上書曰公卿大夫咸懷一切而莫肯遠慮後漢書左雄傳云各懷一切莫慮長久按漢書平帝紀元始元年顏師古注一切者權時之事非經常也猶如以刀切物苟取整齊不顧長短縱橫故言一切**所脫避前**句有誤字續漢書五行志劉昭注載延光四年馬融上書云臣恐受任典牧者苟脫目前皆粗圖身一時之權不顧爲國百世之利所脫避前意當與苟脫目前同漢紀成帝永始元年王仁上疏云萬乘之主當持久長非一切畢決目前者**苟云不當動兵而不復知引帝王之綱維**管子禁藏篇云法令爲維綱**原禍變之所終也易制禦寇**易蒙上九利禦寇盧學士云制疑利**詩美薄伐**漢書韋賢傳劉歆議曰臣聞周室既衰四夷並侵獫狁最彊于今匈奴是也至宣王而伐之詩人美而頌之曰薄伐獫狁至于太原顏師古注小雅六月之詩也**自古有戰非乃今也**詩載芟云匪今斯今振古如茲趙策蘇秦說趙王曰大王

乃今然後得與士民相親傳曰天生五材民並用之廢一不可誰能去兵兵所以威不軌而昭文德也聖人所以興亂人所以廢襄廿七年左傳齊桓晉文宋襄衰世諸侯猶恥天下有相滅而已不能救公羊傳云天下諸侯有相滅亡者桓公不能救則桓公恥之況皇天所命四海主乎晉楚大夫小國之臣猶恥已之身而有相侵成十六年左傳欒武子曰不可以當吾世而失諸侯況天子三公典世任者乎公劉仁德廣被行葦孫侍御云漢儒相承以行葦爲公劉之詩蓋本三家舊說也吳越春秋公劉慈仁行不履生草運車以避葭葦列女傳晉弓工妻曰君聞昔者公劉之行乎羊牛踐葭葦惻然爲民痛之後漢書寇榮傳公劉敦行葦世稱其仁蜀志彭羕傳體公劉之德行勿翦之惠班彪北征賦慕公劉之遺德及行葦之不傷並與此同況含血之

人已同類乎（史記律書云自含血戴角之獸見犯則校而況於人孟子云聖人與我同類者）一人吁嗟王道爲虧況滅沒之民百萬乎書曰天子作民父母（洪範二字舊脫據程本補）之於子也豈可坐觀其爲寇賊之所屠剝（漢書王莽傳云翟義黨王孫慶捕得莽使太醫尚方與巧屠共刳剝之）立視其爲狗豕之所噉食乎（孟子云抑亦立而視其死與漢書貢禹傳云今民大飢而死死又不葬爲犬豬所食）除其仁恩（莊子天下篇云以仁爲恩淮南子繆稱訓云仁者積恩之見證也漢書丙吉傳云誠其仁恩內結於心也）且以計利言之（商子算地篇云民生則計利孟子云枉尺而直尋者以利言也）國以民爲基貴以賤爲本願察開闢以來（御覽一引尚書中候云天地開闢）民危而國安者誰也下貧而上富者誰也（下上舊互置按管子山至數篇云民富君無與與貧民貧君

無與富荀子富國篇云下貧則上貧下富則上富故曰夫君國將民之以民實瘠而君安得肥楚語云夫君國者將民之與處民實瘠矣君安得肥詩江有汜鄭箋云以猶與也夫以小民受天永命書召誥竊願聖主深惟國基之傷病方言云惟凡思也遠慮禍福之所生管子君臣下篇云審知禍福之所生且夫物有盛衰時有推移事有激會人有變舊作愛化史記蔡澤傳云物盛則衰天地之常數也進退盈縮與時變化聖人之常道也平準書贊云事勢之流相激使然推移注見斷訟篇智者揆象不其宜乎孟明補闕於河西文三年左傳范蠡收責於姑胥姑舊作故姑胥即姑蘇也後漢紀光武紀二方望謝隗囂書云范蠡收續於姑蘇後漢書隗囂傳作范蠡收責勾踐章懷注收責謂收其罪責也按收責讀如齊策收責於薛言破吳以償會稽之敗如歸責然也後漢紀作續蓋袁氏所改是以大

功建於當世而令名傳於無窮也秦策蘇秦曰寬則兩軍相攻迫則杖戟相橦然後可建大功史記司馬相如傳喻巴蜀檄云名聲施於無窮功烈著而不滅今邊陲搔擾成十三年左傳云虔劉我邊垂垂郵古字通說文云騷擾也搔與騷同漢書敘傳云外內搔擾日放族禍後漢書竇融傳云隗囂自知失河西之助族禍將及寒朗傳云舊制大罪禍及九族放疑當作破破實邊篇云百姓暴被殃禍郎其證百姓晝夜望朝廷救已襄十六年左傳穆叔曰敝邑之急朝不及夕引領西望曰庶幾乎杜注庶幾晉來救漢書韓信傳漢王大怒駡曰吾困於此旦暮望而來佐我而公卿以爲費煩不可徒竊笑之後漢書西先傳虞詡云公卿選懦容頭過身張解設難但計所費不圖其安意與此同是以以猶與也晏子輕困倉之蓄而惜一杯之鑽何異今晏子無此文今但知愛見薄之錢穀續漢書百官志云大司農掌諸錢穀金帛諸貨幣郡國四時上月旦見錢穀

穀簿其逋未畢各具別之邊郡諸官請調度者皆爲報給損多益寡取相給足而不知未見之待民先也知傜役之難動漢書高帝紀云常繇咸陽應劭曰繇者役也顏師古注繇讀曰傜說文云役戍邊也傜繇役役並通而不知中國之待邊寧也鹽鐵論地廣篇云散中國肥饒之餘以調邊境邊境強則中國安急就篇云邊境無事中國安寧後漢書龐參傳永初元年涼州先零種羌反叛遣車騎將軍鄧隲討之參上書有云方今西州流民擾動而徵發不絕重之以大軍疲之以遠戍農功消於轉運資財竭於徵發宜且振旅督涼州士民轉居三輔休徭役以助其時止煩賦以益其財節信所云正謂參等詩痛或不知叫號或慘慘劬勞北山今公卿苟以已不被傷故競割國家之地以與敵殺主上之民以餧羌爲謀若此未可謂知爲臣若此未可謂忠史記蘇秦傳秦說魏襄王云凡羣臣之言事秦者皆姦人非忠臣也夫爲

人臣割其主之地以求外交偷取一時之功而不顧其後願大王孰察之此文大旨本於彼才智未足使議藝文類聚四十八引桓子新論云堯試舜於大麓者錄天下事如今之尚書官矣宜得大賢智乃處議持平焉且凡四海之內者聖人之所以遺子孫也官位職事者羣臣之所以寄其身也傳子孫者思安萬世新書過秦上篇云子孫帝王萬世之業也漢書侫幸董賢傳王閎云陛下承宗廟當傳子孫於無窮寄其身者各取一閎閎讀爲缺一缺猶今言一任矣故常其言不久行其業不可久厭久行上有脫字方言云厭安也漢書匈奴傳贊云規事建議不圖萬世之固而媮恃一時之事者未可以經遠也夫此誠明君之所微察也而聖上之所獨斷管子明法解云明主者兼聽獨斷霸言篇云獨斷者微密之營壘也今言不欲動民以煩可也即然當修守禦之備必

令之討令虜不敢來來無所得（來字舊不重按後漢書陳俊傳云光武遣俊將輕騎馳出賊前視人保壁堅完者勑令固守放散在野者因掠取之賊至無所得遂散敗卽此意也漢書鼂錯傳云來而不能圍使得氣去後未易服也）令民不患寇既無所失今則不然苟罹民力之煩勞而輕使受滅亡之大禍非人之主非民之將非主之佐非勝之主者也（孫子用閒篇文民作人無非人之主句）且夫議者明之所見也辭者心之所表也（呂氏春秋離謂篇云辭者意之表也）維其有之是以似之（詩裳裳者華）諺曰何以服很莫若聽之（說文云很不聽從也禮記曲禮云很毋求勝鄭注很鬩也謂爭訟也）今諸言邊可不救而安者宜誠（疑試）以其身若子弟補邊太守令長丞尉然後是非之情乃定救邊乃

無患邊無患中國乃得安寧

實邊第二十四

夫制國者必照察遠近之情僞僖廿八年左傳云民之情僞盡知之矣預禍福之所從來預下脫一字說苑權謀篇云知命者預見存亡禍福之原呂氏春秋召類篇云禍福之所自來衆人以爲命焉不知其所由乃能盡羣臣之筋力莊子徐無鬼篇云筋力之士矜難而保其邦家詩瞻彼洛矣云保其家邦前羌始叛草創新起器械未備虜或持銅鏡以象兵或負板案以類楯惶懼擾攘未能相持一城易制爾御覽三百五十七作遑遽擾攘未能相一誠易制也郡縣皆大熾後漢書西羌傳論云永初之閒羣種蜂起自西戎作逆未有陵斥上國若斯其熾也詩六月云玁狁孔熾毛傳熾盛也續漢書五行志云姦慝大熾

王先生云郡縣下有脫文宜言郡縣不爲意以至寇熾之事及百姓暴被殃禍亡失財貨人哀奮怒各欲報讎哀當作裒與懷同史記司馬相如傳喻巴蜀檄云人懷怒心如報私讎而將帥皆怯劣軟弱不敢討擊但坐調文書以欺朝廷史記李斯傳云高聞其文書相往來漢書匈奴傳顏師古注調發也實殺民百則言一殺虜一則言百或虜實多而謂之少或實少而謂之多後漢書皇甫規傳云羌戎潰叛不由承平皆由邊將失於綏御乘常守安則加侵暴苟競小利則致大害微勝則虛張首級軍敗則隱匿不言按規所言乃永和時事而情狀正與此同漢書王莽傳田況上言亦云盜賊始發其原甚微非部吏五人所能禽也咎在長吏不爲意縣欺其郡郡欺朝廷實百言十實千言百朝廷忽略不輒督責遂至延曼連州傾側巧文要取便身利己而非獨憂國之大計哀民之死亡也韓非

子外儲説左下跀危曰公傾側法令漢書刑法志宣帝詔曰聞者吏用法巧文寖深趙充國傳充國曰諸君但欲便文自營非爲公家忠計也按便身利己卽賈誼傳所云見利則逝見便則奪有便吾身者則欺賣而利之也又放散錢穀殫盡府庫乃復從民假貸彊奪財貨千萬之家削身無餘萬民匱舊作遺竭因隨以死亡者皆吏所餓殺也後漢書龐參傳云比年羌寇特困隴右供徭賦役爲損日滋官負人責數十億萬今復募發百姓調取穀帛衒賣什物以應吏求外傷羌虜內困徵賦縣官不足輒貸於民民已窮矣將從誰求西羌傳云自羌叛十餘年閒兵連師老不暫寧息軍旅之費轉運委輸用二百四十餘億府帑空竭延及內郡邊民死者不可勝數并涼二州遂至虛耗其爲酷痛甚於逢虜後漢書南蠻傳云中郎將尹就討益州叛羌益州諺曰虜來尚可尹來殺我王氏所言正指就等漢書王莽傳云田況言今空復多出將率郡縣苦之反甚於賊又云太師更始合將鋭士十餘萬人所

過放縱東方爲之語曰寧逢赤眉不逢太師太師尚可更始殺我卒如田況之言意與此同寇鈔賊虜忽然而過未必死傷至吏舊作使所搜索剽奪方言云搜畧求也就室曰搜於道曰畧說文云索入家搜也經典通用索游踵塗地游當爲旋漢書王子侯表序云旋踵亦絕鼂錯傳云前死不還踵顏師古注還讀曰旋旋旋踵回旋其足也蒯通傳云劉項分爭使人肝腦塗地或覆宗滅族絕無種類或孤婦女王先生云孤下當有脫字繼培按當作幼孤史記司馬相如傳云幼孤爲奴或云孤孤婦女謂畧取婦女使之孤獨也漢書南粵傳文帝賜佗書云寡人之妻孤人之子爲人奴婢遠見販賣後漢書光武帝紀建武七年詔吏人遭饑亂及爲青徐賊所畧爲奴婢下妻欲去留者恣聽之敢拘制不還以賣人法從事晉書刑法志陳羣新律序云舊律盜律有和賣買人至令舊作今不能自活舊作治者不可勝數也疑衍此之感天致災尤逆陰陽漢書嚴助

傳淮南王安上書云臣聞軍旅之後必有凶年言民之各以其愁苦之氣薄陰陽之和感天地之精而災氣爲之生也魏相傳相上書亦用淮南語且夫土重遷當作安土重遷漢書元帝紀永光四年詔曰安土重遷黎民之性骨肉相附人情所願也通典一引崔實政論云小人之情安土重遷寧就飢餒無適樂土之慮戀慕墳墓見救邊篇注賢不肖之所同也民之於徙王先生云於徙疑畏徙之誤甚於伏法伏法不過家一人死爾諸亡失財貨奪土遠移不習風俗不便水土類多滅門少能還者代馬望北狐死首丘後漢書班超傳云狐死首丘代馬依風文選古詩十九首李善注引韓詩外傳云詩曰代馬依北風飛鳥棲故巢皆不忘本之謂也邊民謹頓讀爲鈍尤惡內留雖知禍大舊作人猶願守其緒業鹽鐵論論誹篇云緒業不備者不可以言理死其本處誠不欲去之極

太守令長畏惡軍事皆以素非此土之人痛不著身禍不及我家（列女傳魏曲沃負曰有禍必及吾家）故爭郡縣以內遷（爭下當脫壞字敍錄云令壞郡縣毆民內遷）至遣吏兵（漢書何並傳云並自從吏兵追林卿）發民禾稼發徹屋室（詩十月之交云徹我牆屋趙策孟嘗君曰毋發屋室按發字與上複此當讀爲廢說文云廢屋傾也）夷其營壁（漢書趙充國傳云行必爲戰備止必堅營壁呂氏春秋似順論云往而夷夫壘高誘注夷平也）破其生業（漢書荆王劉賈傳云入楚地燒其積聚以破其業高帝紀云不事家人生產作業後漢書循吏仇覽傳云勸人生業爲制科令至於果菜爲限雞豕有數）彊劫驅掠與其內入捐棄羸弱使死其處當此之時萬民怨痛泣血叫號（詩雨無正云鼠思泣血叫號見救邊篇）誠愁鬼神而感天心然小民謹劣不能自達闕廷依官吏家

迫將威嚴威舊作滅據程本改韓非子六反篇云吏威嚴而民聽從不敢有摯摯疑逵字形相近而誤民既奪土失業又遭蝗旱飢匱舊作遺逐道東走流離分散呂氏春秋貴直論狐援曰吾今見民之洋洋然東走而不知所處或云此東疑奔之誤後漢書隗囂傳討王莽檄云生者則奔亡流散幼孤婦女流離係虜幽冀兗豫荊揚蜀漢飢餓死亡復失太半後漢書馮衍傳云四垂之人肝腦塗地死亡之數不啻太半漢書高帝紀韋昭注凡數三分有二爲太半有一分爲少半邊地遂以丘荒意林云邊境牛羊不可久荒荒牛羊即上文太半之誤丘舊作兵據敍錄改後漢書梁統後冀傳云包含山藪遠帶丘荒文選陸士衡歎逝賦云憖城闕之丘荒隸釋廣漢太守沈子琚緜竹江堰碑云躬耕者少溉田丘荒丘荒即丘荒按廣雅釋詁云丘空也漢書息夫躬傳丘亭後漢書龐參傳丘城皆取此義西羌傳虞詡疏曰衆羌內潰郡縣兵荒兵荒疑亦丘荒之誤至今無人原禍所起皆

吏過爾後漢書西羌傳云羌既轉盛而二千石令長多內郡人並無戰守意皆爭上徙郡縣以避寇難朝廷從之遂移隴西徙襄武安定徙美陽北地徙池陽上郡徙衙百姓戀土不樂去舊遂乃刈其禾稼發徹室屋夷營壁破積聚時連旱蝗飢荒而驅蹙劫略流離分散隨道死亡或棄捐老弱或爲人僕妾喪其大半皆本此文**夫土地者民之本也誠不可久荒以開敵心**開敵心舊作開墾據意林改敘錄亦云今又上荒慮必生心列女傳晉獻驪姬云邊境無主則開寇心夫寇生其心民嫚其政國之患也按晉語開作啓漢避景帝諱以啓爲開**且扁鵲之治病也**史記云扁鵲者姓秦氏名越人**審閉結**漢書藝文志論經方云通閉解結反之於平**而通鬱滯**素問六元正紀大論黃帝曰鬱之甚者治之奈何岐伯曰木鬱達之火鬱發之土鬱奪之金鬱泄之水鬱折之滯字舊脫據意林補淮南子俶眞訓云血脈無鬱滯**虛者補之實者瀉之**素問三部九候論岐伯曰必先度其形之肥瘦以調其氣之虛實實則瀉之虛則補之

故病愈而名顯伊尹之佐湯也設輕重而通有無損積餘以補不足故殷治而君尊管子地數篇云昔日桀霸有天下而用不足湯有七十里之薄而用有餘伊尹善通移輕重開闔決塞通於高下徐疾之策坐起之費時也賈誼痛於偏枯躄痱之疾新書解縣篇云天下非特倒縣而已也又類躄且病痱夫躄者一面病痱者一方痛說文云痱風病也痛半枯也素問生氣通天論云汗出偏沮使人偏枯今邊郡千里地各有兩縣戶財置數百漢書文帝紀二年顏師古注財與纔同而太守周迴萬里空無人民美田棄而莫墾發漢書劉屈氂傳云與美田以利子弟賓客中州內郡漢書司馬相如傳大人賦云在乎中州顏師古注中州中國也內郡注見救邊篇規地拓與柝同境不能半舊作生孫侍御改邊而口戶百萬口戶疑倒田畝一全王先生云全當作金謂直貴也古以

一斤為一金繼培按一蓋不字之壞管子禁藏篇云戶籍田結者所以知貧富之不訾也故善者必先知其田乃知其人田備然後民可足也不全即不備之謂**人衆地荒無所容足**荒當為狹商子算地篇云地狹而民衆者民勝其地來民篇云土狹而民衆史記貨殖傳云地小人衆又云土地小狹民人衆鹽鐵論園池篇云三輔迫近於山河地狹人衆皆其證也通典一引崔實政論云今青齊兗冀人稠土狹不足相供而三輔左右及涼幽州內附近郡皆土曠人稀厥田宜稼悉不肯墾今宜徙貧民不能自業者於寬地此亦開草闢土振民之術也晏子春秋雜下云不得容足而寓焉**此亦偏枯躄痱之類也周書曰土多人少莫出其材是謂虛土可襲伐也土少人衆民非其民可匱**舊作遺**竭也是故土地人民必相稱也**逸周書文傳解云土多民少非其土也土少人多非其人也又云開望曰土廣無守可襲伐土狹無食可圍竭二禍之來不稱之災孔晁注政以人土相稱為善也

禮記王制云凡居民量地以制邑度地以居民地邑民居必參相得也尉繚子兵談篇云量土地肥墝而立邑建城稱地以城稱人以人稱粟三相稱則內可以固守外可以戰勝商子來民篇云地方百里者山陵處什一藪澤處什一谿谷流水處什一都邑蹊道處什一惡田處什二良田處什四以此食作夫五萬其山陵谿谷藪澤可以給其材都邑蹊道足以處其民先王制土分民之律也今秦之地方千里者五而穀土不能處二田數不滿百萬其藪澤谿谷名山大川之材物貨寶又不盡爲用此人不稱土也

今邊郡多害而役劇後漢書和帝紀永元十三年詔曰幽并涼州戶口率少邊役衆劇動入禍門史記趙世家李兌曰同類相推俱入禍門不爲興利除害有以勸之則長無與復之而內舊作門有寇戎之心管子法法篇云期於興利除害治國篇云先王者善爲民除害興利故天下之民歸之所謂興利者利農事也所謂除害者禁害農事也農事勝則入粟多入粟多則國富國富則安鄉重家安鄉重家則雖變俗易習敺衆移民

至於殺之而民不惡也此務粟之功也上不利農則粟少粟少則人貧人貧則輕家輕家則易去易去則上令不能必行上令不能必行則禁不能必止禁不能必止則戰不必勝守不必固矣鹽鐵論未通篇云傳曰大軍之後累世不復方今郡國田野有隴而不墾城郭有宇而不實邊郡何饒之有乎漢書嚴助傳淮南王安上書云四年不登五年復蝗民生未復徐樂傳云間者關東五穀數不登年歲未復民多窮困重之以邊境之事推數循理而觀之民宜有不安其處者矣不安故易動易動者土崩之埶也鼂錯傳云陛下不救則邊民絕望而有降敵之心西羌北虜必生闚欲誠大憂也百工制器咸塡其邊散之兼倍豈有私哉乃所以固其內爾先聖制法亦務實邊蓋以安中國也譬猶家人遇寇賊者必使老小羸輭居其中央丁彊武猛衞其外白虎通五行篇云丁者強也論衡無形篇云身氣丁彊內人奉其養外人

與其難蛩蛩距虛更相恃仰乃俱安存呂氏春秋不廣篇云北方有獸名曰蹶鼠前而兎後趨則跲走則顚常爲蛩蛩距虛取甘草以與之蹶有患害也蛩蛩距虛必負而走爾雅釋地作邛邛岠虛韓非子外儲說左上云不恃仰人而食新書道德說云物莫不仰恃德論衡感類篇云功無大小德無多少人須仰恃賴之者則爲美矣詔書法令二十萬口邊郡十萬歲舉孝廉一人員除世舉廉吏一人詔書以下文有脫誤按後漢書丁鴻傳云永元四年代袁安爲司徒時大郡口五六十萬舉孝廉二人小郡口二十萬并有蠻夷者亦舉二人帝以爲不均下公卿會議鴻與司空劉方上言凡口率之科宜有階品蠻夷錯雜不得爲數自今郡國率二十萬口歲舉孝廉一人四十萬二人六十萬三人八十萬四人百萬五人百二十萬六人不滿二十萬二歲一人不滿十萬三歲一人帝從之和帝紀永元十三年詔曰幽并涼州戶口率少邊役衆劇束修良吏進仕路狹撫接夷狄以人爲本其令緣邊郡口十萬以上歲舉孝廉一人不滿十

萬二歲舉一人五萬以下三歲舉一人羌反以來戶口減少又數易太守至十歲不得舉當職勤勞而不錄毛詩卷耳序云知臣下之勤勞汝墳鄭箋云賢者而處勤勞之職賢俊蓄積而不悉不字舊脫据程本補新語術事篇云道術蓄積而不舒吳越春秋伍子胥曰平王卒吾志不悉矣衣冠無所覬望漢書杜周傳云衣冠謂欽爲盲杜子夏顏師古注衣冠謂士大夫也說文云覬欽幸也小爾雅廣言云覬望也農夫無所貪利是以逐稼中災莫肯就外古之利其民誘之以利弗脅以刑利其民之利當爲理理治也襄廿六年左傳云古之治民者勸賞而畏刑杜注樂行賞而憚用刑易曰先王以省方觀民設教觀象辭是故建武初後漢光武紀元得邊郡戶雖數百令歲舉孝廉以召來人今誠宜權時令邊郡舉孝一人廉吏世

舉一人益置明經百石一人內郡人將妻子來占著占舊作召史記田叔傳云因占著名數家於武功索隱云言卜日而自占著家口名數隸於武功猶今附籍然也漢書宣帝紀地節三年詔曰流民自占八萬餘口顏師古注占者謂自隱度其戶口而著名籍也二家說占字各異顏氏得之五歲以上與居民同均皆得選舉又募運民耕邊入穀遠郡千斛近郡二千斛拜爵五大夫漢書百官公卿表云爵九級五大夫可不欲爵者使食倍賈於內郡可蓋其之誤賈讀爲價墨子號令篇云牧粟米布錢金出內畜產皆爲平直其賈與主人券書之事已皆各以其賈倍償之又用其賈貴賤多少賜爵欲爲吏者許之其不欲爲吏而欲以受賜賞爵祿若贖士親戚所知罪人者以令許之此文本於彼如此君子小人各有所利則雖欲令無往弗能止也此均二字舊倒苦樂平傜役充邊境

安中國之要術也

潛夫論卷第五終

潛夫論卷第六

蕭山汪繼培箋

卜列第二十五

天地開闢有神民民神異業精氣通御覽一引尚書中候云天地開闢楚語觀射父云古者民神不雜民之精爽不攜貳者則明神降之在男曰覡在女曰巫是使制神之處位次主而爲之牲器時服而後使先聖之後之有光烈而敬恭明神者以爲之祝使名姓之後而心率舊典者爲之宗於是乎有天地神名類物之官是謂五官各司其序不相亂也民是以能有忠信神是以能有明德民神異業敬而不瀆故神降之嘉生民以物享禍災不至求用不匱路史前紀三引此文誤以神民爲帝者名氏又以行字帶上讀陳耀文天中記十一嘗正之**行有招召**荀子勸學篇云言有召禍也行有招辱也**命有遭隨**莊子列禦寇篇云達大命者隨達小命者遭春秋繁露重政篇

云人始生有大命是其體也有變命存其間者其政也政不齊則人有忿怒之志若將施危難之中而時有遭隨者神明之所接絕屬之

吉凶之期天難諶斯

符也遭命隨命注見論榮篇詩大明諶今作忱漢書貢禹傳後漢書胡廣傳續漢書律歷志論春秋繁露如天之爲篇說文諶字下並與此同

聖賢雖察不自專故立卜筮以質神靈

禮記祭義云昔者聖人建陰陽天地之情立以爲易易抱龜南面天子卷冕北面雖有明知之心必進斷其志焉示不敢專以尊天也史記龜策傳云君子謂夫輕卜筮無神明者悖背人道信禎祥者鬼神不得其正故書建稽疑五謀而卜筮居其二五占從其多明有而不專之道也白虎通蓍龜篇云聖人獨見先覩必問蓍龜何示不自專也論衡辨祟篇云聖人舉事先定於義義已定立決以卜筮示不專已明與鬼神同意共指欲令衆下信用不疑卜筮篇云俗信卜筮謂卜者問天筮者問地蓍神龜靈兆數報應故捨人議而就卜筮違可否而信吉凶實知篇云若蓍龜之知吉凶蓍草稱神龜稱靈矣

孔子稱蓍之德圓

而神卦之德方以智又曰君子將有行也問焉而以言其受命而嚮（並易繫辭上傳而嚮字王弼本作如古通）是以禹之得皋陶文王之取呂尚皆兆告其象卜底其思以成其吉（六韜文師篇云文王將田史編布卜曰田於渭陽將大得焉非龍非彨非虎非羆兆得公侯天遺汝師以之佐昌施及三王文王曰兆致是乎史編曰編之太祖史疇爲禹占得皋陶兆比於此文王乃齋三日田於渭陽卒見太公坐茅以漁乃載與俱歸立爲師宋書符瑞志上史編作史徧云王至於磻溪之水呂尚釣於涯王下趨拜曰望公七年乃今見光景於斯按志所言皆本緯書）夫君子聞善則勸樂而進（脫一字）聞惡則循（當作修）省而改尤故安靜而多福小人聞善（下脫六字）聞惡（仁字補）卽慴懼而妄爲故狂躁而多禍是故凡卜筮者蓋所問吉凶之情言與

衰之期令人修身慎行以迎福也漢書王貢兩龔鮑傳序云嚴君平卜筮於成都市以爲卜筮者賤業而可以惠衆人有邪惡非正之問則依蓍龜爲言利害與人子言依於孝與人弟言依於順與人臣言依於忠各因埶導之以善從吾言者已過半矣且聖王之立卜筮也不違民以爲吉不專任以斷事論衡卜筮篇云世人言卜筮者多得誠實者寡論者或謂蓍龜可以參事不可純用故鴻範之占大同是尚鴻今作洪書又曰假爾元龜罔敢知吉書西伯戡黎假爾今作格人史記殷本紀作假人禮記曲禮云假爾泰龜有常詩云我龜既厭不我告猶小旻從此觀之蓍龜之情儻有隨時儉易易繫辭上傳云辭有險易釋文引京房注險惡也易善也古字險儉通用易屯卦動乎險中隸釋劉修碑作儉否卦儉德李鼎祚周易集解引虞翻曰儉或作險襄廿九年左傳險而易行史記吳世家作儉不以誠邪將世無史

蘇之材（僖十五年左傳）識神者少乎及周史之筮敬仲（莊廿二年左傳）莊叔之筮穆子（昭五年左傳）可謂能探賾索隱鉤深致遠者矣（易繫辭上傳）使獻公早納史蘇之言穆子宿備莊叔之戒則驪姬豎牛之讒亦將無由而入無破國危身之禍也聖人甚重卜筮然不疑之事亦不問也（桓十一年左傳云卜以決疑不疑何卜）甚敬祭祀非禮之祈亦不爲也（禮記曲禮云非其所祭而祭之名曰淫祀）故曰聖人不煩卜筮（哀十八年左傳）敬鬼神而遠之（論語）夫鬼神與人殊氣異務非有事故何奈於我（史記吳世家專諸曰是無奈我何）故孔子善楚昭之不祀河（哀六年左傳）而惡季氏之旅泰山（論語）今俗人筴（疑狎）於卜筮而

祭非其鬼論語云非其鬼而祭之諂也豈不惑哉亦有妄傳姓於
五音設五宅之符第論衡詰術篇云五音之家用口調姓名及字用姓定其名用名
正其字口有張歙聲有外內以定五音宮商之實又
云圖宅術曰宅有八術以六甲之名數而第之第定
名立宮商殊別宅有五音姓有五聲宅不宜其姓姓
與宅相賊則疾病死亡犯罪遇禍王先生云傳當作
傳其爲誣也甚矣古有陰陽然後有五行春秋繁露五行相生
篇云天地之氣合而爲一分爲陰陽判爲四時列爲五行行者行也其行不同故謂之五行五帝
右據行氣家語五帝篇孔子曰昔某也聞諸老聃曰天有五行木火金水土分時化育以成萬
物其神謂之五帝釋名釋天云五行者五氣也白虎
通五行篇云言行者欲言爲天行氣之義也王先生
云右疑當作各繼培按各字是也漢書律歷志云三代各據一統以生人民禮記大傳云王
者禘其祖之所自出以其祖配之鄭注王者之先祖
皆感太微五帝之精以生蒼則靈威仰赤則赤熛怒

黃則含樞紐白則白招拒黑則汁光紀疏云蒼則靈威仰至汁光紀者春秋文耀鉤文宣三年公羊傳何休注上帝五帝在太微之中迭生子孫更王天下疏云此五帝者卽靈威仰之屬）載世遠乃有姓名敬民（敬民蓋號氏之誤）名字者蓋所以別衆猥而顯此人爾非以紀（舊作絕）五音而定剛柔也今俗人不能推紀本祖而反欲以聲音言語定五行誤莫甚焉（論衡詰術篇云人之有姓者用稟於天天得五行之氣爲姓耶以口張歙聲外內爲姓也如以本所稟於天者爲姓若五穀萬物稟氣矣何故用口張歙聲內外定正之乎）夫魚處水而生（莊子至樂篇文）鳥據巢而卵卽（卽疑衍蓋卯之駁文）不推其本祖諧音而可卽（與則同）呼鳥爲魚可內（讀爲納）之水乎呼魚爲鳥可棲之木邪（說文云西鳥在巢上或从木妻作棲）此不然之事也命駒曰犢

終必（舊作不）爲馬是故凡姓之有音也必隨其本生祖所王也太皞木精承歲而王夫其子孫咸當爲角神農火精承熒惑而王夫其子孫咸當爲徵黃帝土精承鎮而王夫其子孫咸當爲宮少皞金精承太白而王夫其子孫咸當爲商顓頊水精承辰而王夫其子孫咸當爲羽（漢書律歷志云五星之合於五行水合於辰星火合於熒惑金合於太白木合於歲星土合於鎮星御覽五引尚書考靈耀云歲星木精熒惑火精鎮星土精太白金精辰星水精也開元占經十九引春秋運斗樞云歲星帥五精聚於東方七宿蒼帝以仁良溫讓起熒惑帥五精聚於南方七宿赤帝以寬明多智畧起填星帥五精聚於中央黃帝以重厚賢聖起太白帥五精聚於西方七宿白帝以勇武誠信多節義起辰星帥五精聚於北方七宿黑帝以清平靜潔通明起填與鎮同）雖號

百變音行不易俗工又曰商家之宅宜出西門論衡詰術篇云圖宅術曰商家門不宜南向徵家門不宜北向則商金南方火也徵火北方水也水勝火火賊金五行之氣不相得故五姓之宅門有宜嚮嚮得其宜富貴吉昌嚮失其宜貧賤衰耗此復虛矣五行當出乘其勝入居其隩乃安吉商家向東入文有脫誤東入反以爲金伐木則家中精神日戰鬭也五行皆然又曰宅有宮商之第直符之歲論衡調時篇云太歲在子子宅直符午宅爲破既然者於舊作放其上增損門數卽可以變其音而過其符邪今一宅也同姓相代或吉或凶一官也同姓相代或遷或免一宮也成康居之日以興幽厲居之日以衰由此觀之吉凶興衰不在宅明矣論衡

詰術篇云今府廷之內吏舍連屬門嚮有南北長吏舍傳閭居有東西長吏之姓必有宮商諸吏之舍必有徵羽安官遷徙未必角姓門南嚮也失位貶黜未必商姓門北出也**及諸神祇太歲豐隆鈎陳太陰將軍之屬**韓非子飾邪篇云豐隆五行太乙王相攝提六神五括天河殷槍歲星王逸離騷注云豐隆雷師漢書揚雄傳云詔招搖與太陰兮伏鉤陳使當兵張晏曰太陰歲後三辰也服虔曰鉤陳紫宮外營陳星按抱朴子登涉篇有諸皐太陰將軍**此乃天吏非細民所當事也天之有此神也皆所以奉成陰陽而利物也**漢書律歷志云萬物棣通族出於寅人奉而成之利何本作吏按利吏並誤當是剌字說文云剌裁也从刀从未剌利字形相近而誤**若人治之有牧守令長矣向之何怒背之何怨君民道近不宜相責況神致貴與人異禮豈可望乎**論衡譏日篇云堪輿歷歷上諸神非一聖人不言諸子不傳殆

無其實天道難知假令有之諸神用事之日也忌之何福不諱何禍王者以甲子之日舉事民亦用之王者聞之不刑法也夫王者不怒民不與已相避天神何爲獨當責之說文云譴責望也經典通作望且欲使人而避鬼是即道路不可行而室廬不復居也此謂賢人君子秉心方直精神堅固者也詩定之方中云秉心塞淵毛傳秉操也淮南子氾論訓云聖人心平志易精神內守物莫足以惑之魯語云血氣彊固至如世俗小人醜妄婢婦禮記曲禮鄭注婢之言卑也淺陋愚戇漸染既成又數揚精破膽令不順精誠所向莊子漁父篇云眞者精誠之至也不精不誠不能動人論衡感虛篇云精誠所加金石爲虧而彊之以其所畏直亦增病爾何以明其然也夫人之所以爲人者非以此八尺之身也考工記云人長八尺說文云夫丈夫也周制以八寸爲尺十尺

為丈人長八尺故曰丈夫乃以其有精神也人有恐怖死者非病之所加也非人功之所辜也句有誤字然而至於遂不損者損謂病減也後漢書袁安後閎傳云封觀當舉孝廉以兄名位未顯遂稱風疾後數年兄得舉觀乃稱損方言云斟益也凡病少愈而加劇亦謂之不斟郭注言雖少損無所益也精誠去之也漢書東方朔傳云精神散而邪氣及孟賁狎猛虎而不惶舊作蓋奔柙猛虎而不惶按韓非子守道篇云服虎而不以柙此賁育之所患意與此背荀子臣道篇云狎虎則危災及其身論衡遭虎篇亦云夫虎山林之獸不狎之物也廣雅釋詁云惶懼也嬰人畏螻蟻而發聞嬰人猶嬰兒發聞謂發聲聞於人也韓策張儀說韓王曰夫秦卒之與山東之卒也猶孟賁之與怯夫也以重力相壓猶烏獲之與嬰兒也是亦孟賁嬰兒對舉之證今通士荀子不苟篇云物至而應事起而辨若是則可謂通士矣淮南子修務訓云通士者不必孔墨之類或欲彊羸病之

愚人禮記問喪云身病體羸韓非子十過篇云士大夫羸病必之其所不能大戴禮曾子立事篇云彊其所不能吾又恐其未盡善也論語云未盡善也移風易俗之本乃在開其心而正其精今民生不見正道而長於邪淫誑惑之中其信之也難卒讀爲猝解也惟王者能變之漢書地理志云孔子曰移風易俗莫善於樂言聖王在上統理人倫必務其本而易其末淮南子泰族訓云誠決其善志防其邪心啓其善道塞其姦路與同出一道則民性可善而風俗可美也

巫列第二十六

凡人吉凶以行爲主以命爲決行者己之質也命者天之制也白虎通壽命篇云命者何謂也人之壽也天命已使生者也在於己者

固可爲也在於天者不可知也巫覡祝請亦其助也然非德不行巫史祈祝者蓋所以交鬼神而救細微爾至於大命（哀十五年左傳云大命隕墜）末如之何（論語云吾末如之何也已矣）譬民人之請謁於吏矣可以解微過不能脫正罪設有人於此（孟子云有人於此）晝夜慢侮君父之教干犯先王之禁不克己心思改過（脫一字）善而苟驟發請謁以求解免必不幾矣（幾讀爲冀）不若修己小心畏愼無犯上之必令也（必令疑倒述赦篇云姦軌之滅十八九可勝必也卽其例或云必令謂罰嚴而必也）故孔子不聽子路而云丘之禱久矣（論語）孝經云夫然故生則親安之祭則鬼享之由此觀之德義無違鬼

舊脫神乃享鬼神愛享福祚乃隆昭廿年左傳云鬼神用享國受其福故詩云降福穰穰降福簡簡威儀板板既醉既飽福祿來反詩執競板板今作反反此言人德義美茂神歆享醉飽乃反報之以福也虢公舊脫延神而亟亡莊卅二年左傳趙嬰祭天而速滅成五年左傳此蓋所謂神不歆其祀民不即其事也昭元年左傳故魯史書曰國將興聽於民將亡聽於神莊卅二年左傳楚昭不穰雲哀六年左傳宋景不移咎呂氏春秋制樂篇子產距禳竈昭十七年左傳邾文公違卜史文十三年左傳此皆審已知道身以俟命者也禮記中庸云君子居易以俟命身上脫一字當是修字孟子云殀壽不貳修身以俟之所以立命也晏平仲有言祝有益也詛亦

有損也昭廿年左傳季梁之諫隨侯桓六年左傳宮之奇說虞公僖五年左傳可謂明乎天人之道達乎神民之分矣夫妖不勝德史記殷本紀伊陟曰臣聞妖不勝德邪不伐正淮南子繆稱訓云正身直行衆邪自息天之經也孝經雖時有違然智者守其正道而不近於淫鬼所謂淫鬼者閑邪精物史記留侯世家贊云學者多言無鬼神然言有物齊悼惠王世家魏勃少時欲求見齊相曹參家貧無以自通乃常獨早夜掃齊相舍人門外相舍人怪之以爲物而伺之索隱姚氏云物怪物說文云毅改大剛卯也以逐精鬼漢書藝文志雜占類有人鬼精物六畜變怪二十一卷非有守司眞神靈也大戴禮曾子天員篇云陽之精氣曰神陰之精氣曰靈神靈者品物之本也鬼之有此猶人之有姦言賣平以干求者也賣平以市道爲喻周禮小宰聽賣買以質劑鄭司農云質劑謂

市中平賈今時月平是也漢書食貨志云諸司市常以四時中月實定所掌爲物上中下之賈各自用爲其市平法言學行篇云一閧之市必立之平李軌注市無平必失貴賤之正鹽鐵論本議篇云開委府於京以籠貨物賤即買貴則賣是以縣官不失實商賈無所貿利故曰平準禁耕篇云山海有禁而民不傾貴賤有平而民不疑縣官設衡立準人從所欲雖使五尺童子適市莫之能欺今罷去之則豪民擅其用而專其利決市閭巷高下在口吻貴賤無常本議篇又云行姦賣平農民重苦賣平即所謂高下在口吻也續漢書五行志云桓帝之初京都童謠曰游平賣印自有平不辟賢豪及大姓後漢書竇武傳章懷注引平作評蓋動傳注引續漢書云中平元年黃巾賊起故武威太守酒泉黃儁被徵失期梁鵠欲奏誅儁動爲言得免儁以黃金二十斤謝動動謂儁曰吾以子罪在八議故爲子言吾豈賣評哉終辭不受評與平同郭太後許劭傳劭與從兄靖俱有高名好共覈論鄉黨人物每月輒更其品題故汝南俗有月旦評焉月旦評亦取月平之義漢時市列每月評定貴賤如今時朔望有長落矣

若或誘之說文

云羨相訹呼也或从言秀則遠來不止而終必有咎宣十二年左傳云必有大咎鬼神亦然故申繻曰人之所忌其氣炎以取之人無釁焉妖不自作莊十四年左傳炎正義本作燄釋文作炎按漢書五行志藝文志並作炎顏師古曰炎讀與燄同風俗通過譽篇亦云人之所忌炎自取之續漢書五行志贊云妖豈或妄氣炎以觀亦用此傳文也是謂人不可多忌多忌妄畏實致妖祥

且人有爵位鬼神有尊卑天地山川社稷五祀禮記王制云天子祭天地諸侯祭社稷大夫祭五祀天子祭天下名山大川諸侯祭名山大川之在其地者百辟卿士有功於民者禮記月令云命百縣雩祀百辟卿士有益於民者祭法云此皆有功烈於民者也天子諸侯所命祀也僖卅一年左傳云不可以閒成王周公之命祀若乃巫覡之謂獨語小人之所望畏土公飛尸咎

魁北君衙聚當路直符七神
論衡解除篇云宅中主神有十二焉青龍白虎列十二位龍虎猛神天之正鬼也飛尸流凶不敢安集
及民間繕治微蔑小禁
後漢書來歙後歷傳云皇太子驚病不安避幸安帝乳母野王君王聖舍太子乳母王男廚監邴吉等以爲聖舍新繕修犯土禁不可久御鍾離意傳章懷注引東觀記日意在堂邑出俸錢帥人作屋功作既畢爲解土祝日興功役者令百姓無事如有禍祟令自當之論衡解除篇云世間繕治宅舍鑿地掘土功成作畢解謝土神名日解土爲土偶人以像鬼形令巫祝延以解土土神已祭之後心快意喜
本非天王所當憚也
謂鬼神解謝殃禍除去舊時京師不防動功造禁
以來吉祥應瑞
漢書車千秋傳云每有吉祥嘉應數褒賞丞相王莽傳云神祇懽喜申以福應吉瑞累仍按應瑞字倒瑞應見三式篇
子孫昌熾
詩閟宮云俾爾昌而熾後漢書西南夷傳朱輔上遠夷樂德歌詩云子孫昌熾
不能過前且夫以君畏臣以上

需下則必示弱而取陵僖八年左傳云示之弱矣昭十八年傳云下陵上替殆非致福之招也易震象曰震來虩虩恐致福也周禮男巫招弭以除疾病鄭注招招福也嘗觀上記注見思賢篇人君身修正漢書匡衡傳云聖德純備莫不修正賈山傳顏師古注修正謂修身正行者宣帝紀元康元年詔云吏民厥身修正賞罰明者國治而民安民安樂者天悅喜而增歷數故書曰王以小民受天永命召誥孔子曰天之所助者順也人之所助也信也履信思乎順又以尚賢是以自天祐之吉無不利易繫辭上傳此最卻凶災而致福善之本也漢書李尋傳云凶災銷滅子孫之福不旋日而至治要載仲長統昌言云王者官人無私唯賢是親勤恤政事屢省功臣賞錫期於功勞刑罰歸乎衆惡政平民安各得其所則天地將自從我而正矣休祥將自應我而集矣惡

物將自舍我而亡矣意與此同

相列第二十七

詩所謂天生烝民有物有則烝民是故人身體形貌皆有象類春秋繁露人副天數篇云人有三百六十節偶天之數也形體骨肉偶地之厚也上有耳目聰明日月之象也體有空竅理脈川谷之象也心有哀樂喜怒神氣之類也淮南子精神訓云頭之圓也象天足之方也象地骨法角肉各有分部以著性命之期顯貴賤之表論衡骨相篇云人命稟於天則有表候於體察表候以知命猶察斗斛以知容矣表候者骨法之謂也又云貴賤貧富命也操行清濁性也非徒命有骨法性亦有骨法又云知命之人見富貴於貧賤睹貧賤於富貴按骨節之法察皮膚之理以審人之性命無不應者一人之身而五行八卦之氣具焉易乾鑿度孔子曰八卦之序成立則五氣變形故人生而應八

卦之體得五氣以爲五常按五氣五行之氣論衡物勢篇云一人之身含五行之氣故一人之行有五常之操五常五行之道也故師曠曰赤色不壽火家性易滅也逸周書太子晉解云汝色赤白火色不壽易之說卦巽爲人多白眼相揚四白者兵死此猶金伐木也王先生云四白謂睛之上下左右皆露白易所謂多白眼也相婦人法目有四白五夫守宅見唐書方技袁天綱傳經曰近取諸身遠取諸物易繫辭下傳聖人有見天下之至賾而擬諸形容象其物宜繫辭下傳王本有下有以字無至字諸下有其字此亦賢人之所察紀往以知來而著爲憲則也人之相法或在面部或在手足或在行步或在聲響論衡骨相篇云相或在內或在外或在形體或在聲氣面部欲溥平潤澤王先生云溥當作博手足欲深細明直

行步欲安穩覆載按安穩古作安隱隱亦安也詩緜鄭箋云民心定乃安隱其居三國志武帝傳裴松之注引鄭康成盤庚注云安隱於其衆董卓傳注引華嶠漢書曰卓欲遷都長安召公卿以下大議司徒楊彪曰昔盤庚五遷殷民胥怨故作三篇以曉天下之士而海內安穩安穩與安隱同成二年左傳韓厥俯定其右杜注俯安隱之莊子應帝王篇其臥徐徐司馬彪注徐徐安隱貌音聲欲溫和中宮頭面手足身形骨節皆欲相副稱此其略要也夫骨法爲祿相表氣色爲吉凶候荀子非相篇云相人之形狀顏色而知其吉凶妖祥論衡自然篇云吉凶蜚色見於面人不能爲色自發也自紀篇云人面色部七十有餘頰肌明潔五色分別隱微憂喜皆可得察占射之者十不失一部位爲年時脫一字德行爲三者招天授性命決然表有顯微色有濃淡行有薄厚命有去就是以吉凶期會祿位成敗

有不必下有脫字非聰明慧智禮記中庸云惟天下至聖爲能聰明叡智用心精密孰能以中昔內史叔服過魯公孫敖孫舊作妖王先生云妖當是姓字之誤古者孫姓通用詩麟之趾振振公姓毛傳公姓公孫也聞其能相人也而見其二子焉叔服曰穀也食子難也收子穀也豐下必有後於魯文元年左傳及穆伯之老也文伯居養其死也惠叔典哭文十四年左傳王侍郎云典哭疑典喪繼培按喪字是也漢書武五子傳霍光徵王賀典喪顏師古注令爲喪主魯竟立獻子穀之子以續孟氏之後及王孫說相裔如周語子上幾商臣文元年左傳按禮記玉藻鄭注幾猶察也子文憂越椒宣四年左傳叔姬惡食我昭廿八年左傳單襄公察晉厲周語子貢觀邾魯定十五年左傳臧文聽禦說莊十一年

左傳陳咸見張張下脫一字程本作空格漢書有兩陳咸一陳萬年子見萬年傳一王莽時講禮祭酒見莽傳賢人達士漢書王商史丹傳喜傳贊云雖宿儒達士無以加焉察以善心無不中矣及唐舉之相李兌蔡澤史記蔡澤傳許負之相鄧通條侯條侯事見史記絳侯世家佞幸傳云上使善相者相通不云許負此當別有所据雖司命班祿追敘行事弗能過也雖然人之有骨法也猶萬物之有種類材木之有常宜巧匠因象韓非子有度篇云巧匠目意中繩各有所授曲者宜為輪直者宜為輿檀宜作輻榆宜作轂舊脫輪直者宜為五字按御覽九百五十二引崔寔政論云師曠曰人骨法猶木有宜曲者為輪直者為輿檀宜作輻榆宜作轂今据補此其正法通率也率讀如律治要載崔寔政論云不可為天下通率若有其質而工不材材與

裁同晉語云童昏嚚瘖僬僥官師之所不材也可如何故凡相者能期其所極不能使之必至十種之地舊作也膏壤雖肥弗耕不穫易无妄六二不耕穫詩甫田毛傳大田過度而無人功終不能穫千里之馬骨法雖具弗策不致後漢書馬援傳云昔有騏驥一日千里伯樂見之昭然不惑近世有西河子輿亦明相法子輿傳西河儀長孺長孺傳茂陵丁君都君都傳成紀楊子阿臣援嘗師事子阿受相馬骨法考之於行事輒有驗效尉繚子武議篇云良馬無策遠道不致夫瓠而弗琢不成於器鹽鐵論殊路篇云孔子曰瓠不瓠瓠哉瓠哉故人事加則爲宗廟器否則斯養之爨才士而弗仕不成於位若此者天地所不能貴賤鬼神所不能貧富也或王公孫子仕宦終老不至於穀論語子曰三年學不至於穀不易得也孔安國注穀善也釋文引鄭康成注穀祿也此亦當訓穀爲祿或庶

隸廝賤無故騰躍【漢書食貨志云物痛騰躍】窮極爵位此受天性命當必然者也詩稱天難忱斯【忱卜列篇作諶此蓋後人据毛詩改之】性命之質德行之招【質招皆以射的爲喻周禮司裘王大射則共虎侯熊侯豹侯設其鵠鄭司農云方十尺曰侯四尺曰鵠二尺曰正四寸曰質淮南子原道訓云先者則後者之弓矢質的也高誘注質的射者之準藝也呂氏春秋本生篇云萬人操弓共射其一招高誘注招埻的也盡數篇云射而不中反修於招何益於中別類篇云射招者欲其中小也高注並云招埻藝也質準埻同字】參錯授受【舊脫】不易者也然其大要骨法爲主氣色爲侯【史記淮陰侯傳蒯通曰僕嘗受相人之術貴賤在於骨法憂喜在於容色】五色之見王廢有時【舊脫按夢列篇云五行王相謂之時今据補時與下之尤思災爲韻長短經察相篇注引相經云五色並以四時判之春三月青色王赤色相白色四黃黑二色皆死夏三月赤色王白色黃色皆相青

色死黑色囚秋三月白色王黑色相赤色死青黄二色皆囚冬三月黑色王青色相白色死黄與赤二色囚若得其時色王相者吉不得其時色王相若囚死者凶智者見祥修善迎之其有憂色循當作修行改尤愚者反戾不自省思雖休徵見相福轉爲災於戲君子可不敬哉

潛夫論卷第六終

潛夫論卷第七

蕭山汪繼培箋

夢列第二十八

凡夢有直有象有精有想有人有感有時有反有病有性在昔武王邑姜方震太叔夢帝謂已命爾子虞而與之唐及生手掌曰虞（王先生云掌疑文）因以爲名成王滅唐遂以封之（昭元年左傳）此謂直應之夢也（論衡紀妖篇云或曰人亦有直夢夢見甲明日則見甲矣夢見君明日則見君矣曰然人有直夢直夢皆象也其象直耳）詩云維熊維羆男子之祥維虺維蛇女子之祥（斯干）衆維魚矣實維豐年旐維旟矣室家蓁蓁（無羊蓁蓁今作溱溱旟舊作旐）

據程本此謂象之夢也王先生云象下脫一字孔子生於亂世莊子讓王篇孔子曰今吾抱仁義之道以遭亂世之患日思周公之德夜即夢之論語此謂意精之夢也人有所思即夢其到有憂即夢其事此謂記想之夢也今事王先生云今疑作同俗書同爲仝仝今形近之誤貴人夢之即爲祥賤人夢之即爲妖君子夢之即爲榮小人夢之即爲辱此謂人位之夢也晉文公於城濮之戰夢楚子伏已而盬其腦僖廿八年左傳是大惡也及戰乃大勝此謂極反之夢也陰雨之夢使人厭迷陽旱之夢使人亂離大寒之夢使人怨悲大風之夢使人飄飛迷離悲飛韻此謂感氣之夢也春夢發生夏夢

高明秋冬夢熟藏生明藏韻此謂應時之夢也陰病夢寒陽病夢熱素問脈要精微論云陰盛則夢涉大水恐懼陽盛則夢大火燔灼亦見列子周穆王篇內病夢亂外病夢發百病之夢或散或集熱發集韻此謂氣之夢也孫侍御云氣上當有病字繼培按素問舉痛論云黃帝曰余知百病生於氣也論衡訂鬼篇云病篤者氣盛人之情心好惡不同王侍郎云據下云心精好惡情當作精繼培按論衡書虛篇云情心不同超奇篇亦云表著情心是情心連文之證管子內業篇云彼心之情利安以寧襄卅一年左傳子產曰人心之不同如其面焉漢書元帝紀永光四年詔曰公卿大夫好惡不同或以此吉或以此凶當各自察常占所從同凶從韻此謂性情之夢也故先有差忒者忒舊作武據天中記廿三改按說文云𢚩失常也忒更也經典多借忒為𢚩謂之精王先生云謂之精上有脫文下云凡此十者占

夢之大暑而交止言其入必有解釋直象二夢而今佚之晝有所思夜夢其事乍吉乍凶善惡不信者凶善二字舊倒謂之想貴賤賢愚男女長少謂之人風雨寒暑謂之感五行王相謂之時周禮占夢掌其歲時觀天地之會辨陰陽之氣鄭注陰陽之氣休王前後白虎通五行篇云木生火火生土土生金金生水水生木是以木王火相土死金囚水休五行大義云五行體休王者春則木王火相水休金囚土死夏則火王土相木休水囚金死六月則土王金相火休木囚水死秋則金王水相土休火囚木死冬則水王木相金休土囚火死陰極卽吉陽極卽凶謂之反觀其所疾察其所夢謂之病心精好惡於事驗脫一字謂之性凡此十者占夢之大略也孟子云此其大略也而決吉凶者之疑衍類以多反其何故哉何舊脫按交際篇云斯何故哉今據補豈人覺

爲陽人寐爲陰論衡紀妖篇云臥夢爲陰候覺爲陽占陰陽之務相反故邪此亦謂其不甚者爾借如使夢吉事而已意大喜樂以下文例之此脫二字發於心精則眞吉矣夢凶事而已意大恐懼憂悲發於心精卽眞惡矣所謂秋冬夢死傷也吉者順時也雖然財爲大害爾由弗若勿夢也所謂以下文有脫誤王先生云秋冬夢死傷疑是釋五行王相謂之時義上當有春夏夢生長語凡察夢之大體清絜鮮好貌堅健貌上脫一字竹木茂美宮室器械新成方正開通光明溫和升上向興之象皆爲吉喜謀從事成晏子春秋問上景公曰謀必得事必成諸臭汙腐爛枯槁絕霧絕當作晻說文云晻不明也晻絕字形相近書盤庚弔不掩爾善五經異義作不絕

見詩文王疏此其比也霧與雺通洪範曰蒙鄭康成本作雺云雺者氣不釋鬱冥冥也史記宋世家亦作霧傾倚徵疑欹邪劓刖不安說文云槷䵧不安也引易困九五槷䵧困于赤芾王弼本作劓刖乾鑿度云至于九五劓刖不安閉塞幽昧解落墜下向衰之象皆爲下脫二字計謀不從舉事不成妖孽怪異漢書五行志云凡草木之類謂之妖妖猶夭胎言尚微蟲豸之類謂之孽孽則牙孽矣說文作䄎蠥可憎可惡之事皆爲憂圖畫卹胎卹當作卵卵胎物之未成者故爲見欺紿易林晉之益震之觀並云缺破不成胎卵卵未生弗見兆形或云殈聲誤爲卹說文云殈胎敗也刻鏤非眞瓦器虛空皆爲見欺紿與詒同倡優俳儛侯疑及小兒所戲弄之象皆爲懽笑懽舊作觀据何本此其大部也夢或甚顯而無占或甚微而有應何也曰本所謂之夢者困不

了察之稱了爲憭之假借說文云憭慧也惛不憭也一切經音義廿一引作不了後漢書孔融傳小而聰了亦以了爲憭而懵憒冒名也說文云儚惛也儚不明也懵蓋儚之別體爾雅釋訓云儚儚洄洄惛也釋文儚儚字或作懜洄洄本或作𢡣說文引爾雅襴襴襀襀本書救邊篇又作佪潰潰懵潰卽懜懜潰潰今爾雅脫憒憒詳救邊篇注故亦不專信以斷事人

對計事起而行之尚有不從況於忘忽雜夢忘讀若怳老子云無狀之狀無象之象是爲忽怳淮南子原道訓云鶩怳忽高誘注怳忽無之象也禮記祭義云夫何慌忽之有管子水地篇云目之所以視非特山陵之見也察于荒忽漢書司馬相如傳云軋物荒忽張揖曰不分明之貌史記作洸忽莊子至樂篇云雜乎芒芴之閒怳慌荒洸芒忘義並通亦可必乎

惟其時有精誠之所感薄神靈之所告者呂氏春秋精通篇云今夫攻者砥厲五兵侈衣美食發且有日矣所被攻者不樂非或聞之也神者先告也身在乎秦所親愛

（在於齊死而志氣不安精或往來也此所言卽其義淮南子天文訓云陰陽相薄感而爲雷高誘注薄迫也感動也）乃有占爾是故君子之異夢非妄而已也必有事故焉小人之異夢非橥（舊作桀）而已也時有禎祥焉（禎舊作眞據程本改禮記中庸云必有禎祥）是以武丁夢獲聖而得傳說（楚語）二世夢白虎而滅其封（滅字舊脫據何本補事見史記秦始皇紀封猶邦也）夫奇異之夢多有故而少無爲者矣今一寢之夢或屢遷化百物代至而其主不能究道之故占者有不中也此非占之罪也乃夢者過也或言夢審矣而說者不能連類傳觀故其善（舊脫）惡有不驗也此非書之罔乃說之過也是故占夢之難者讀其書爲難也（晏子）

春秋雜下占夢者日請反具書漢書藝文志雜占類黃帝長柳占夢十一卷甘德長柳占夢二十卷隋書經籍志五行類京房占夢書三卷夫占夢必謹其變故審其徵侯內考情意外考王相郎與則同吉凶之符善惡之效庶可見也且凡人道見瑞而修德者福必成見瑞而縱恣者福轉為禍見妖而驕侮者禍必成見妖而戒懼者禍轉為福呂氏春秋制樂篇湯曰吾聞祥者福之先者也見祥而為不善則福不至妖者禍之先者也見妖而為善則禍不至治要載桓譚新論云災異變怪者天下所常有無世而不然逢明主賢臣智士仁人則修德善政省職慎行以應之故咎殃消亡而禍轉為福是故太姒有吉夢文王不敢康吉祀於羣神然後占於明堂並拜吉夢修省舊作發戒懼聞喜若憂故能成吉以有天下御覽八十

四引帝王世紀云文王自商至程太姒夢見商庭生棘太子發取周庭之梓樹之於闕閒梓化爲松柏柞棫覺而驚以告文王文王不敢占召太子發命祝以幣告於宗廟羣神然後占之於明堂及發並拜吉夢遂作程寤按程寤解出周書今亡御覽及藝文類聚多引之號公夢見蓐收賜之上田自以爲有吉囚舊作因史嚚令國賀夢晉語聞憂而喜故能成凶以滅其封易曰使知懼又明於憂患與故繫辭下傳凡有異夢感心以及人之吉凶相之氣色無問善惡常恐懼修省以德迎之易震象曰君子以恐懼修省淮南子繆稱訓云身有醜夢不勝正行國有妖祥不勝善政乃其逢吉書洪範云子孫其逢吉天祿永終論語

釋難第二十九

庚子王先生云庚疑唐字之誤唐空也唐子設詞卽亡是公子虛之類問於潛夫曰堯舜道德不可兩美實若韓子戈伐之說邪韓非子難一戈伐作矛楯詩小戎云蒙伐有苑毛傳伐中干也按伐爲厰之借方言云盾自關而東或謂之厰或謂之干關西謂之盾潛夫曰是不知難而不知類今夫伐者盾也厥性利戈者矛也厥性害是戈舊作伐爲賊伐爲禁也其不俱盛固其術也夫堯舜之相於相於兩相加被之辭文五年左傳疏引鄭康成箴膏肓云禮天子於二王後之喪含爲先襚次之賵次之賻次之於諸侯含之賵之小君亦如之於諸侯臣襚之諸侯相於如天子於二王後儀禮聘禮鄭注大問曰聘諸侯相於久無事使卿相問之禮易林蒙之巽患解憂除王母相於與喜俱來使我安居藝文類聚五十三孔融與韋林甫書曰疾動不得復與足下岸幘廣坐舉杯相於以爲邑邑急就篇有尚自於一人言自於二人言相於於呂氏春秋

不侵篇云豫讓國土也而猶以人之於巳也爲念高誘注於猶厚也相於亦相厚之意矣人也非戈與伐也其道同仁不相害也伐害韻舜伐何如弗得俱堅堯伐何如不得俱賢哉堅賢韻兩伐字有一誤且夫堯舜之德譬猶偶燭之施明於幽室也禮記仲尼燕居云譬如終夜有求于幽室之中非燭何見前燭卽盡照之矣後燭入而益明此非前燭昧而後燭彰也乃二者相因而成大光二聖相德而致太平之功也德何本作得德得古字通漢書王褒傳聖主得賢臣頌云若堯舜禹湯文武之君獲稷契皐陶伊尹呂望明明在朝穆穆列布聚精會神相得益章故聖主必待賢臣而弘功業俊士亦俟明主以顯其德是故大鵬之動非一羽之輕也莊子逍遙遊篇云鵬之背不知其幾千里也怒而飛其翼若垂天之雲詩簡兮疏引五經異義云公羊說樂萬舞以

鴻羽取其勁輕一舉千里抱朴子廣譬篇云六翮之輕勁騏驥之速非一足之力也眾良相德與得同而積施乎無極也堯舜兩美蓋其則也力極則韻伯叔曰王先生云伯叔是唐子之誤伯是唐之壞叔字草書如子也吾子過矣儀禮士冠禮鄭注吾子相親之辭吾我也子男子之美稱韓非之取矛盾以喻者將假其不可兩立以詰堯舜之不得並之勢而論其本性之仁與賊不亦失是譬喻之意乎潛夫曰夫譬喻也者生於直告之不明故假物之然否以彰之墨子小取篇云辟也者舉物而以明之也辟卽譬之省荀子非相篇云談說之術分別以騐之譬稱以明之淮南子要畧云假象取耦以相譬喻物之有然否也非以其文也必以其眞也今子舉其實文之性以喻而欲使鄙

也釋其文鄙也惑焉且吾聞問陰對陽謂之彊說論西詰東謂之彊難子若欲自必以則昨反思然後求無苟自彊自必以下文有脫誤庚子曰周公知管蔡之惡以相武庚舊脫孫侍御補史記管蔡世家云二人相紂子武庚祿父治殷遺民使肆厥毒從而誅之何不仁也若其不知何不聖也二者之過必處一焉本孟子潛夫曰書二子挾庚子父以叛王先生云庚子父當是武庚祿父庚上脫武字子是祿之蝕而僅存者繼培按管蔡世家云管叔蔡叔疑周公爲之不利於成王乃挾武庚以作亂漢書翟方進傳云昔成王幼周公攝政而管蔡挾祿父以叛然未知其類之與抑抑相反文有脫誤且天知桀惡而帝之夏又知紂惡而王之殷使虐二國殘賊下民多縱厥毒滅

其身滅上脫一字韓詩外傳十公子晏子曰昔者桀殘賊海內賦歛無度萬民甚苦是故湯誅之爲天下戮笑白虎通禮樂篇云殷紂爲惡日久其惡最甚斮涉刳胎殘賊天下孟子云賊仁者謂之賊賊義者謂之殘殘賊之人謂之一夫聞誅一夫紂矣亦可謂不仁不知乎庚子曰不然夫桀紂者無親於天故天任之舊脫而勿憂晉語云輕其任而不憂其危誅之而勿哀今管蔡之與周公也有兄弟之親有骨肉之恩漢書五行志董仲舒云多兄弟親戚骨肉之連不量能而使之不堪命而任之故曰異於桀紂舊脫之與天也潛夫曰皇天無親僖六年左傳引周書帝王繼體之君繼體注見五德志父事天王者爲子故父事天也漢書郊祀志王莽奏言王者父事天故爵稱天子白虎通爵篇云爵所以稱天子者何王者父天母地爲天之子也率土之民莫非

王臣也 詩北山 將而必誅 昭元年公羊傳 王法公也無偏無頗書洪範 親疎同也 公同韻 大義滅親 隱四年左傳 尊王之義也立弊之天爲周公之德因斯也 文有脫誤 過此而往者未之或知 易繫辭下傳義斯知韻 秦子問於潛夫曰耕種生之本也學問業之末也老聃有言大丈夫處其實不居其華而孔子曰耕也餒在其中學也祿在其中 論語 敢問 敢舊作敦據程本 今使舉世之人釋耨耒而程相羣於學何如潛夫曰善哉問君子勞心小人勞力 襄九年左傳知武子語 故孔子所稱謂君子爾今以目所見耕食之本也以心原道卽 與則同 學又耕之本也易曰立天之道曰陰

與陽立地之道曰柔與剛立人之道曰仁與義說卦傳天反德者爲災此語上下有脫誤當設爲問辭下乃答之宣十五年左傳云天反時爲災地反物爲妖民反德爲亂亂則妖災生此爻蓋用其說潛夫曰嗚呼而未之察乎吾語子夫君子也者其賢宜君國而德宜子民也宜處此位者惟仁義人注見三式篇故有仁義者謂之君子昔荀卿有言夫仁也者愛人愛人故不忍危也義也者聚人聚人故不忍亂也荀子議兵篇作彼仁者愛人愛人故惡人之害之也義者循理循理故惡人之亂之也是故君子夙夜箴規蹇蹇匪懈者易蹇六二王臣蹇蹇詩烝民云夙夜匪解箴規見明闇篇注憂君之危亡毛詩山有樞序云政荒民散將以危亡哀民之亂離也詩四月云亂離瘼矣故賢人君

子推其仁義之心愛下脫二字之君猶父母也愛居世之民猶子弟也父母將臨顛隕之患子弟將有陷溺之禍者孟子云陷溺其民豈能墨乎哉墨讀爲默說文云默讀若墨漢書李陵傳陵墨不應田蚡傳嬰墨墨不得意墨皆默之省是以仁者必有勇論語而德人必有義也文子微明篇云次五有德人且夫一國盡亂無有安身呂氏春秋諭大篇云天下大亂無有安國一國盡亂無有安家一家皆亂無有安身亦見務大篇詩云莫肯念亂誰無父母沔水言將皆爲害然有親者憂將深也是故賢人君子既憂民亦爲身作字誤夫蓋滿於上沾溥在下棟折榱崩懼有厥患魯語叔孫穆子曰夫棟折而榱崩吾懼壓焉故大屋移傾說文云陊落也隤阤也移傾即陊隤假借字則下之人

不待告令各爭其柱之其當作共共柱謂楮柱之太玄經上次七升於顚臺或柱之材或云其當爲楮聲之誤也亦作枝柱後漢書崔駰後實傳云枝柱邪傾楊震傳云宮殿垣屋傾倚枝柱而已又章帝紀元和元年詔云支柱橋梁支與枝同仁者兼護人家者且自爲也易曰王明並受其福井九三是以次室倚立而嘆嘯立當作柱列女傳云魯漆室女當穆公時君老太子幼女倚柱而嘯旁人聞之莫不爲之慘者續漢書郡國志東海郡蘭陵有次室亭劉昭注地道記曰故魯次室邑列女傳漆室之女或作次室按論衡實知篇亦作次室楚女揭幡而激王亦見列女傳揭幡作持幟按漢書鮑宣傳王咸舉幡太學下曰欲救鮑司隸者會此下後漢書虞詡傳詡子顗與門生百餘人舉幡候中常侍高梵車訴言枉狀仁惠之恩忠愛之情固能已乎

潛夫論卷第七終

潛夫論卷第八

蕭山汪繼培箋

交際第三十

語曰人惟舊器惟新書盤庚云人惟求舊器非求舊惟新熹平石經作人維舊昆弟世疎朋友世親新親韻襄廿六年左傳云伍舉奔鄭將遂奔晉聲子將如晉遇之於鄭郊班荊相與食而言復故杜注布荊坐地共議歸楚事朋友世親蓋本此此交際之理人之情也今則不然多思遠而忘近鬼谷子內揵篇云日進前而不御遙聞聲而相思背故而向新列女傳晉趙衰妻云好新而嫚故無恩御覽四百九十五引東觀漢記云陳忠上疏稱語曰迎新千里送故不出門或歷載而益疎或中路而相捐悟先聖之典戒悟當作牾說文云牾逆也負久要之誓言

論語云久要不忘平生之言書湯誓云爾不從誓言趙策云寡人與子有誓言矣新捐言韻斯何故哉退而省之論語云退而省其私亦可知也勢有常趣理有固然富貴則人爭附之此勢之常趣也貧賤則人舊脫據意林補御覽八百卅六同爭去之此理之固然也齊策譚拾子曰理之固然者富貴則就之貧賤則去之風俗通窮通篇作富貴則人爭歸之貧賤則人爭去之此物之必至而理之固然也夫與富貴交者上有稱舉之用舉舊作譽据意林御覽改史記秦始皇紀趙高曰高素小賤幸稱舉令在上位漢書朱雲傳妄相稱舉蓋寬饒傳爲太中大夫使行風俗多所稱舉貶黜蕭望之傳恭顯奏望之堪更生朋黨相稱舉何武傳有司劾奏武公孫祿互相稱舉楚辭九辯世雷同而炫曜兮王逸注俗人羣黨相稱舉也皆其證下有貨財之益與貧賤交者大有賑當作振貸之費小有假借之損今使官

人（哀三年左傳云官人肅給捘官人荀子屢見彊國篇士大夫益爵官人益秩楊倞注官人羣吏也正論篇士大夫以爲道官人以爲守楊注官人守職事之官也此則以爲居官者之通稱矣）雖兼桀跖之惡（桀跖見愼微篇注）苟結駟而過士（史記仲尼弟子傳云子貢相衞而結駟連騎排藜藿入窮閻過謝原憲）士猶以爲（据意林補）榮而歸焉況其實有益者乎使處子（處子郎處士後漢書逸民傳序云處子耿介羞與卿相等列文選東晳補亡詩白華篇堂堂處子李善注云處子處士也）雖苞顏閔之賢（漢書儒林傳谷永疏云闕內侯鄭寬中有顏子之美質包商偃之文學包與苞通）苟被褐而造門（老子云聖人被褐懷玉說文云褐粗衣）人猶以爲辱而（辱而舊空据程本）恐其復來況其實有損者乎故富貴易得宜貧賤難得適（得宜意林作爲客御覽客作交接宜適義同呂氏春秋適威篇高誘注適宜也後漢書馮衍傳云富貴易爲善貧賤

難為工好服謂之奢僭惡衣謂之困厄論語云士志於道而恥惡衣徐行謂之飢餧疾行謂之逃責孟子云徐行後長者謂之弟疾行先長者謂之不弟漢書諸侯王表序云有逃責之臺不侯謂之倨慢意林作敖侯謂進謁漢書董仲舒傳云主父偃侯仲舒數來謂之求食孟子云其志將以求食也空造以為無意見下貨財句注奉贄以為欲貸白虎通文質篇云私相見亦有贄何所以相尊敬長和睦也恭謙以為不肖抗揚以為不德舊作得据意林改此處子之羈薄薄讀為縛釋名釋言語云縛薄也使相薄著也貧賤之苦酷也適厄責食貸德酷韻夫處卑下之位懷北門之殷憂內見讁於妻子詩北門云憂心殷殷又云室人交徧讁我讁與讁同外蒙譏於士夫謂士大夫嘉會不從禮漢書賈誼傳云富人大賈嘉會召客餞御不逮眾詩六月云

飲御諸友毛傳御進也漢書蔡義傳云以明經給事大將軍莫府家貧常步行資禮不逮衆貨財不足以合好白虎通文質篇云朋友之際五常之道有通財之義振窮救急之意中心好之欲飲食之故財幣者所以副至意也定十年左傳云兩君合好力勢不足以杖急漢書爰盎傳云一旦有緩急寧足恃乎李尋傳云近臣已不足杖矣顏師古注杖謂倚任也歡忻久交漢書高后紀四年詔云驩欣交通歡忻與驩欣同情好曠而不接則人無故自廢疎矣漸疎則賤者逾自嫌而日引貴人逾務黨而忘之漢書外戚傳子夫上車主拊其背曰行矣即貴願無相忘夫以逾疎之賤伏於下流論語云君子惡居下流漢書楊敞傳楊惲報孫會宗書云下流之人衆毀所歸而望日忘之貴此谷風所為內摧傷詩小雅而介推所以赴深山也僖廿四年左傳夫交利相親交害相疎是故長

誓而廢長下舊有救字衍長誓即詩考槃永矢鄭箋云永長矢誓必無用者也交漸而親必有益者也俗人之相於也相於注見釋難篇有利生親積親生愛積愛生是積是生賢情苟賢之則不自覺心之親之口之譽之也史記袁盎傳云諸君譽之皆不容口無利生疎積疎生憎積憎生非積非生惡情苟惡之則不自覺心之外之口之毁之也是故富貴雖新其勢日親貧賤雖舊其勢日疎舊作除據諸子品節改尹文子大道篇云處名位雖不肖不患物不親己在貧賤不患物不疎己親疎係乎勢利不係乎不肖與仁賢也此處子所以不能與官人競也世主不察朋交程本作友之所生而苟信貴臣之言此絜士所以獨隱翳楚語韋昭注翳鄣也而姦雄

所以黨飛揚也三略云姦雄相稱彰蔽主明淮南子精神訓云趣舍滑心使行飛揚高誘注飛揚不從軌度也黨當作常常飛揚與獨隱騶對文程本作黨能臣誤昔魏其之客舊空据程本流於武安長平之吏移於冠軍風俗通窮通篇用此四語事見史記魏其武安侯傳及衞將軍驃騎傳廉頗史記翟公史記汲黯鄭當時傳論載盈載虛文選陸士衡齊謳行及沈休文冬節後至丞相第詩注載並作再論衡講瑞篇云少正卯在魯與孔子並孔子之門三盈三虛惟顏淵不去夫以四君之賢藉舊貴之風恩客猶若此則又況乎生貧賤者哉惟有古烈之風志義之士漢書季布欒布田叔傳贊云雖古烈士何以加哉張湯傳湯客田甲所責湯行義有烈士之風古烈郎謂古烈士魏志鮑勛傳上文帝疏亦云陛下仁聖惻隱有同古烈爲不然爾恩有所結漢書丙吉傳云誠其仁恩內結於心也終身無解心有所矜

賤而益篤詩云淑人君子其儀一兮心如結兮鳲鳩故歲寒然後知松柏之後彫世舊作也隘然後知其人之篤固也論語云歲寒然後知松柏之後彫也釋文云彫依字當作凋莊子讓王篇孔子曰天寒既至霜雪既降吾是以知松柏之茂也陳蔡之隘於吾其幸乎爾雅釋詁云篤固也侯嬴史記信陵君傳豫讓史記刺客傳出身以報恩史記春申君傳應侯曰歇為人臣出身以徇其主按出身猶吳王濞傳云棄軀也鱄諸荊軻並見刺客傳奮命以效用後漢書班超傳超妹昭上書云超之始出志捐軀命冀立微功以自陳效張皓後綱傳云奮身出命掃國家之難南匈奴傳云耿秉因自陳受恩分當出命效用之董卓傳云掌戎十年士卒大小相狎彌久戀臣畜養之恩為臣奮一旦之命乞將之北州效力邊垂皆奮命效用之意故死可為也處之難爾史記廉頗藺相如傳論云知死必勇非死者難也處死者難援後漢書朱穆傳論云至乃田賣衛霍

之游客廉頗翟公之門賓進由埶合退由衰異又專諸荊卿之感激侯生豫子之投身情爲恩死命緣義輕背以利害移心懷德成節非夫交照之本末可語失得之原也語本此龐勛勃貂龐勛未詳疑豎須之誤豎須卽豎頭須晉文公守藏者也敎貂卽寺人披史記晉世家稱爲履鞮李善注文選司馬遷報任少卿書及范蔚宗宦者傳論引史並作履貂後漢書宦者傳序作勃貂古書勃多作敎敎貂豎須亊並見僖廿四年左傳一旦見收亦立爲義報況累舊乎故鄒陽稱之曰桀之狗可使吠堯跖之客可使刺由史記鄒陽傳獄中上梁孝王書語豈虛言哉俗士淺短急於目前見赴有益則先至顧無用則後背舊作輩漢書張耳陳餘傳贊云何鄉者慕用之誠後相背之盭也是以欲速之徒襄廿六年左傳伊戾騁告公曰太子將爲亂既與楚客盟矣公曰爲我子又何求對曰欲速競推上而不暇接下爭逐前而不

遑卹後詩谷風云遑恤我後卹與恤同是故韓安國能遺田蚡五百金史記韓安國傳而不能賑一窮賑當作振振窮注見遏利篇翟方進稱淳于長漢書翟方進傳而不能薦一士夫安國方進前世之忠良也忠良見實貢篇注而猶若此則又況乎末塗之下相哉韓非子顯學篇云授車就駕而觀其末塗漢書鼂錯傳云及其末塗之衰也此姦雄所以逐黨進而處子所以愈擁蔽也漢書元帝紀永光元年詔曰王人在位而吉士雍蔽顏師古注雍讀曰壅擁雍古字通後漢書朱暉後穆傳崇厚論云務進者趨前而不顧後榮貴者矜己而不待人智不接愚富不賑貧貞士孤而不恤賢者戹而不存故田蚡以尊顯致安國之金淳于以貴埶引方進之言夫以韓翟之操爲漢之名宰然猶不能振一貧賢薦一孤士又況其下者乎此文本之非明聖之君孰能照察照察見愛日篇注且夫怨惡之

生王先生云怨惡當作恩怨恩者相對也怨者相背也若二人偶焉禮記中庸仁者人也鄭注人也讀如相人偶之人以人意相存問之言新書匈奴篇云薄使付酒錢時人偶之苟相對也恩情相向推極其意精誠相射貫心達髓漢書鄒陽傳云太后厚德長君入於骨髓愛樂之隆史記張丞相傳云鄧通方隆愛幸賞賜累巨萬輕相爲死史記陳餘傳云安在其相爲死荀子議兵篇云政修則民親其上樂其君而輕爲之死是故侯生豫子刎頸而不恨苟相背也心情乖乑乑即互字漢書外戚傳杜欽說王鳳曰輕細微眇之漸必生乖忤之患王商傳云父子乖迕後漢書樂恢傳經曰天地乖互忤迕互並通推極其意分背奔馳窮東極西心尚未快舊作決易艮六二其心不快是故陳餘張耳老相全滅而無感痛見史記全諸子品節作吞孫御侍云當作殄繼培按全蕃禽字之壞史記淮陰侯傳蒯生曰常山王成安

君此二人相與天下至驩也然而卒相禽者何也患生於多欲而人心難測也卒相禽漢書蒯通傳作卒相滅亡從此觀之交際之理其情大矣非獨朋友爲然君臣夫婦亦猶是也當其歡也父子不能閒及其乖也怨讎不能先是故聖人常慎微以敦其終注見慎微篇富貴未必可重貧賤未必可輕人心不同好注見夢列篇度量相萬億史記司馬相如傳云人之度量相越豈不遠哉許由讓其帝位莊子讓王篇云堯以天下讓許由許由不受俗人有爭縣職韓非子五蠹篇云古之讓天子者是去監門之養而離臣虜之勞也故傳天下而不足多也今之縣令一日身死子孫累世絜駕故人重之是以人之於讓也輕辭古之天子難去今之縣令者厚薄之實異也孟軻二字舊奪據程本辭祿萬鍾孟子小夫貪於升食億職食韻小夫即孟子所謂小丈夫也升

當作斗漢書百官公卿表百石以下有斗食佐史之秩顏師古注漢官名秩簿云斗食月俸十一斛一說十食者歲俸不滿百石計日而食一斗二升故云斗食漢隸斗作升升升字形相近往往致誤論衡治期篇吏百石以上若升食以下誤與此同**故曰鶤鷄羣游終日不休亂舉聚跱不離蒿茆**游休茆茆顏莊子逍遙遊篇斥鴳曰我騰躍而上不過數仞而下翱翔蓬蒿之間此亦飛之至也釋文鴳字亦作鷃司馬云鴳鴳雀也周禮醢人茆菹注云鄭大夫讀茆為茅此亦當讀為茅**鴻鵠高飛雙別乖離**文選蘇武詩云黃鵠一遠別千里顧徘徊何況雙飛龍羽翼臨當乖藝文類聚卅蘇武報李陵書云乖乖離邈矣相見未期**通千達萬志在陂池**飛離池韻禮記月令云毋漉陂池鄭注畜水曰陂穿地通水曰池按說苑政理篇云鴻鵠高飛不就汙池何則其志極遠也是陂池非鴻鵠志矣陂池當為天池史記陳涉世家涉太息曰嗟乎燕雀安知鴻鵠之志哉索隱引尸子云鴻鵠之鷇羽翼未合而有四海之心漢書張良傳高祖歌曰鴻鵠高飛一舉千

里羽翼已就横絶四海莊子逍遥遊篇云窮髮之北有冥海者天池也**鸞鳳翺翔黄歷之上**黄歷疑萬似之誤淮南子覽冥訓云鳳皇曾逝萬似之上翺翔四海之外鹽鐵論毀學篇云翺翔萬似**徘徊太清之中**淮南子精神訓云遊於太清後漢書蔡邕傳章懷注太清謂天也**隨景風而飄飖**爾雅釋天疏引尸子仁義篇述大平之事云其風春爲發生夏爲長嬴秋爲方盛冬爲安靜四氣和爲通正此之爲永風按爾雅作景御覽八百廿引符瑞圖云祥風者瑞風也一日景風**時抑揚以從容**中容韻楚辭懷沙王逸注從容舉動也**意猶未得喈喈然長鳴**詩卷阿云雝雝喈喈**鼚號振翼陵朱雲薄斗極**淮南子人間訓云奮翼揮䎃淩乎浮雲背負青天膺摩赤霄高誘注赤霄飛雲也斗舊作升按爾雅釋地云北戴斗極爲空桐**呼吸陽露曠旬不食**得翼極食韻楚辭遠遊云餐六氣而飲沆瀣兮漱正陽而含朝霞惜誓云吸衆氣而翺翔王逸注衆氣謂朝霞正陽淪陰沆瀣之氣也**其意**

尚猶嗛嗛如也續漢書五行志云言永樂雖積金錢慊慊常若不足嗛嗛與慊慊同三者殊務各安所爲是以伯夷採薇而不恨史記巢父木棲而自願皇甫謐高士傳云巢父堯時隱人也年老以樹爲巢而寢其上故人號之曰巢父淮南子泰族訓云山居木棲由斯觀諸士之志量固難測度禮記禮運云人藏其心不可測度也凡百君子詩雨無正未可以富貴驕貧賤謂貧賤之必我屈也史記魏世家云魏文侯子擊逢文侯之師田子方於朝歌引車避下謁田子方不爲禮子擊因問曰富貴者驕人乎且貧賤者驕人乎子方曰亦貧賤者驕人耳夫諸侯而驕人則失其國大夫而驕人則失其家貧賤者行不合言不用則去之楚越若脫躧然奈何其同之哉詩云德輶如毛民鮮克舉之烝民世有大難者四而人莫之能行也一曰恕二曰平三曰恭四曰守夫恕者

仁之本也大戴禮衛將軍文子篇孔子曰恕則仁也家語顏回篇回曰一言而有益於仁莫如恕孟子云強恕而行求仁莫近焉說苑貴德篇云夫仁者必恕然後行平者義之本也管子水地篇云至平而止義也恭者禮之本也易繫辭上傳云禮言恭說苑雜言篇孔子曰不恭無禮守者信之本也僖廿八年左傳晉筮史云信以守禮成二年傳孔子曰信以守器十五年傳申叔時云信以守禮十六年傳申叔時云信以守物九年傳范文子曰信以守之襄十一年傳魏絳語同昭五年六年傳叔向並云守之以信四者並立四行乃具四行具存是謂眞賢四本不立四行不成四行無一是謂小人所謂恕者君子之人論彼恕於我王先生云彼下脫則字動作消息於心易豐彖曰與時消息王先生云消息疑則思之誤己之所無不以責下我之所有不以譏彼淮南子主術訓云有諸己不非諸人

無諸己不求諸人感己之好敬也故接士以禮感己之好愛也故遇人有恩孟子云仁者愛人有禮者敬人愛人者人恒愛之敬人者人恒敬之己欲立而立人己欲達而達人論語善人之憂我也故先勞人春秋繁露楚莊王篇云今晉不以同姓憂我而強大厭我我心望焉淮南子氾論訓云以勞天下之民高誘注勞猶憂也惡人之忘我也故常念人詩晨風云忘我實多方言云念常思也凡品則不然論人不恕己漢書成帝紀建始元年詔曰凡事恕己動作不思心書洪範五曰思今文尚書作思心漢書五行志云思心者心思慮也無之己而責之人有之我而譏之彼晏子春秋問上云有之己不難非之人無之己不難求之之人春秋繁露仁義法篇云夫我無之求諸人我有之而非諸人人之所不能愛也己無禮而責人敬己無恩而責人愛貧賤則非人初

不我憂也富貴則是我之不憂人也行己若此（論語云其行己也恭）難以稱仁矣所謂平者內懷鳲鳩之恩（詩鳲鳩毛傳云鳲鳩之養其子朝從上下莫從下上平均如一）外執砥矢之心（詩大東云周道如砥其直如矢程本矢作礪大戴禮五帝德云日月所照莫不砥礪）論士必定於志行（注見論榮篇王先生云志行疑當作埻的）毀譽必參於效驗（韓非子姦劫弒臣篇云人主誠明於聖人之術而不苟於世俗之言循名實而定是非因參驗而審言辭魏策魏文侯曰求其好掩人之美而揚人之醜者參驗之）不隨俗而雷同不逐聲而寄論（漢書楊敞傳楊惲報孫會宗書云竊恨足下不深惟其終始而猥隨俗之毀譽也楚辭九辨云世雷同而炫曜兮何毀譽之昧昧禮記曲禮云毋雷同漢書楚元王傳劉歆移書太常博士云雷同相從隨聲是非）苟善所在不譏貧賤苟惡所錯（措之借）不忌富貴不諂上而慢

下不厭故而敬新凡品則不然內偏頗於妻子書洪範云無偏無頗外僭惑於知友王侍郎云惑疑忒書洪範云民用僭忒得則譽之哀廿四年左傳云公如越得太子適郢杜注得相親說也怨則謗之平議無埻的說文云訂平議也後漢書樊宏後準傳云願以臣言下公卿平議埻的舊作惇均按說文云埻射臬也讀若準臬射準的也一切經音義一引通俗文云射堋曰埻埻中木曰的譏譽無效驗苟阿貴以比黨管子重令篇云阿貴事富禮記儒行云讒諂之民有比黨而危之者苟疑衍剽聲以羣吠羣吠注見賢難篇程本作羣訣誤事富貴如奴僕史記貨殖傳云凡編戶之民富相什則卑下之伯則畏憚之千則役萬則僕視貧賤如傭客漢書匡衡傳云家貧庸作以供資用韓非子外儲說左上云賣庸而播耕者主人費家而美食調布而求易錢者非愛庸客也曰如是耕者且深耨者熟耘也庸與傭通百至秉權之門而不一

至無勢之家（管子明法篇云十至私人之門不一至於庭）埶心若此（列女傳趙將括母曰父子不同埶心各異詩小弁云君子秉心鄭箋秉埶也）難以稱義矣（舊脫依上文倒補之）所謂恭者內不敢傲於室家外不敢慢於士大夫（大字疑衍上云外蒙譏於士夫夫士夫與室家對）見賤如貴視少如長其禮先入其言後出（逸周書官人解云其禮先人其言後人）恩意無不答禮敬無不報（禮記曲禮云太上貴德其次務施報禮尚往來往而不來非禮也來而不往亦非禮也）覩賢不居其上（晏子春秋問上云覩賢不居其上受祿不過其量）與人推讓事處其勞居從其陋（舊作德）位安其身養甘其薄（淮南子泰族訓云民交讓爭處卑委利爭受寡力事爭就勞）凡品則不然內慢易於妻子（慢易注見斷訟篇）外輕侮於知友（說苑尊賢篇田忌曰申孺為人侮賢而輕

不肖者敬慎篇舟綽日輕侮人者義乎聰明不別眞僞心思不別善醜愚而喜傲賢少而好陵長隱三年左傳云少陵長恩意不相答禮敬不相報覩賢不相推禮記儒行云推賢而進達之會同不能讓管子八觀篇云時無會同喪蒸不聚則齒長輯睦毋自生矣注云鄉里每時當有會同所以結恩好也動欲擇其佚居欲處其安養欲擅其厚位欲爭其尊見人謙讓因而嗤之廣韻云嗤笑也按說文云蚩蚩戲笑貌嗤即蚩字見人恭敬因而傲之如是而自謂賢能智慧爲行如此難以稱忠矣舊脫所謂守者心也有度之士情意精專心思獨覩史記鄒陽傳上梁孝王書云越攣拘之語馳域外之議獨觀於昭曠之道不驅於險墟之俗墟當作巇楚辭九辨云何險巇之嫉妒兮七諫怨世云何周道之平易兮然蕪

檝而險戲王逸注險戲猶傾危也不惑於衆多之口
文選廣絕交論李善注引作險巇
史記鄒陽傳上梁孝王書云感於心合於行親於膠
漆昆弟不能離豈惑於衆口哉又云不奪於衆多之
口聰明懸絕秉心塞淵詩定之方中獨立不懼遯世無悶
易大過象詞心堅金石韓非子守道篇云懷金石之心後漢書王常傳云心如金石大戴禮
禮察篇云堅如金石志輕四海故守其心而成其信凡器則不
然器當依上文作品內無持操淮南子人間訓云內有一定之操漢書董仲舒傳云所持
操或詩繆外無準儀韓非子顯學篇云行無常儀傾側險詖荀子成相篇云讒人
罔極險陂傾側此之疑說文云憸憸詖也經典通用
險毛詩卷耳序無險詖私謁之心釋文崔云險詖不
正也漢書禮樂志貪饕險詖顏師古注言行險曰詖
楚元王傳劉向封事云壞散險詖之聚師古云險言
曰詖翟方進傳險詖陰賊師古云詖佞也敘傳趙敬
險詖師古云詖辯也一曰佞也詖說文詖辯論也古

文以爲頗字王逸注楚辭離騷云頗傾也九歎靈懷篇不從俗而詖行兮王注詖猶傾也險詖與傾側同意字亦作陂漢書景十三王傳趙敬肅王彭祖險陂師古云陂謂傾側也求同於世舊作心口無定論不恆其德易恆九三二三其行詩氓云二三其德秉操如此難以稱信矣舊脫夫是四行者其輕如毛其重如山詩烝民云德輶如毛楚策云國權輕於鴻毛而積禍重於邱山君子以爲易小人以爲難山難韻孔子曰仁遠乎哉我欲仁仁斯至矣論語作斯仁至矣後漢書列女傳班昭女誡引與此同又稱知德者尠論語作鮮按尠俗鮮字見廣韻二十八獮說文作尟俗之偏黨書洪範云無偏無黨自古而然昭卄二年左傳云自古以然非乃今也詩載芟云匪今斯今振古如茲乃今見邊議篇凡百君子競於驕僭貪樂慢傲如消息於心至此舊錯入德化篇貫一倍一當

作三詩贈卬云如賈三倍以相高脫一字苟能富貴雖積狡惡爭稱譽之史記呂不韋傳云來往者皆稱譽之終不見非苟處貧賤恭謹以上文例之恭謹上脫二字祇爲不肖終不見是此俗化之所以浸敗而禮義之所以消衰也世有可患者三三者何曰情實薄而辭稱厚念實忽而文想憂禮記表記云情疏而貌親在小人則穿窬之盜也按想憂疑當作相愛懷不來而外克期後漢書獨行傳范式字巨卿山陽金鄉人去遊太學爲諸生與汝南張劭爲友劭字元伯二人並告歸鄉里式謂元伯曰後二年當還將過拜尊親見孺子焉乃共尅期日後期方至元伯具以白母請設饌以候之母曰二年之別千里結言爾何相信之審耶對曰巨卿信士必不乖違母曰若然當爲爾醞酒至其日巨卿果到升堂拜飲盡歡而別尅卽克字與刻通不信則懼失賢信之則詿誤人漢書文帝紀三

年詔曰濟北王背德反上註誤吏民顏師古注註亦誤也按說文註誤也誤謬也此俗士可厭之甚者也是故孔子疾夫言之過其行者論語云君子恥其言而過其行皇侃義疏本而作之詩傷蛇蛇碩言出自口矣巧言如簧顏之厚矣巧言今世俗之交也未相照察而求深固探懷扼腕拊心祝詛燕策樊於期偏袒扼腕而進曰此臣日夜切齒拊心也苟欲相護論議而已漢書翟方進傳云胡常與方進同經心害其能論議不右方進方進知之候伺常大都授時遣門下諸生至常所問大義疑難因記其說如是者久之常知方進之宗讓已內不自得其後居士大夫之間未嘗不稱述方進遂相親友論議相護皆如此類矣分背之日既得之後則相棄忘詩谷風云將安將樂女轉棄予又云忘我大德或受人恩德先以濟度注見務本篇不能拔舉則因毀之為生瑕

釁史記李斯傳云成大功者在因瑕釁而遂忍之明言我不遺力趙策云秦之攻我也不遺餘力矣後漢書盧芳傳云不敢遺餘力負恩貸無奈自不可爾淮南子人間訓云夫物無不可奈何有人無奈何高誘注事有人材所不及無奈之何也莊子人間世篇云知其不可奈何而安之若命詩云知我如此不如無生苕之華先合而後忤淮南子人間訓云衆人先合而後忤有初而無終詩蕩云靡不有初鮮克有終權輿序云與賢者有始而無終不若本無生意彊自誓也君子屢盟亂是用長詩巧言大人之道周而不比論語微言相感漢書藝文志論詩賦云古者諸侯卿大夫交接鄰國以微言相感掩若同符漢書王莽傳云與周公異世同符方言云掩同也又焉用盟孔子恂恂似不能言者又稱誾誾言惟謹也論語作便便言惟謹爾按漢書萬石君石奮傳云僮僕訢訢如也唯謹顏師古注訢

讀與闇闇同奮傳文本論語論語古本蓋有作闇闇者史記孔子世家作辯辯闇辯或字形相近而誤

士貴有辭襄卅一年左傳云子產有辭諸侯賴之亦憎多口孟子云士憎茲多口趙注離於凡人而爲士者益多口破憎爲增此則從本訓故曰文質彬彬然後君子論語與其不忠剛毅木訥尚近於仁論語訥今作訒嗚呼哀哉凡今之人詩召旻云於乎哀哉維今之人不尚有舊嗚呼與於乎同言方行圓韓非子解老篇云所謂方也內外相應也言行相稱也口正心邪行與言謬心與口違淮南子齊俗訓云言與行相悖情與貌相反逸周書官人解云言行不類終始相悖外內不合雖有假節見行曰非成質者也論古則知稱夷齊原顏言今則必官爵職位虛談則知以德義爲賢貢薦則必閥閱爲前史記高祖功臣侯年表序云明其等曰伐積功曰閱伐閥古今字後漢書韋彪傳云士宜以才行爲

先不可純以闕闕處子雖躬顏閔之行漢書律歷志云陛下躬聖顏師古注躬聖者言身有聖德也性勞謙之質易謙九三勞謙君子有終吉秉伊呂之才懷救民之道孟子云故就湯而說之以伐夏救民其不見資於斯世也亦已明矣

明忠第三十一

人君之稱莫大於明人臣之譽莫美於忠襄九年左傳云君明臣忠新書大政下篇云臣之忠者君之明也臣忠君明此之謂政之綱也此二德者古來君臣所共願也然明不繼踵晏子春秋雜下云比肩繼踵而在忠不萬一者一舊作全据治要改非必愚闇不逮而惡名揚也孝經云揚名於後世所以求之非其道爾以舊作道其道下有之字据治要改刪毛詩甫田序

云所以求者非其道也夫明據下起忠依上成二人同心則利斷金易繫辭上傳按以二人同心爲君臣葢漢時易家舊說漢書匡衡傳衡上疏乞骸骨上報曰朕
嘉與君同心合意翟方進傳冊云朕嘉與君同心一
意王莽傳詔云誠嘉與君同心合意師丹傳策免丹
云殆謬於二人同心之利焉後漢書和帝紀永元十
二年詔曰若上下同心庶或有瘳桓帝紀和平元年
詔曰羣公卿士虔恭爾位勠力一意勉同斷金王常
傳云幸賴靈武輒成斷金馮異傳云千載一會思成
斷金郎顗傳云臣願陛下發揚乾剛援引賢能勤求
機衡之寄以獲斷金之利張酺傳敕云陰陽不和萬
人失所朝廷望公思惟得失與國同心而託病自絜
求去重任誰當與吾同憂責者非有望於斷金也楊
震傳云親近倖臣未崇斷金崔駰傳崔篆慰志賦云
協準矱之貞度兮同斷金之玄策何天衢於盛世兮
超千載而垂績續漢書百官志劉昭注引蔡質漢儀
載高賜奏光祿勳劉嘉廷尉趙世云既無忠信斷金
之用而有敗禮傷化之尤御覽二百七引應劭漢官
儀沖帝冊書曰三公國之楨幹朝廷取正以成斷金

治要載崔實政論云今朝廷以聖哲之姿龍飛天衢大臣輔政將成斷金並用此義越絕書德序外傳記引易云君臣同心其利斷金則直以訓詁易經辭矣**能知**舊作如据治要改**此者兩譽俱具**說苑雜言篇云賢人閉其智塞其能待得其人然後合故言無不聽行無見疑君臣兩與終身無患與乃譽之誤韓非子難一云堯舜之不可兩譽矛楯之說也**要在於明操法術自握權秉而已矣**韓非說疑篇云凡術也者主之所以執也法也者官之所以師也主道篇云謹執其柄而固握之淮南子要略云主術者明攝權操柄以制羣下秉與柄同哀十七年左傳國子實執齊柄史記蔡澤傳索隱引作秉服虔曰秉權柄也說文云柄或从秉**所謂術者使下不得欺也**韓非子八說篇云明君之道賤德義貴法術倒言而詭使參聽無門戶故智者不得欺**所謂權者使勢不得亂也術誠明則雖萬里之外幽冥之內**注見德化篇**不得不求效權誠用則遠近親**

疏貴賤賢愚無不歸心矣 論語云天下之民歸心焉 周室之末則不然離其術而舍其權怠於己而恃於人是以公卿不思忠百僚不盡力 漢時詔令多言公卿百寮漢書成帝紀河平元年詔曰公卿大夫其勉悉心以輔不逮百寮各修其職永始二年詔曰公卿申敕百寮深思天誡哀帝紀元壽元年詔曰公卿大夫其各悉心勉帥百寮後漢書明帝紀詔曰公卿百寮將何以輔朕不逮 君王孤蔽於上兆黎冤亂於下 韓非子定法篇云君無術則弊於上臣無法則亂於下弊卽蔽之誤漢書公孫弘傳對策云不得其術則主蔽於上官亂於下 故遂衰微侵奪而不振也 韓非子五蠹篇云智困於內而政亂於外則亡不可振也 夫帝王者其利重矣其威大矣徒懸重利足以勸善徒設嚴威可以懲姦 魯語云夫君人者其威大矣韓非子詭使篇云夫利者所以得民也威者所以行令也內儲說上云

有威足以服人，而利足以勸人，故能治之。呂氏春秋壹行篇云：王者之所藉以成也何？藉其威與其利。非強大則其威不威，其利不利。其威不威則不足以禁也，其利不利則不足以勸也。故賢主必使其威利無敵，故以禁則必止，以勸則必為。乃張重利以誘民，操大威以驅之，治要作民。則舉世之人可令冒白刃而不恨，鹽鐵繇役篇子曰：白刃可冒。禮記中庸冒作蹈。漢書李廣後陵傳司馬遷云：冒白刃，北首爭死敵。赴湯火而不難。漢書鼂錯傳云：能使其眾蒙矢石，赴湯火。尹文子大道篇云：越王勾踐謀報吳，欲人之勇，路逢怒蛙而軾之，比及數年，民無長幼，臨敵雖湯火不避。豈云但率之以共治而不宜哉？若鷹野鳥也，野鳥舊脫，據治要補。然獵夫御之，猶使終日奮擊而不敢怠，豈有人臣而不可使盡力者乎？治要作哉。淮南子主術訓云：人主處權勢之要，而持爵祿之柄，審緩急之度，而適取予之節，是以天下盡力而不倦。詩云：伐柯伐柯其則不遠（伐柯）夫神明之術具在君身而君（舊脫依下文例補）忽之故令臣鉗口結舌而不敢言（注見賢難篇）此耳目所以蔽塞聰明所以不得也制下之權日陳君前而君釋之故令羣（舊作君）臣懈弛而背朝（懈弛注見考績篇朝彙函作亂按淮南子要略云百官背亂不知所用）此威德所以不照（獨斷云皇者煌也盛德煌煌無所不照）而功名所以不建也（漢書鼂錯傳云人主所以尊顯功名揚於萬世之後者以知術數也故人主知所以臨制臣下而治其衆則羣臣畏服矣知所以聽言受事則不欺蔽矣）詩云我雖異事及爾同僚我卽爾謀聽我敖敖（板敖敖今作囂囂詳賢難篇）夫惻隱人皆有之（孟子）是故耳聞啼號之音無不爲之慘悽悲懷而傷心者（史記張釋之傳云上自倚瑟而

歌意慘悽悲懷目見危殆之事無不爲之灼怛驚脫一字而赴救之者君臣義重後漢書何敞傳敞上封事云君臣義重有不得已也行路禮輕文選蘇子卿詩云誰爲行路人過耳悟目之交詩東門之池毛傳晤遇也悟與晤通未恩未德非賢舊作貧非貴而猶若此則又況於北面稱臣被寵者乎史記陸賈傳說尉佗曰宜郊迎北面稱臣是故進忠扶危者賢不肖之所共願也誠皆願之而行違者常苦其道不利而有害言未得信而身敗爾信舊作言據治要改莊子外物篇云人主莫不欲其臣之忠而忠未必信新書過秦下篇云忠言未卒於口而身糜沒矣淮南子主術訓云效忠者希不困其身歷觀古來愛君憂主敢言之臣忠信未達而爲左右所鞠按鞠舊作掬據治要改說文云𥷚窮治罪人也鞫與𥷚通亦作鞠

詳述赦篇鞠按猶漢書王商傳云窮竟考問也當世而覆被按覆被猶言覆冒詳述赦篇更爲否愚惡狀治要作愚惡無狀之臣者大戴禮曾子制言中篇云畏之見逐智之見殺固不難詘身而爲不仁宛言而爲不智豈可勝數據治要補哉孝成終沒之日不知王章之直孝哀終沒之日不知王嘉之忠也並見漢書按嘉傳云嘉死後上覽其對而思嘉言復以孔光代嘉爲丞相徵用何武爲御史大夫是孝哀未嘗不知嘉也梅福傳云王章資質忠直此言忠直本之此後賢雖有憂君哀主之情忠誠正直之節漢書傳喜傳云忠誠憂國然猶且沈吟觀聽行已者也後漢書賈復傳云帝召諸將議兵事未有言沈吟久之文選古詩云沈吟聊躑躅鳴鶴在陰其子和之易中孚九二相彼鳥矣猶求友聲詩伐木忠信未達至此舊錯入德化篇故人君不開精誠以示賢忠

賢忠亦無以得達易曰王明並受其福井九三是以忠臣必待明君乃能顯其節良吏必得察主乃能成其功漢書王褒傳聖主得賢臣頌云及其遇明君遭聖主也運籌合上意諫諍卽見聽進退得關其忠任職得行其術故世必有聖知之君而後有賢明之臣又云聖主必待賢臣而弘功業俊士亦俟明主以顯其德君不明則大臣隱下而舊作不過忠又字衍羣司舍法而阿貴商子修權篇云秩官之吏隱下而漁民韓非子姦劫弒臣篇云國有擅主之臣則羣下不得盡智力以陳其忠百官之吏不得奉法以致其功矣阿貴見上篇夫忠言所以爲安也不貢必危法禁所以爲治也不奉必亂忠之貢與不貢法之奉與不奉其秉與柄同皆在於君非臣下之所能爲也是故聖人求之於己不以責下凡爲人上

法術明而賞罰必者，雖無言語而勢自治。故人君至此舊錯入交際篇

治勢一成，君自不能亂也，況臣下乎？法術不明而賞罰不必者，雖日號令，然勢自亂。亂勢一成，君自不能治也，況臣下乎？是故勢治者，雖委之不亂；勢亂者，雖懃之不治也。商子定分篇云：聖人必為法令，置官也，置吏也，為天下師，所以定名分也。名分定，則大詐貞信，民皆愿慤，而名自治也。故夫名分定，勢治之道也；名分不定，勢亂之道也。故勢治者不可亂，勢亂者不可治。堯舜恭己無爲而有餘，勢治也；胡亥、王莽馳騖而不足，舊脫三字，据治要補。勢亂也。韓非子難勢篇云：堯舜生而在上位，雖有十桀紂不能亂者，則勢治也；桀紂亦生而在上位，雖有十堯舜而亦不能治者，則勢亂也。故曰：勢治者則不可亂，而勢亂者則不可治也。漢書揚雄傳云：世亂則聖哲馳騖而不足，世治則庸夫高枕而

有餘恭治要作拱按恭己無爲本論語胡亥當作秦
政史記秦始皇紀云天下之事無大小皆決於上上
至以衡石量書日夜有呈不中呈不得休息漢書王
莽傳云莽自見前顓權以得漢政故務自攬衆事又
好變改制度政令煩多當奉行者輒質問乃以從事
前後相乘憒眊不渫莽常御燈火至明猶不能勝所
謂馳騖而不足者也故曰善者當云善爲國者求之於勢弗責於人管子
法法篇云凡人君之所以爲君者勢也故人君失勢
則臣制之矣勢在下則君制於臣矣勢在上則臣制
於君矣是以明王審法度而布教令不行私以欺法不
黷教以辱命管子任法篇云愛人不私賞也惡人不私罰也置儀設法以度量斷者上主也
商子修權篇云立法明分而不以私害法則治故臣下敬其言而奉其禁竭
其心而稱其職管子正世篇云法立令行故羣臣奉法守職此由法術明
而威權任也夫術之爲道也精微而神言之不足而

行有餘有餘故能兼四海而照幽冥權之爲勢也健悍以大不待貴賤操之者重重故能奪主威而順當世舊作也是以明君未嘗示人術而借下權也韓非子難三云術者藏之於胸中以偶衆端而潛御羣臣者也心度篇云主之所以尊者權也外儲說右下方吾子曰吾聞之古禮行不與同服者同車不與同族者共家而況君人者乃借其權而外其勢乎商子修權篇云權制獨斷於君則威六韜守土篇云無借人國柄借人國柄則失其權孔子曰可與權論語孫侍御据論語可上補未字是故聖人顯諸仁藏諸用易繫辭上傳神而化之使民宜之繫辭下傳然後致其治而成其功功業効於民美譽傳於世然後君乃得稱明臣乃得稱忠此所謂明據下作忠依上成二人同心其利斷金也

治要金下有者字

本訓第三十二

上古之世太素之時元氣窈冥未有形兆萬精合并混而爲一莫制莫御若斯久之翻然自化清濁分別變成陰陽陰陽有體實生兩儀天地壹鬱萬物化淳易繫辭下傳王弼本壹鬱作絪縕按說文作壹壺王本淳作醇白虎通嫁娶篇引易與此同和氣生人以統理之是故天本諸陽地本諸陰人本中和已上本易乾鑿度列子天瑞篇同三才異務相待而成各循其道和氣乃臻機衡乃平機舊从玉据班祿篇改天道曰施地道曰化人道曰爲曰舊並作日大戴禮曾子天員篇云天道曰員地道曰方方曰幽員曰明明者吐氣

者也幽者含氣者也吐氣者施而含氣者化是以陽施而陰化也春秋繁露云天道施地道化人道義爲者葢所謂感通陰陽而致珍異也（白虎通封禪篇云王者承天統理調和陰陽陰陽和萬物序休氣充塞故符瑞並臻皆應德而至漢書董仲舒公孫弘傳皆言其事）人行之動天地譬猶車上御駟馬蓬中擢舟船矣（舟船舊作自照按敘錄云聖人運之若御舟車御覽七百六十九引此文作蓬中櫂舟舟字据改照船字形相近以意訂正廣韻云蓬織竹夾箬覆舟也說文無蓬字古葢借蓬爲蓬櫂櫂亦古今字詩竹竿毛傳楫所以櫂舟也）雖爲所覆載（禮記中庸云天之所覆地之所載）然亦在我何所之可（疑耳）孔子曰時乘六龍以御天（易乾文言）言行君子所以動天地也可不慎乎（繫辭上傳）從此觀之天□（程本作呈）其兆人序其勳書故曰天功人其代之（皐陶謨功程本作工與今書同忠貴）

篇亦如疑衍或下作工如有脫文蓋理其政以和天氣以臻其功漢書李尋傳云古之王者尊天地重陰陽敬四時嚴月令順之以善政則和氣可立致猶枹鼓之相應也是故道德之用莫大於氣道者氣舊脫之根也氣者道之使也必有其根其氣乃生必有其使變化乃成易繫辭下傳云變化云爲禮記中庸云動則變變則化是故道之爲物也至神以妙其爲功也至彊以大天之以動地之以靜日之以光月之以明四時五行鬼神人民億兆醜類定四年左傳云將其類醜杜注醜衆也變異吉凶何非氣然及其乖戾天之尊也氣裂之舊脫之字盧學士補地之大也氣動之盧補山之重也氣徙之盧補水之流也氣絕之史記天官書所云天開縣物地動坼絕山崩及徙川

塞谿坎是也**日月神也氣蝕之**天官書云日月薄蝕集解韋昭曰虧毀爲蝕**星辰虛也氣隕之**春秋繁露玉英篇云星墜謂之隕**旦有晝晦**漢書楚元王傳劉向封事云晝冥晦顏師古注僖十五年九月己卯晦震夷伯之廟穀梁傳曰晦冥也**宵有**王先先云按宵有下有脫文以晝晦例之疑是夜明二字莊六年左傳恒星不見夜明也繼培按淮南子泰族訓云晝冥宵光此亦當言宵光事宵光卽左傳所云夜明史記天官書云天雷電蝦虹辟歷夜明者陽氣之動者也**大風飛車**隱三年左傳云鄭伯之車僨於濟杜注既盟而遇大風傳記異也疏云車踣而入濟是風吹之墜濟水**拔樹**書金縢云天大雷電以風大木斯拔漢書谷永傳云暴風之溱拔樹折木**僨電爲冰**僨電當是歕雹說文云雹雨冰也或僨當爲積白虎通災變篇云陰氣專精積合爲雹**溫泉成湯**西京雜記董仲舒云寒水極陰而有溫泉山海經海外東經下有湯谷郭注谷中水熱也**麟龍鸞鳳蝥蠈螻蝗**爾雅釋蟲云食苗心螟食葉蟘食節賊食

根蟊蝥蠈即蟊賊漢書五行志云宣公十五年冬蝝生董仲舒劉向以爲蝝螟始生也說文云蝝董仲舒說蝗子也蝗螽也莫不氣之所爲也以此觀之氣運感動亦誠大矣變化之爲何物不能者道之使也至此舊錯入德化篇然此下尚有脫文所變也神氣之所動也當此之時正氣所加非唯於人百穀草木禽獸魚鼈皆口養其氣口當作和王先生云此文有脫誤以下句例之宜云皆味食於口以養其氣聲入於耳以感於心尚書大傳云五載一巡守羣后德讓貢正聲而九族具成雖禽獸之聲猶悉關於律昭廿一年左傳泠州鳩曰夫音樂之輿也而鐘音之器也天子省風以作樂器以鐘之輿以行之小者不窕大者不槬則和於物物和則嘉成故和聲入於耳而藏於心心億則樂男女聽脫一字以施精神資和以兆衇民之胎含嘉以成體文有脫誤以下篇參之當云民之胎也資和以兆衇

含嘉以成體說文云脈婦孕一月也胎婦孕三月也衇與脈同及其生也和以養性美在其中而暢於四肢易坤文言肢王弼本作支實於血脈是舊脫以心性志意耳意耳舊倒目精疑情欲無不貞疑具廉潔懷履行者逸周書官人解云其壯者觀其廉潔務行而勝私鹽鐵論散不足篇云履德行仁詩大東云君子所履鄭箋君子皆法效而履行之此五帝三王所以能畫法像而民不違正己德而世自化也畫法像注見襃制篇漢書公孫弘傳武帝策賢良制云蓋聞上古至治畫衣冠異章服而民不犯今何道而臻乎此對曰上古堯舜之時不貴爵賞而民勸善不重刑罰而民不犯躬率以正而遇民信也是故法令刑賞者乃所以治民事而致整理爾未足以興大化而升太平也史記酷吏傳序云法令者治之具而非制治清濁之源也漢書禮樂志劉向云教化所恃以爲治也刑法所以助治

也今廢所恃而獨立其所助非所以致太平也夫欲歷三王之絕迹史記司馬相如傳云殊尤絕迹臻帝皇之極功者必先原元而本本按班固西都賦及漢書敍傳敍律歷志並云元元本本興道而致和以淳粹之氣易乾文言純粹精也醇與純通楚辭遠遊云精醇粹而始壯生敦龐之民成十六年左傳云民生敦龐明德義之表禮記表記云仁者天下之表也作信厚之心詩麟之趾云振振公子毛傳振振信厚也然後比可美而功可成也

德化第三十三

人君之治莫大於道莫盛於德莫美於教莫神於化道者所以持之也德者所以苞之也韓詩外傳五云德也者包天地之美淮南子說山訓云仁義在道德之包苞與包同教者所以知之也化者所

以致之也民有性有情有化有俗情性者心也本也化俗者行也末也末生於本行起於心是以上君撫世先其本而後其末漢書董仲舒傳云天令之謂命命非聖人不行質樸之謂性性非教化不成人欲之謂情情非制度不節是故王者上謹於承天意以順命也下務明教化民以成性也正法度之宜別上下之序以防欲也修此三者而大本舉矣順舊作慎据治要改其心而理意林作治其行心精治要作情苟正舊作亡据治要改則姦匿讀爲慝無所生舊脫無字生作作据治要補改意林作姦慝不生邪意無所載矣夫化變民心也猶政變民體也德政加於民則多滌暢姣好堅彊考壽滌當作條考當作老禮記樂記云感條暢之氣漢書律歷志云陰陽萬物靡不條鬯該成顏師古注鬯與暢同論衡齊世篇云語稱上世之人侗長佼好堅強老壽百歲左右姣與

佼通考壽猶言老壽詩雝鄭箋云又能昌大其子孫安助之以考壽多與福祿**惡政加於民則多罷癃尫病夭昏札瘥**呂氏春秋明理篇子華子曰夫亂世之民長短頡許百疾民多疾癘道多褓繈盲禿傴尫萬怪皆生高誘注尫短仰者也史記平原君傳云有罷癃之病說文云尣彼曲脛也古文从王作尫周語云無夭昏札瘥之憂漢書董仲舒傳云或夭或壽或仁或鄙陶冶而成之不能粹美有治亂之所生故不齊也故堯舜行德則民仁壽桀紂行暴則民鄙夭**故尚書美考終命而惡凶短折**洪範**國有傷明之政則民多病目**舊作因漢書五行志云傳曰視之不明是謂不悊又曰視氣毀及人則多病目者故有目痾**有傷聽之政則民多病耳**舊作身五行志云傳曰聽之不聰是謂不謀又曰聽氣毀及人則多病耳者故有耳痾**有傷賢之政則賢多橫夭**王先生云賢多當作民多**夫形體骨幹爲堅強也**史記蔡澤傳云人生百體堅彊白虎通嫁娶篇云男

三十筋骨堅強昭廿五年左傳杜注幹骸骨也然猶隨政變易又況乎心氣精微不可養哉詩云敦彼行葦羊牛勿踐履方苞方體惟葉柅柅行葦柅柅舊作握握盧學士改繼培按文選蜀都賦總莖柅柅李善注引毛詩云維葉柅柅今詩作泥泥又曰鳶飛厲天魚躍于淵愷悌君子胡不作人早麓厲今作戾愷悌作豈弟胡作遐公劉厚德恩及草木羊牛六畜且猶感德傷聽之政至此舊錯在教化之所致下此下又錯入交際篇消息於心以下三十三行明忠篇忠信未達以下五行仁不忍踐履生草列女傳晉弓工妻曰君聞昔者公劉之行羊牛踐葭葦惻然爲民痛之恩及草木豈欲殺不辜者乎白虎通情性篇云仁者不忍也則又況於民萌而有不化者乎萌與氓同注見班祿篇君子修其樂易之德早麓毛傳訓豈弟爲樂易鄭箋云君子謂太王王季上及飛鳥

下及淵魚無（舊脫）不歡忻悅豫則又況於士庶而有不仁者乎（舊脫於字有字依上文例補）聖深知之（聖下脫人字或明主二字誤合爲聖勸將篇云明主深知之）皆務正己以爲表（禮記緇衣云上之所好惡不可不愼也是民之表也）明禮義以爲教和德氣於未生之前正表儀於咳笑之後（文六年左傳云引之表儀說文云咳小兒笑也）民之胎也合中和以成其生也立方正以長是以爲仁義之心廉恥之志（漢書賈誼傳云廉愧之節仁義之厚）骨著脈通（著讀根著之著）與體俱生而無麤穢之氣（周語云麤穢暴虐楚辭遠遊云精氣入而麤穢除）無邪淫之欲雖放之大荒之外（大荒見山海經）措之幽冥之內終無違禮之行（列女傳衞靈夫人曰忠臣與孝子不爲昭昭變節不爲冥冥惰行論衡書虛篇云世稱柳下惠

之行言其能以幽冥自修潔也後漢書馮衍傳云修道德於幽冥之路投之危亡之地納之鋒鍔之間終無苟全之心舉世之人行皆若此則又烏所得亡疑衍郎夫字聲誤夫姦亂之民而加辟哉上天之載無聲無臭儀形文王萬邦作孚詩文王形今作刑聲舊作馨据程本改此姬氏所以崇美於前而致刑措於後也舊脫史記周本紀云成康之際天下安寧刑錯四十餘年不用錯是措之借是故上聖聖下舊有故字衍不務治民事而務治民心故曰聽訟吾猶人也必也使無訟乎導之以德齊之以禮並論語務厚其情而明則務義則務二字當作其民親愛則無相害傷之意動思義則無姦邪之心夫若此者非法据治要補律之所使

也非威刑之所彊也此乃教化之所致也是故上聖至此舊錯在有傷聽之政上今移正也字据治要補漢書董仲舒傳云夫萬民之從利也如水之走下不以教化隄防之不能止也是故教化立而姦邪皆止者其隄防完也教化廢而姦邪並出刑罰不能勝者其隄防壞也古之王者明於此是故南面而治天下莫不以教化爲大務立太學以教於國設庠序以化於邑漸民以仁摩民以誼節民以禮故其刑罰甚輕而禁不犯者教化行而習俗美也聖人甚舊作其据治要改尊德禮而卑刑罰漢書禮樂志董仲舒對策云王者承天意以從事故務德教而省刑罰故舜先勅契以敬敷五教而後命皋陶以五刑三居書堯典是故凡立法者非以司民短而誅過誤王先生云司讀爲伺乃以防姦惡而救禍敗檢淫邪而內正道爾禮記樂記云刑以防其姦新語道基篇云檢姦邪消佚亂大戴禮勸學篇云所以防僻邪而道中正

也內讀爲納詩云民之秉夷好是懿德崧高夷今詩作彝孟子引詩作夷故民有心也猶爲種之有園也遭和氣則秀茂而成實遇水旱則枯槁而生孽說文云禽獸蟲蝗之怪謂之蠥孽與蠥通民蒙善化則人据治要補有士君子之心春秋繁露俞序篇云教化流行德澤大洽天下之人人有士君子之行而少過矣被惡政則人有懷姦亂之慮故善者之養天民也猶良工之据治要補爲麴豉也孟子云天下之良工也說文云𥻆酒母也或作鞠麴與𥻆鞠同豉說文正作敊云配鹽幽尗也史記貨殖傳云蘗麴鹽豉千荅起居以其時漢書卜式傳云以時起居禮記儒行鄭注起居猶舉事動作寒溫得其適呂氏春秋侈樂篇云寒溫勞逸飢飽此六者非適也凡養也者瞻非適而以之適者也則一蔭之麴豉說文云窨地室也徐鍇云今謂地窖藏酒爲窨蔭與窨通齊民要術云作

豉法先作煖蔭屋坎地深三二尺密泥塞屋牖勿令風及蟲鼠入也又云作麥麴法其房欲得板戶密泥塗之說文豉配鹽幽尗徐鍇云幽謂造之幽暗也暗與窨義亦同盡美而多量史記匈奴傳中行說曰漢所輸匈奴繒絮米蘗令其量中必善美其遇舊作愚据治要改拙工孟子云大匠不爲拙工改廢繩墨則一蔭之麴豉皆臭敗而棄捐舊作損据治要改今六合亦由一蔭也新書過秦上篇云履至尊而制六合淮南子原道訓高誘注四方上下爲六合黔首之屬禮記祭義云以爲黔首則鄭注黔首謂民也猶豆麥也變化云爲易繫辭下傳在將者爾遭良吏則皆懷忠信而履仁厚遇惡吏則皆懷姦邪而行淺薄漢書刑法志文帝詔云牧民而道之以善者吏也公孫弘傳云先世之吏正故其民篤今世之吏邪故其民薄禮樂志云世衰民散小人乘君子心耳淺薄則邪勝正忠厚積則致太平姦薄積則

致危亡是以聖帝明王皆敦德化而薄威刑德者所以修己也威者所以治人也上智與舊作則下愚之民少而中庸之民多論語云唯上知與下愚不移後漢書楊終傳云上智下愚謂之不移中庸之流要在教化荀子王制篇云中庸民不待政而化楊倞注中庸民易與爲善故教則化之不待政成之後也中民之生世也猶鑠金之在鑪也從篤變化篤疑范之誤王先生云疑是從革惟治所爲方圓薄厚隨鎔制爾春秋繁露實性篇云中民之性待漸於教訓而後能爲善漢書董仲舒傳云夫上之化下下之從上猶泥之在鈞惟甄者之所爲猶金之在鎔惟治者之所鑄是故世之善否治要作惡俗之薄厚皆在於君上聖和德舊脫據上文補氣以化民心正表儀以率羣下故能使民比屋可封堯舜是也新語無爲篇云堯舜之民

可比屋而封桀紂之民可比屋而誅者教化使然也漢書王莽傳云明聖之世國多賢人故唐虞之時可比屋而封論衡藝增篇云儒書又言堯舜之民可比屋而封言其家有君子之行可皆官也

其次躬道德而敦慈愛美教訓而崇禮讓故能使民無爭心昭六年左傳云民知有辟則不忌於上並有爭心以徵於書而徼幸以成之而致刑錯上作措文武是也其次明好惡而顯法禁平賞罰而無阿私孝經云示之以好惡而民知禁韓非子五蠹篇云明其法禁必其賞罰漢書金日磾傳云亡所阿私呂氏春秋貴公篇高誘注阿亦私也故能使民辟姦邪而趨公正理弱亂以致治彊中興是也毛詩序云烝民尹吉甫美宣王也任賢使能周室中興焉史記周本紀云宣王即位二相輔之修政法文武成康之遺風諸侯復宗周治天下下有脫文身處汙而放情文選古詩云蕩滌放情志治要載桓範政要論節欲篇云儉者節欲

奢者放情放情者危節欲者安怠民事而急酒樂大戴禮少閒篇云荒耽於酒淫泆於樂近頑童而遠賢才鄭語史伯曰侏儒戚施實御在側近頑童也親諂諛而疎正直重賦稅以賞無功妄加喜怒以傷無辜治要載六韜文韜篇太公曰賢君之治國其政平吏不苛其賦歛節其自奉薄不以私善害公法賞賜不加於無功刑罰不施於無罪不因喜以賞不因怒以誅故能亂其政以敗其民弊其身以喪其國者詩抑云天方艱難曰喪厥國毛詩序云衞武公刺厲王幽厲是也孔子曰三人行必有我師焉擇其善者而從之其不善者我則改之論語我則二字作而詩美宜鑒於殷自求多福文王是故世主誠能使六合之內舉世之人咸懷方厚之情而無淺薄之惡各奉公正舊作政據治要改之心

而無姦險舊作陑据治要改之慮則義農之俗復見於茲麟龍鸞鳳復畜於郊矣白虎通封禪篇云德至鳥獸則鳳凰翔鸞鳥舞麒麟臻禮記禮運云鳳凰麒麟皆在郊棷

五德志第三十四

自古在昔詩那天地開闢御覽一引尚書中候云天地開闢三皇迭制各樹號謚以紀其世天命五代正朔三復白虎通三正篇云禮三正記曰正朔三而改文質再而復神明感生禮記大傳鄭注云王者之先祖皆感太微五帝之精以生詳卜列篇注爰舊作愛興有國亡於嫚以以當作易易以聲近之誤說文云嫚侮易也經典通作慢易注見斷訟篇滅於積惡神微精以以字誤或當在精字上明忠篇精微而神是其例論衡奇怪篇云說聖者以爲稟天精微之氣此文意蓋與彼同天

命罔極詩維天之命毛傳孟仲子曰大哉天命之無極文十七年左傳云命之罔極或皇馮依詩閟宮云上帝是依鄭箋天用是馮依而降精氣信五年左傳云神所馮依或繼體育史記外戚世家序云自古受命帝王及繼體守文之君太曎與皞同隸書从皋之字多作睪以前尚矣大戴禮五帝德篇云孔子曰黃帝尚矣史記三代世表序云五帝三代之記尚矣索隱劉氏云尚猶久古也迪斯用來猶云由斯以來也頗可紀錄雖一精思史記鄒陽傳云雖竭精思一讀專壹之壹議而復誤故撰古訓詩烝民云古訓是式說文云僎具也撰即僎之借著五德志大戴禮有五帝德篇三代世表序云終始五德之傳索隱云謂帝王更王以金木水火土之五德傳次相承終而復始故云終始五德之傳也世傳三皇五帝多以爲伏羲神農爲二皇淮南子原道訓云泰古二皇高誘注二皇伏羲神農也獨斷云上古天子庖犧氏神農氏稱皇其一者或曰燧人尚書

大傳及禮緯含文嘉說見風俗通皇霸篇禮記曲禮疏云宋均注援神契引甄耀度數燧人伏羲神農爲三皇或曰祝融禮號謚記說見風俗通白虎通亦引之或曰女媧春秋運斗樞說見風俗通其是與非未可知也我聞古有天皇地皇人皇史記秦始皇紀博士議曰古有天皇有地皇有泰皇索隱云泰皇當人皇也初學記九引春秋緯云天皇地皇人皇兄弟九人分九州長天下御覽七十八引徐整三五歷紀云天皇地皇人皇爲太古以爲或及此謂亦不敢明凡斯數下脫一字其於五經皆無正文故略依易繫記伏羲以來以遺後賢雖多未必獲正然罕可以浮游博觀其求厥眞大人迹出雷澤華胥履之生伏羲御覽七十八引詩含神霧云大迹出雷澤華胥履之生宓犧又引孝經鉤命決云華胥履跡怪生皇犧注云跡靈威仰之跡也其相日角御覽引孝經援神契云伏羲氏

日角衡連珠五行大義五引孝經鈎命決云伏羲日角珠衡戴勝世號太曎漢書古今人表太昊帝宓羲氏張晏曰太昊有天下號也按律歷志云易曰炮犧氏之王天下也言炮犧繼天而王為百皇先首德始於木故為帝太昊作罔罟以佃漁取犧牲故天下號曰炮犧氏是班氏以太昊為身號炮犧為世號矣先儒言身號世號往往岐異今就與本書合者錄之都於陳昭十七年左傳云陳太皞之墟也杜注太皞居陳其德木御覽引春秋內事云伏羲氏以木德王以龍紀故為龍師而龍名昭十七年左傳作八卦結繩為網以漁易繫辭下傳後嗣帝嚳錢宮詹大昕云太史公三代世表謂堯舜禹稷契皆出黃帝稷契與堯同父堯不能用至舜始舉之舜娶堯二女乃是曾祖姑此皆昔人所疑惟潛夫論五德篇謂帝嚳為伏羲之後其後為后稷堯為神農之後舜為黃帝後禹為少昊後契為顓頊後少昊顓頊不出於黃帝堯不出於嚳則舜無娶同姓之嫌而稷契之不為堯所知亦無足怪於情事似近之又考春秋命歷序稱黃帝傳十世二

千五百二十歲少昊傳八世五百歲顓頊傳二十世三百五十歲帝嚳傳十世四百歲然則顓頊非黃帝孫堯亦非帝嚳子可以正史記之謬與潛夫論亦相合

代顓頊氏漢書律歷志云春秋外傳日顓頊之所建帝嚳受之水生木故爲木德

其相戴干御覽八十引春秋元命苞云帝嚳戴干是謂清明發節移度蓋像招搖王先生云按元命苞言厥象招搖則干常作斗字形相涉而誤戴斗者項方如斗也

其號高辛漢書律歷志云天下號曰高辛氏史記索隱宋衷曰高辛地名因以爲號

厥質神靈大戴禮五帝德篇云高辛生而神靈自言其名

德行祇肅迎逆日月大戴禮云歷日日而迎送之

順天之則大戴禮云順天之義

能敘三辰以周民禮記祭法云帝嚳能序星辰以著衆

作樂六英周禮大司樂疏引樂緯云顓頊之樂曰五莖帝嚳之樂曰六英注云能爲五行之道立根莖六英英者六合之英高誘注淮南子齊俗訓以六英爲顓頊樂御覽七十九八十引帝王世紀又云顓頊作樂五英帝嚳作樂六莖白虎通禮樂篇則以

六莖屬顓頊五英屬帝嚳漢書禮樂志同然此自本樂緯下云顓頊作樂五英英英當爲莖蓋傳寫之誤

世有才子八人伯奮仲堪叔獻季仲伯虎仲雄叔豹季貍忠肅恭懿宣慈惠和天下之人謂之八元文十八年左傳雄今作熊貍作貍恭作共

後嗣姜嫄履大人迹生姬棄御覽一百卅五引春秋元命苞云周本姜嫄遊閟宮其地扶桑履大迹生后稷史記周本紀云帝舜封棄於郃號曰后稷之別姓姬氏

厥相披顚宋書符瑞志作枝顚按披枝並岐之誤御覽三百六十八引春秋元命苞云后稱岐顚自求是謂好農蓋象角亢載上食穀王先生云按詩大雅生民克岐克嶷岐嶷卽岐頤也岐者頭骨隆起而岐出嶷嶷然高故象角亢

爲堯司徒司徒當作司馬詩閟宮鄭箋云后稷生而名棄長大堯登用之使居稷官民賴其功後雖作司馬天下猶以后稷稱焉疏引尚書刑德放云稷爲司馬契爲司徒御覽二百九引尚書中候云稷爲大司馬論衡初稟篇云棄事堯爲司馬居稷官故爲后稷

又主播種農植嘉穀書呂刑植今作殖堯遭水災萬民以濟繫辭云曰杵之利萬民以濟故舜命曰后稷書堯典初烈山氏之有天下也其子曰柱能植百穀故立以爲稷自夏以上祀之周之興也以棄代之至今祀之昭廿九年左傳云有烈山氏之子曰柱爲稷自夏以上祀之周棄亦爲稷自商以來祀之禮記祭法云厲山氏之有天下也其子曰農能殖百穀夏之衰也周棄繼之故祀以爲稷鄭注厲山氏或曰有烈山氏此合二書言之太姒夢長人感己生文王御覽八十四引詩含神霧云大任夢長人感己生文王厥相四乳御覽引春秋元命苞云文王四乳是謂含良蓋法酒旗布恩施惠爲西伯興於岐史記周本紀云古公止於岐少子季歷生昌有聖瑞古公曰我世當有興者其在昌乎昌立是爲西伯西伯曰文王說文云郂周文王所封或从山作岐因岐山以名之也斷虞芮之訟而

始受命（史記劉敬傳云：文王爲西伯，斷虞芮之訟，始受命。齊太公世家云：周西伯政平，及斷虞芮之訟，而詩人稱西伯受命。周本紀又云：詩人道西伯，蓋受命之年稱王，而斷虞芮之訟。）武王駢齒（御覽三百六十八引春秋元命苞云：武王駢齒，是謂剛強，參房誅害，以從天心。）勝殷遏劉（詩。）成周道（漢書律歷志云：武王伐商紂，水生木，故爲木德，天下號曰周室。五行志云：昔周公制禮樂，成周道。）姬之別封衆多，管、蔡、成、霍、魯、衞、毛、聃、郜、雍、曹、滕、畢、原、酆、郇，文之昭也；邘、晉、應、韓，武之穆也；凡、蔣、邢、茆、祚、祭，周公之胤也。（僖廿四年左傳，成作郕，邢作邢，茆作茅，祚作胙。茆讀爲茅，詳交際篇。）周、召、虢、畀、隨、邠、方、卬、息（舊作自，据路史國名紀五、後紀十改。隱十一年左傳疏引世本：息國，姬姓。說文作鄎。）潘（廣韻二十六桓潘字注云：周文王子畢公之子季孫食采於潘，因氏焉。）養、滑、鎬、宮、密、欒、丹、郭（僖五年左傳云：虢仲、虢叔，王季之穆也。疏引賈逵云：虢仲、

封東虢制是也虢叔封西虢虢公楊
是也按虢公僖二年公羊傳作郭楊逢管唐韓楊重
見後紀十載姬國有陽在楊上上文楊字葢卽陽之
譌此楊字當从手襄廿九年左傳云虞虢焦滑霍揚
韓魏皆姬姓也疑狐晉語云狐鱗當作鮮昭十
姬姓也觚氏出自唐叔欒甘鱗虞二年穀梁傳晉
伐鮮虞范甯注鮮虞姬姓白狄也疏云世本文
鄭語云北有衞燕狄鮮虞韋昭注鮮虞姬姓國王氏
國名紀後紀王作主以主爲國名按皆姬姓也有神
太子晉之後爲王氏見志氏姓篇
龍首出常羊感任姒舊脫羊字任作姙御覽七十八
引帝王世紀云神農氏母曰任
姒有喬氏之女名女登爲少典妃遊於華陽有神龍
首感女登於常羊生炎帝又引孝經鉤命決云任己
感龍生帝魁注云魁
神農名己或作姒生赤帝魁隗身號炎帝世號神
農代伏羲氏淮南子時則訓云赤帝祝融之所司者
萬二千里高誘注赤帝炎帝炎帝號爲神農
漢書律歷志云易曰炮犧氏沒神農氏作以火
承木故爲炎帝教民耕農故天下號曰神農氏其德

火紀故爲火師而火名昭十七年左傳是始舊作以依下文剟改斲木爲耜揉木爲耒耨日中爲市致天下之民聚天下之貨交易而退各得其所易繫辭按揉木爲耒耨與釋文或本同後嗣慶都與龍合婚生伊堯初學記九引詩含神霧云慶都與赤龍合婚生赤帝伊祁堯按隸釋帝堯碑云帝堯者其先出自塊隗翼火之精有神龍首出於常羊□□□□□□□生赤□□□□□□□□□□爰嗣八九慶都與赤龍交而生伊堯成陽靈臺碑云昔者慶都兆舍穹精氏姓曰伊游觀河濱感赤龍交始生堯淮南子修務訓高誘注堯母慶都蓋天帝之女寄伊長孺家年二十無夫出觀於河有赤龍負圖而至奄然陰雲赤龍與慶都合而生堯按誘說本春秋合誠圖御覽八十引之代高辛氏其眉八彩御覽引春秋元命苞云堯眉八彩是謂通明歷象日月璇璣玉衡世號唐漢書律歷志云帝堯封於唐蓋高辛氏衰天下歸之木生火故爲火德天下號曰陶唐氏

作樂大章白虎通云堯樂曰大章始禪位孟子云唐虞禪武王克殷而封其胄於鑄禮記樂記云武王克殷反商未及下車而封帝堯之後於祝鄭注祝或爲鑄續漢書郡國志濟北郡蛇丘有鑄鄉城劉昭注周武王未及下車封堯後於鑄案鑄祝聲相近淮南子俶眞訓冶工之鑄器高誘注鑄讀如唾祝之祝含始吞赤珠曰玉英生漢龍

感女媪劉季興藝文類聚九十八引詩含神霧云含始吞赤珠刻曰玉英生漢皇後赤龍感女媪劉季興也苑與刻同史記高祖紀索隱引王符云太上皇名燸此書無之蓋小司馬誤也漢書律歷志云漢高祖皇帝伐秦繼周木生火故爲火德大電繞樞炤野感符寶生

黃帝軒轅藝文類聚二引河圖握矩起云大電繞樞星炤郊野感符寶而生黃帝御覽七十九符作附初學記九引詩含神霧同大戴禮五帝德篇云黃帝曰軒轅代炎帝氏其相龍顏御覽七十九引春秋元命苞云黃帝龍顏得天庭陽上法中宿取象文昌戴天履陰秉數制剛其

德土行史記五帝紀云有土德之瑞漢書律歷志云易曰神農氏沒黃帝氏作火生土故爲土德
以雲紀故爲雲師而雲名昭十七年左傳作樂咸池白虎通云黃帝
樂曰咸池是始制衣裳繫辭後嗣握登見大虹意感生重華
虞舜御覽八十一引詩含神霧云握登見大虹意感生帝舜史記五帝紀云虞舜者名曰重華其
目重瞳子御覽三百六十六引春秋元命苞云舜重瞳子是謂滋涼上應攝提以象三光御覽多誤
字據白虎通聖人篇訂正事堯堯乃禪位曰格爾舜天之歷數在
爾躬允執厥中四海困窮天祿永終論語格今作咨厥作其乃
受終於文祖書堯典世號有虞漢書律歷志云帝舜處虞之嬀汭堯嬗以天下
火生土故爲土德天下號曰有虞氏作樂九韶白虎通云舜樂曰簫韶呂氏春秋古樂篇云舜
乃令質修九招六列六英以明帝德招與韶同禪位於禹武王克殷而封胡

公嬀滿於陳，庸以元女大姬 禮記樂記云武王克殷反商未及下車而封帝舜之後於陳襄廿五年左傳云庸以元女大姬配胡公而封諸陳王先生云大姬下脱配之二字 大星如虹下流華渚，女節夢接，生白帝摯青陽，世號少皞 初學記十引河圖云帝摯少昊氏母曰女節見大星如虹下流華渚既而夢接意感生白帝朱宣御覽引帝王世紀云少昊帝名摯字青陽接漢書律歷志以摯爲黃帝子青陽子孫與此異 代黃帝氏，都於曲阜 定四年左傳封於少皞之墟杜注少皞虛曲阜也帝王世紀云都曲阜 其德金行 漢書律歷志云土生金故爲金德天下號曰金天氏 其立也鳳皇適至，故紀於鳥，鳳鳥 舊脱 氏歷正也，玄鳥氏司分者也，伯趙氏司至者也，青鳥氏司啓者也，丹鳥氏司閉者也，祝鳩氏司徒也，雎鳩氏司馬也，尸鳩氏司空也，爽鳩氏司寇也鶻鳩氏司事也五鳩鳩民者也五雉爲五工正利器用夷民者也昭十七年左傳鳳皇作鳳鳥利器用下有正度量一句又云九扈爲九農正扈民無淫者也此亦當有之是始舊作故作書契百官以治萬民以察繫辭有才子四人曰重曰該曰修曰熙實能金木及水故重爲勾芒該爲蓐收修及熙爲玄冥恪恭厥業世不失職遂濟窮桑昭廿九年左傳無恪恭厥業句後嗣修紀見流星意感生白帝文命戎禹戎舊作我御覽八十二引尚書帝命驗云禹白帝精以星感修已山行見流星意感栗然生姒戎文命注云姒禹氏禹生戎地一名文命按御覽引帝王世紀及宋書符瑞志紀並作已孝經鉤命決作紀亦見御覽其耳參漏御覽八十二引雒書靈准聽云有人大口兩耳參漏注云謂禹也白虎通聖人篇云禹耳三漏是謂大通興利除害決河

疏江爲堯司空書堯典主平水土命山川書呂刑命今作名畫九
州制九貢功成賜玄珪以告勳於天書禹貢珪今作圭說文云古文
圭从玉舜乃禪位命如堯詔論語云舜亦以命禹禹乃即位作樂
大夏白虎通云禹樂曰大夏世號夏后漢書律歷志云伯禹虞舜嬗以天下土生金故
爲金德天下號曰夏后氏皇侃論語義疏引白虎通云夏以揖讓受禪爲君故褒之稱后后君也又云夏
得禪授是君與之故稱后也傳嗣子啓啓子太康仲康更立兄弟
五人皆有昏德不堪帝事降須洛汭是謂五觀楚語士亹
曰啓有五觀韋昭注五觀啓子太康昆弟也觀雒汭之地書曰太康失國昆弟五人須於雒汭按漢書古
今人表下中太康注啓子兄弟五人號五觀下上中康注太康弟按太康仲康不在五觀之數此并言之
蓋誤孫相嗣位夏道浸衰於是后羿自鉏遷於窮石因

夏民以代夏政滅相妃后緡方娠逃出自竇奔襄四年左傳作歸於有仍生少康焉爲仍爲仍舊作仍妃據傳改牧正按襄四年傳以代夏政下卽接恃其射也滅相乃浞事見哀元年傳傳文滅夏后相至爲仍牧正在伐斟鄩下此文敘事有乖先後羿恃己傳作其射也不修民事而淫於原獸棄武羅伯因熊髡尨圉而用寒浞浞傳作伯明氏讒子弟也柏明氏惡而棄之夷羿收之信而使之以爲己相浞行媚於內施賂於外愚弄於傳作其民虞羿於田樹之詐匿讀爲慝以取其國家外內咸服羿猶不悛將歸自田家衆殺而烹之以食其子子不忍食諸死於窮門靡奔於有鬲氏浞因羿室生澆及豷恃其讒慝

本書慝皆作匿按爾雅釋訓譓譓謞謞崇讒慝也釋文云慝諸儒並女陟反言隱匿其情以飾非是讒慝正當爲讒慝此疑後人所改詐僞而不德於民使澆用師滅斟灌及斟尋氏處豷於過處澆於戈按傳豷澆當易置使椒求少康逃奔有虞爲之胞正胞傳作庖按胞庖古通用列子楊朱篇胞廚之下釋文云胞本作庖莊子養生主篇庖丁爲文惠君解牛釋文云庖崔本作胞庚桑楚篇湯以胞人籠伊尹釋文云胞本又作庖漢書百官公卿表少府屬官有胞人東方朔傳館陶公主胞人臣偃顏師古注並云胞與庖同王方伯云禮記祭統云夫祭有畀煇胞翟闇者又云胞者肉吏之賤者也亦以胞爲庖虞思妻以二妃傳作姚而邑諸綸有田一成有衆一旅能布其德而兆其謀以收夏衆撫其官職靡自有鬲收二國之燼以滅浞而立少康焉乃使女艾誘澆使后杼誘

豷后傳作季杜注季杼少康子后杼也遂滅過戈復禹之績祀夏配天不失舊物夏道浸衰以下本襄四年哀元年左傳十有七世而桀亡天下史記三代世表云從禹至桀十七世夏本紀集解徐廣曰從禹至桀十七君十四世漢書律歷志云夏后氏繼世十七王武王克殷而封其後於杞禮記樂記云武王克殷反商下車而封夏后氏之後於杞或封於繒周語云有夏雖衰杞繒猶在韋昭注杞繒二國夏後也又封少暤之冑於祁王先生云祁當作郯昭十七年左傳郯子來朝昭子問少昊氏鳥名官何故郯子曰吾祖也我知之繼培按路史國名紀二少昊後有祁國即承潛夫論誤本言之澆才力蓋衆漢書鄒陽傳云衆不可蓋顏師古注蓋覆蔽也項羽傳云力拔山兮氣蓋世季布傳云布弟季心氣蓋關中義並同驟其勇武而卒以亡故南宮括曰羿善射奡盪舟俱不得其死也論語奡與澆同姒姓分氏夏后

有扈有南斟尋洎泓辛褒費戈冥繒皆禹後也史記夏本紀論云禹爲姒姓其後分封用國爲姓故有夏后氏有扈氏有男氏斟尋氏彤城氏褒氏費氏杞氏繒氏辛氏冥氏斟戈氏索隱云系本男作南尋作鄩費作弗而不云彤城及褒又斟戈氏左傳系本皆云斟灌氏此文褒舊作襄據史記改戈上無斟字疑脫洎泓不見於史蓋卽彤城之誤

搖光如月正白感女樞幽防之宮生黑帝顓頊御覽七十九引河圖云瑤光之星如蜺貫月正白感女樞幽房之宮生黑帝顓頊初學記九蜺作虹又二引詩含神霧云瑤光如蜺貫月正白感女樞生顓頊此云搖光如月誤搖與瑤防與房古字竝通

其相駢幹御覽七十九引春秋元命苞云顓頊併幹上法月參集威成紀以理陰陽三百七十一引作駢幹

身號高陽世號共工禮記祭法云共工氏霸九州鄭注在太昊炎帝之間魯語韋昭注同漢書律歷志云祭典曰共工氏伯九域言雖有水德在火木之間非其序也任知刑以彊故伯而不王淮南子原道訓云共工

與高辛爭爲帝兵畧訓云共工爲水害故顓頊誅之按共工爲顓頊所誅不當襲用其號漢書律歷志以高陽爲有天下號此云身號亦異昭十七年廿九年左傳共工氏此並以爲顓頊事或出左氏家舊說也代少暤氏其德水行漢書律歷志云金生水故爲水德以水紀故爲水師而水名昭十七年左傳承少暤衰九黎亂德乃命重黎討訓服楚語觀射父云少暤之衰也九黎亂德顓頊受之乃命南正重司天以屬神命火正黎司地以屬民使復舊常無相侵瀆服上疑脫不字訓與馴同史記索隱云史記馴字徐廣皆讀曰訓訓順也歷象日月東西南北下有脫文大戴禮五帝德篇云顓頊乘龍而至四海北至於幽陵南至於交阯西濟於流沙東至於蟠木動靜之物大小之神日月所照莫不砥礪作樂五英英當作莖詳上有才子八人蒼舒隤凱檮演大臨尨降庭堅仲容叔達齊聖廣淵明允篤誠天下之人謂之八凱

文十八年左傳隤凱作隤敳擣演作擣戭八凱作八愷按說文戭字下引春秋傳檮亦从手志氏姓篇演作戭與傳同

共工氏有子曰勾龍能平九土故號后土死而爲社天下祀之昭廿九年左傳蔡墨曰共工氏有子曰勾龍爲后土魯語展禽曰共工氏之伯九有也其子曰后土能平九土故祀以爲社此合二書言之

娀簡吞燕卵生子契史記殷本紀云殷契毋曰簡狄有娀氏之女爲帝嚳次妃三人行浴見玄鳥墮其卵簡狄取吞之因孕生契契長而佐禹治水有功封於商賜姓子氏御覽八十三引尚書中候云玄鳥翔水遺卵於流娀簡拾吞生契封商注玄鳥燕也翔水徘徊於水上娀氏也簡簡狄也契毋名商國名詩云天命玄鳥降而生商是也禮記月令鄭注亦稱娀簡

爲堯司徒職親百姓順五品書堯典順今作遜殷本紀作訓淮南子人閒訓五品不愼御覽五十九引淮南子作不順

扶都見白氣貫月意感生黑帝子履御覽八十三引河圖云扶都見白氣貫月意感生黑

帝湯注云詩含神霧同御覽脫意字据藝文類聚十補其相二肘御覽八十三引雒書靈准聽云黑帝子湯長八尺一寸連珠庭臂二肘又引春秋元命苞云湯臂二肘是謂神剛按論衡骨相篇亦云湯臂再肘白虎通聖人篇作三肘御覽三百六十九引元命苞又云湯臂四肘藝文類聚十二引元命苞初學記九引帝王世紀宋書符瑞志並同身號湯世號殷漢書律歷志云湯伐夏桀金生水故為水德天下號曰商後曰殷孟康曰初契封商湯居殷而受命故二號致太平後衰乃生武丁卽位默以不言思道三年而夢獲賢人以為師乃使以夢像求之四方側陋得傅說方以胥靡築於傅巖升以為大公而使朝夕規諫恐其有憚怠也則勑曰若金用汝作礪若濟巨川用汝作舟楫若時大旱用汝作霖雨啟乃心沃朕心若藥不瞑眩

厥疾不瘳若跣不視地厥足用傷爾交修余無棄故
能中興稱號高宗武丁以下見楚語大公楚語無大字及帝辛而亡天
下謂之紂史記三代世表云帝辛是爲紂武王封微子於宋禮記樂記云投
殷之後於宋鄭注投舉徙之辭也時武王封紂子武
庚於殷殷墟所徙者微子也後周公更封而大之按史
記殷本紀云周武王崩武庚與管叔蔡叔作亂成王
命周公誅之而立微子於宋以續殷後宋世家同
封箕子於朝鮮史記宋世家子姓分氏殷時來宋扐蕭空
同北段皆湯後也史記殷本紀論云契爲子姓其後
分封以國爲姓有殷氏來氏宋氏
空桐氏稚氏北殷氏目夷氏索隱云按系本子姓無
稚氏北殷氏作髦氏又有時氏蕭氏黎氏按稚氏即
黎氏之誤此文又誤黎爲扐誤殷爲段同桐
古字通髦氏隱元年左傳疏引世本作北髦

潛夫論卷第八終

潛夫論卷第九

蕭山汪繼培箋

志氏姓第三十五

昔者聖王觀象於乾坤，考度於神明，探命歷之去就，省羣臣之德業，而賜姓命氏，因彰德功。白虎通姓名篇云：「所以有氏者何？所以貴功德，賤伎力。或氏其官，或氏其事，聞其氏卽可知其德，所以勉人爲善也。」傳稱民舊作氏之徹官百，王公之子弟于世能聽其官者，而物賜之姓，是謂百姓。姓有徹品十舊空於王，謂之千品。傳稱以下見楚語。「子弟」下「千」字、「世」字並衍。昔堯賜契姓子，賜棄姓姬，賜禹姓姒，氏曰有夏；伯夷爲姜，氏曰有呂。舊脫「子賜棄姓」四字，據天中記廿四補禮記大傳疏引鄭康成駁五經異義云堯賜伯夷姓曰姜賜禹姓曰姒賜契姓曰子賜稷姓曰姬著在書傳周語太子晉云禹賜姓曰姒氏曰有夏四嶽賜姓曰姜氏曰有呂下及三代官有世功則有官族邑亦如之隱八年左傳後世微末因是以爲姓則不能改也故或傳本姓或氏號邑謚邑字衍或氏於國舊作爵今移正與下文相應或氏於爵或氏於官或氏於字或氏於事或氏於居以上二十字舊脫按御覽三百六十二引風俗通氏姓篇序俱與此同今据補或氏於志若夫五帝三王之世所謂號也文武昭景成宣戴桓所謂謚也齊魯吳楚秦晉燕趙所謂國也王氏侯氏王孫公孫所謂爵也司馬司徒中行見下晉公族注下軍元和姓纂云左傳晉欒黶爲下軍大夫子孫氏焉按欒氏世將下軍

僖廿七年傳欒枝將下軍文十二年傳欒盾將下軍成二年傳欒書將下軍襄十三年傳欒黶將下軍所謂官也伯有孟孫子服叔子疑孫並見下所謂字也巫氏匠氏陶氏風俗通作巫卜陶匠此亦當有卜氏所謂事也東門西門意林作西都通志氏族畧五鄧名世古今姓氏書辨證四並同廣韻十二齊西字注通鑑一西門豹注又引作西郭南宮東郭意林廣韻通鑑注並無東郭疑衍北郭所謂居也三烏氏族畧三引風俗通云有三烏大夫因氏焉漢有三烏羣元和姓纂又云三烏姜姓炎帝之後爲侯國因氏焉五鹿氏族畧三云晉公子重耳封舅犯於五鹿支孫氏焉按漢書有五鹿充宗青牛氏族畧四云魏初平中有青牛先生山東人也按王氏著書在初平前是古有此姓矣青牛先生見魏畧魏志管寧傳裴松之注引之白馬氏族畧四引風俗通云微子乘白馬朝周因氏焉所謂志也志意林作地按風俗通作職志職聲相近凡厥姓氏皆出屬而不可

勝紀也（出當作此漢書王莽傳云如此屬不可勝記淮南子氾論訓亦云凡此之屬皆不可勝著於書策竹帛而藏於官府者也）衛侯滅邢昭公娶同姓言皆同祖也（春秋僖廿五年衛侯燬滅邢左傳云同姓也故名哀十二年孟子卒左傳云昭公娶於吳故不書姓論語陳司敗云君娶於吳爲同姓御覽引風俗通云公羊譏衛滅邢論語貶昭公娶於吳諱同姓也）近古以來則不必然古之賜姓大諦可用其餘則難周室衰微吳楚僭號下歷七國咸各稱王（淮南子覽冥訓云晚世之時七國異族高誘注七國齊楚燕趙韓魏秦也齊姓田楚姓芊燕姓姬趙姓趙韓姓韓魏姓魏秦姓嬴故異族也）故王氏王孫氏公孫氏及氏謚官（氏謚舊倒）國自有之千八百國謚官萬數故元不可同也及孫氏者或王孫之班也或諸孫之班也（班猶別也）故有（舊脫）同祖而異姓

有同姓而異祖亦有雜錯漢書地理志云五方雜變厝晉灼曰厝古錯字而相入或從母姓漢書夏侯嬰傳云初嬰為滕令奉車故號滕公及曾孫頗尚主主隨外家姓號孫孫公主故滕公子孫更為孫氏或避怨讎如下所云智果張艮之類夫吹律定姓惟聖能之白虎通姓名篇云古者聖人吹律定姓以記其族今民散久

論語鮮克達舊作遠音律天主尊正其祖天主疑人生之誤毛詩序云生民尊祖也王先生云天主疑定姓之誤故且略紀顯者以待士合揖損士當作三三合卽參參合韓非子主道篇云以參合閱焉史記倉公傳云參參合於人後漢書文苑邊讓傳云檢括參合揖與挹同史記十二諸侯年表序云七十子之徒口受其傳指為有所刺譏褒諱挹損之文辭不可以書見也

伏羲姓風其後封任宿須朐顓臾四國實司大皞與有濟之祀見僖廿一年左傳朐作句按僖廿二年公羊傳作朐文七年傳

同且爲東蒙主論語魯僖公母成風蓋須朐之女也左傳季氏欲伐顓臾而孔子譏之論語炎帝苗胄四嶽伯夷爲堯典禮書堯典折民惟刑書呂刑以封申呂史記齊太公世家云其先祖嘗爲四嶽佐禹平水土甚有功虞夏之際封於呂或封於申詩崧高毛傳堯之時姜氏爲四伯掌四嶽之祀述諸侯之職於周則有甫有申有齊有許也按甫與呂通書呂刑孝經禮記並引作甫刑史記周本紀亦云甫侯言於王作修刑辟裔生尚裔上疑脫字齊世家云夏商之時申呂或封枝庶子孫或爲庶人尚其後苗裔也爲文王師世家云西伯獵遇太公於渭之陽載與俱歸立爲師克殷而封之齊世家云武王已平商而王天下封師尚父於齊營邱或封許向或封於紀或封於申水經注廿三陰溝水篇引世本云許州向申姜姓也炎帝後申舊脫城在南陽宛北序山之下漢書地理志南陽郡宛注云故申伯國縣

南有北箠山又育陽注云有南箠聚在東北故詩云亹亹申伯王薦之事于邑于序南國爲式與今詩不同說見三式篇宛西三十里有呂城城舊作望史記齊世家集解徐廣曰呂在南陽宛縣西水經注淯水篇云梅溪又逕宛西呂城東許在潁川今許縣是也漢書地理志潁川郡許故國姜姓四岳後太叔所封姜戎居伊洛之閒晉惠公徙置陸渾僖廿二年左傳秦晉遷陸渾之戎於伊川襄十四年傳以爲姜戎氏謂諸戎是四嶽之裔胄杜注四嶽之後皆姜姓又别爲允姓昭九年傳云允姓之姦居於瓜州伯父惠公歸自秦而誘以來按僖傳杜注允姓之戎居陸渾在秦晉西北二國誘而徙之伊川遂從戎號至今爲陸渾縣據䟽陸渾是敦煌之地名徙之伊川復以陸渾爲名非本居伊洛徙置陸渾也僖十一年傳伊雒之戎同伐京師杜注雜戎居伊水洛水之閒者此又先居伊雒非秦晉所遷者州薄甘戲露怡舊作帖史記索隱三皇本紀云神農氏其後有州甫甘許戲露齊紀

恰向申呂皆姜姓之後路史後紀四云黃帝封參盧於路注亦作露又云伊列舟駘淳戲恰向州薄甘脩紀皆姜國也禹有天下封恰以紹烈山是爲獸台

及齊之國氏

氏字舊空据程本補昭四年左傳杜注國氏齊正卿姜姓廣韻二十五德國字注云太公之後

高氏

舊空据程本補唐書宰相世系表云齊文公赤生公子高孫傒以王父字爲氏按高傒見左傳

襄氏

襄字舊空据程本補氏字各本並脫襄廿三年左傳齊有襄罷師廿五年傳齊有襄伊二襄蓋齊公族

隰氏

氏族畧三云齊莊公子廖封於隰陰故以爲氏齊語隰朋韋昭注齊莊公之曾孫戴仲之子成子也

士強氏

舊作士氏強氏据後紀四改按士下氏字卽襄字下所脫今移正

東郭氏

襄廿五年左傳東郭偃曰臣出自桓

雍門氏

古今姓氏書辨證引世本云齊頃公生子夏勝以所居門爲雍門氏按淮南子覽冥訓高誘注雍門齊西門也

子雅氏

氏族畧三云齊惠公之孫公孫竈字子雅之後

子尾氏

氏族畧三云齊惠公之孫公孫蠆字子尾之後按公孫竈公孫蠆見襄廿九年左傳子雅子尾見襄

廿八年傳昭十年傳疏云齊惠公生子欒公子高高生子尾欒生子雅

子襄氏 古今姓氏書辨證引世本云齊惠公子子襄之後惠舊作梔据氏族畧三改

子淵氏 古今姓氏書辨證子泉氏引世本云齊頃公生子泉湫因氏焉按子泉即子淵唐人避諱改昭廿六年左傳齊有子淵捷子車八年傳杜注子車頃公之孫捷也

子乾氏 古今姓氏書辨證引世本云齊頃公子子乾之後以王父字爲氏春秋時有子乾哲按昭十四年左傳作子韓哲氏族畧三引世本云公子都字子乾

公旗氏 廣韻一東公字注云齊悼子公旗之後按悼子當是悼公子

翰公氏 後紀四作公翰

賀氏 元和姓纂云齊公族慶父之後慶克生慶封以罪奔吳漢末徙會稽山陰後漢慶儀爲汝陰令曾孫純避安帝父諱始改賀氏氏族畧四云齊梔公之子公子無虧生慶克亦謂之慶父

盧氏 元和姓纂云齊文公子高高孫傒食采於盧因姓盧氏

皆姜姓也黃帝之子二十五人班爲十二姬酉祁己滕葴任拘釐姞嬛衣氏也 滕葴

任舊作勝藏伍据晉語四改拘晉語作荀廣韻四十五厚引晉語作苟路史國名紀一後紀五並作苟以爲作荀者非元和姓纂荀姓亦云國語黃帝之後按拘苟並从句得聲釐衣韋昭本作僖依史記五帝紀集解引虞翻注與此同嬛字舊脫亦依虞注補韋本作儇當春秋晉有祁奚舉子薦讎以忠直著襄三年左傳按氏族略三以奚爲晉獻侯四世孫晉語韋昭注云晉大夫高梁伯之子此以爲黃帝後蓋誤下晉公族有祁氏奚之所自出也莒子姓己氏按文八年左傳云穆伯奔莒從己氏隱二年左傳疏稱譜云莒嬴姓少昊之後引世本莒自紀公以下爲己姓是莒本姓嬴改己非黃帝之後己姓矣夏之興有任奚爲夏車正以封於薛後遷於邳其嗣仲虺居薛爲湯左相定元年左傳任奚作奚仲虺作虺邳舊作祁据傳改王季之妃大任詩大明摯仲氏任毛傳摯國任姓之中女也周語富辰曰昔摯疇之國也由大任韋昭注摯疇二國任姓奚仲仲虺之後大任王季之妃文王之母也

及謝章昌采祝結泉卑遇狂大氏皆任姓也隱十一年左傳疏云世本氏姓篇云任姓謝章薛舒呂祝終泉畢過言此十國皆任姓也路史後紀五黃帝紀謝章下昌上有舒洛二國又八高陽紀注云舒又自一國乃黃帝之後任姓見潛夫論國名紀一同國名紀又云采紀姓五符以爲任姓非又云遇宜即番禺王符作卑過訛後紀五又云遇見潛夫或作過非今按采即世本舒結即世本終國名紀結亦作終其作洛者誤洛見鄭語韋昭以爲赤狄隗姓也昌呂卑畢遇過皆字形相近傳本各異惟狂大不載世本後紀丘國名紀一並作狂犬疑即犬戎氏見下姞氏女爲后稷元妃姞舊作台說文云姞黃帝之後百鯀姓后稷妃家也宣三年左傳云姞吉人也后稷之元妃也百鯀傳作伯儵繁育周先昭元年左傳云蕃育其子孫繁蕃古字通御覽八百廿二引春秋元命苞云周先姜嫄履大人跡生后稷周先用彼文姞氏封於燕隱五年左傳疏引世本云燕國姞姓漢書地理志東郡南燕注云南燕國姞姓黃帝後王先生云後漢書郅惲傳注引潛

（夫論以周先姑氏封於燕爲句）有賤妾燕姞夢神與之蘭曰余爲伯
儵（舊作儵）余爾祖也以是有國香人服媚（下脫之字）及文公
見姞賜蘭而御之姞言其夢且曰妾不才幸而有子
將不信敢徵蘭乎公曰諾遂生穆公（宣三年左傳）姞氏之
別有闞尹（詩都人士謂之尹吉鄭箋吉讀爲姞尹氏姞氏周室昏姻之舊姓也後紀五國名紀
一尹並作允誤）蔡光魯雍（桓十一年左傳宋雍氏女於鄭莊公曰雍姞杜注雍氏姞姓）斷
密須氏（周語韋昭注引世本云密須姞姓）及漢河東有鄍都（漢書酷吏傳）
汝南有鄍君章（後漢書鄍惲字君章）姞音與古姞同而書其字
異二人皆著名當世少皞氏之世衰而九黎亂德顓
頊受之乃命南正重司天以屬神命火正黎司地以

屬民使復舊常無相侵瀆是謂絕地天通少皞氏至此本楚語夫黎顓頊氏裔子吳回也按大戴禮帝繫篇顓頊產老童老童產重黎及吳回史記楚世家云帝嚳誅重黎以其弟吳回爲重黎後復居火正徐廣注引世本亦云老童生重黎及吳回是吳回與黎非一人而高誘注淮南時則訓云祝融顓頊之孫老童之子吳回也一名黎爲高辛氏火正號爲祝融融與此同是古有此說也爲高辛氏火正淳燿天明地德光四海也故名祝融夫黎以下本鄭語顓頊氏八字鄭語所無蓋据他書後三苗復九黎之德堯繼重黎之後不忘舊者羲伯復治之故重黎氏世序天地別其分主以歷三代而封於程其在周世爲宣王大司馬詩美王謂尹氏命程伯休父其後失守適晉爲司馬遷自謂其後三苗至爲司馬本楚語按

楚語云其在周程伯休父其後也當宣王時失其官守而爲司馬氏史記自序本之又云司馬氏世典周史惠襄之閒司馬氏去周適晉此云適晉爲司馬蓋誤詩常武詩祝融之孫分爲八姓已禿彭姜妘曹斯芊鄭語禿作董姜作禿斯作斟按史記楚世家索隱引世本斟亦作斯董禿詳下已姓之嗣飂叔安其裔子曰董父實甚好龍能求其嗜欲以飲食之龍多歸焉乃學擾龍以事帝舜賜姓曰董氏曰豢龍封諸鬷川鬷夷彭姓豕韋皆能馴龍者也飂叔安以下本昭廿九年左傳按傳云劉累學擾龍於豢龍氏以事孔甲賜氏曰御龍以更豕韋之後蓋孔甲以豕韋國封累非豕韋本能馴龍而以累代之此文蓋誤會傳意鬷傳作騣豢龍逢以忠諫桀殺之荀子宥坐篇孔子曰以忠者爲必用耶關龍逢不見刑乎韓詩外傳四桀爲酒池可以運舟糟邱足以望十里而牛飲者三千人關龍逢進諫桀因而殺

之按關豢聲相近凡因祝融之子孫已姓之班昆吾籍扈溫董鄭語云已姓昆吾蘇顧溫董按藉蘇字形相近往往致誤史記惠景間侯者年表江陽侯蘇嘉徐廣曰蘇一作籍晉世家獻侯籍索隱云系本及譙周皆作蘇禿姓朡夷豢龍則夏滅之鄭語禿作董朡作騣彭舊作祖姓彭祖豕韋諸稽則商滅之彭姓舊作祖姓据鄭語改姜姓會人則周滅之舊脫周字鄭語云禿姓舟人則周滅之按史記楚世家云陸終生子六人四曰會人索隱引系本作鄶人郎下妘姓之會也此會人葢舟人之誤國名紀六引潛夫論曹有姜姓者曹又會之誤有妘姓之後封於鄢會路偪陽鄭語鄢作鄔會作鄶按韋昭注周語云鄢妘姓之國鄢取仲任爲妻貪冒愛悋蔑賢儁能是用亡邦周語云鄢之亡也由仲任會在河伊之閒其君驕貪嗇儉滅爵損祿羣臣卑讓上下不臨詩人憂

之故作羔裘閔其痛悼也匪風冀君先教也會仲不悟重氏伐之上下不能相使禁罰不行遂以見亡鄭語云濟洛河潁之閒子男之國虢鄶爲大虢叔恃勢鄶仲恃險是皆有驕侈怠慢之心而加之以貪冒遝周書史記解云昔有鄶君嗇儉滅爵損祿羣臣卑讓上下不臨後□小弱禁罰不行重氏伐之鄶君以亡按重氏滅鄶在高辛十六年見竹書紀年非鄭語及詩所云也此合言之誤後紀入高陽紀亦誤仍之詩檜風釋文檜本又作鄶此說羔裘匪風蓋本之三家詩序路子嬰兒娶晉成公姊爲夫人酆舒爲政而虐之晉伯宗怒遂伐滅路宣十五年左傳路今作潞成公作景公虐作殺又云虐我伯姬虐殺義同宣十八年傳云凡自虐其君曰弑荀罃武子伐滅偪陽襄十年左傳曹姓封於邾鄭語云曹姓鄒莒鄒邾聲相近隱元年左傳杜注邾今魯國鄒縣也史記楚世家云陸終生子六人五曰曹姓集解引世本云曹姓

者邾是也。邾顏子之支別爲小邾莊五年左傳疏引杜世族譜云小邾邾俠之後也夷父顏有功於周其子友別封爲附庸居郳又引世本注云邾顏別封小子肥於郳爲小邾子是友有二名也皆楚滅之漢書地理志云魯國騶故邾國曹姓二十九世爲楚所滅隱元年左傳疏引世族譜云邾文公遷於繹桓公以下春秋後八世而楚滅之續漢書郡國志江夏郡邾縣劉昭注引地道記曰楚滅邾徙其君此城水經注卅五江水篇又東過邾縣南注云楚宣王滅邾徙居於此芈姓之裔熊嚴成王封之於楚是謂粥熊又號粥子按史記楚世家鬻融子事文王蚤卒成王封其曾孫熊繹於楚熊嚴則熊繹六世孫也此合熊嚴粥熊爲一人誤矣生四人伯霜仲雪叔熊季紃鄭語紃嗣爲荊子或封於夔或封於越鄭語云芈姓夔越不足命也僖廿六年左傳夔子曰我先王熊摯有疾鬼神弗赦而自竄於夔杜注熊摯楚嫡子有疾不得嗣位故別封爲夔子楚世家正義引宋均樂緯注以熊摯爲熊渠嫡嗣世家又云熊渠立少子執疵爲越章王此文似以封蘷越者爲伯霜仲雪諸人**蘷子不祀祝融粥熊楚伐滅**僖廿六年左傳滅下當脱之字**公族有楚季氏**下云楚季者王子敖之曾孫元和姓纂引世本云楚若敖敖生楚季因氏焉**列宗氏鬭強氏**氏族畧五引世本云若敖生鬭強因氏焉**良臣氏**良舊作艮据後紀八改**耆氏門氏**後紀八有者門氏**侯氏季融氏**元和姓纂引世本云楚鬭廉生季融子孫氏焉**仲熊氏**後紀八熊作雄注云潛夫論作熊非**子季氏**古今姓氏書辨證引世本云楚公族**陽氏**昭十七年左傳楚陽匄爲令尹杜注陽匄穆王曾孫令尹子瑕疏引世本穆王生王子揚揚生尹尹生令尹匄按揚蓋陽之誤匄以王父字爲氏**無鉤氏**鉤舊作鈞据氏族畧三後紀八廣韻十虞無字注改無鉤即還章字見下**蔿氏**左傳亦作蘧氏族畧三云還章食邑於還故以命氏**善氏陽氏**上陽氏已見此誤**昭氏景氏**離騷序云三閭之職掌王族三姓曰昭屈景**嚴氏**

元和姓纂云楚莊王支孫以謚爲姓避明帝諱改爲嚴氏**嬰齊氏**氏族畧四云楚穆王之子公子
嬰齊之後按公子嬰齊字子重見左傳**來氏**氏族畧三引風俗通云楚有來英**來纖氏**
郇氏申氏見下**詢氏**詢後紀八作鈞按廣韻十八諄鈞字注引風俗通云鈞姓楚大夫元
鈞之後元和姓纂氏族畧四並同**沈氏**氏族畧二云楚有沈邑楚莊王之子公子貞封於沈鹿故
爲沈氏**賀氏葴氏**葴疑箴元和姓纂云箴氏楚大夫箴尹闕克黃之後子孫以官爲氏按箴
尹克黃見宣四年左傳**吉白氏伍氏**宣十二年左傳楚伍參杜注伍奢之祖父**沈瀸**
氏餘推氏公建氏公疑是子元和姓纂有子建氏楚平王太子建之後按太子建見昭
十九年左傳**子南氏**氏族畧三云楚莊王之子公子追舒之後爲子南氏按公子追舒字子南
見左傳**子庚氏**氏族畧三云楚公子午字子庚其後以王父字爲氏按襄十二年左傳杜注子
庚莊王子午也**子午氏**元和姓纂引世本云楚公子午之後**子西氏**舊脫子字据後紀八

補氏族畧三云楚公子申字子西之後按昭廿六年左傳杜注子西平王之長庶子荀子非十二子篇楊倞注引世本云楚平王孫有田公它成按王孫下疑脫氏字哀十一年左傳云子胥使於齊屬其子於鮑氏爲王孫氏

王孫田公氏

舒堅氏元和姓纂云潛夫論楚公族有舒堅文叔爲大夫氏族畧四同按潛夫論無文叔爲大夫之文當別引他書而傳寫失之

魯陽氏楚語惠王以梁與魯陽文子韋昭注文子平王之孫司馬子期子魯陽公也

黑肱氏氏族畧四云楚共王之子公子黑肱之後按公子黑肱字子哲見襄廿七年左傳

皆芊姓也楚季者王子敖之曾孫也蚠冒生蒍章者王子無鈎也蒍章左傳作薳章鈎舊作鈎元和姓纂引云楚蚠冒生薳章爲王子無鈎氏氏族畧三同唐書宰相世系表云王子蒍萓字無鈎

令尹孫叔敖者蔿章之子也僖廿七年左傳蔿賈杜注孫叔敖之父宜十一年傳疏引服虔說同高誘注呂氏春秋情欲篇異寶篇知分篇並云賈子其注淮南子氾論訓則云

孫叔敖楚大夫蔿賈伯盈子或曰章子也以叔敖爲蔿章子蓋古有此說矣左司馬戌者莊王之曾孫也昭十九年左傳沈尹戌杜注莊王曾孫葉公諸梁父也廿七年傳稱左司馬沈尹戌葉公諸梁者戌之第三弟也弟當作子元和姓纂引風俗通云楚沈尹戌生諸梁食采於葉因氏焉呂氏春秋愼行論高誘注定五年左傳杜注楚語韋昭注並以諸梁爲戌之子哀十九年傳稱沈諸梁楚大夫申無畏者又氏文氏文十年左傳文之無畏宣十四年傳稱申舟文有脫誤初紂有蘇氏以妲己女而亡殷晉語史蘇曰殷辛伐有蘇有蘇氏以妲己女焉妲己有寵於是乎與膠鬲比而亡殷韋昭注有蘇己姓之國按此卽上文昆吾之後籍國也周武王時有蘇忿生爲司寇而封溫成十一年左傳其後洛邑有蘇秦史記云蘇秦者東周雒陽人索隱云蓋蘇忿生之後己姓也高陽氏之世有才子八人蒼舒隤凱檮戭大

臨庬降庭堅仲容叔達天下之人謂之八凱注見五德志
後嗣有皐陶事舜舜曰皐陶蠻夷滑夏寇賊姦宄女
作士書堯典滑今作猾錢宮詹云說文無猾字史記酷吏傳滑賊任威漢書亦作猾蓋篆體從水從犬之字偏旁相涉而誤繼培按敍錄作猾夏其子伯翳能議百姓以佐舜
禹姓當作物鄭語云伯翳能議百物以佐舜擾馴鳥獸舜賜姓嬴史記秦本紀云大費佐舜調馴鳥獸鳥獸多馴服是爲柏翳舜賜姓嬴氏柏與伯通後有仲衍秦紀仲作中
鳥體人言舊作元据紀改趙世家又云人面鳥噣爲夏帝大戊御夏當作殷秦紀云帝大戊聞而卜之使御吉遂致使御趙世家云降佐殷帝大戊嗣及費仲生惡
來季勝按秦紀仲衍立孫中潏生蜚廉蜚廉生惡來季勝費仲乃費氏費昌之後出柏翳子若木中衍則柏翳子大廉立孫鳥俗氏也武王伐紂并殺惡來秦紀季勝之後

有造父以善御事周穆王穆王遊西海忘歸於是徐偃作亂造父御一日千里（意林作造父主御日行千里）以征之王封造父於趙城因以爲氏其後失守至於趙夙仕晉卿大夫十一世而爲列侯五世而爲武靈王五世亡趙（以上本趙世家漢書地理志云自趙夙後九世稱侯四世敬侯徙都邯鄲至曾孫武靈王稱王五世爲秦所滅）蔡叔氏邯鄲氏（文十二年左傳疏云趙穿別爲邯鄲氏趙旃趙勝邯鄲午是其後按定十三年傳晉邯鄲午杜注午別封邯鄲魯語與邯鄲勝擊齊之左韋昭注邯鄲勝晉大夫趙旃之子須子勝也食采邯）訾辱氏嬰齊氏樓季氏（氏族畧四云樓季氏潛夫論晉穆侯之子樓季之後古今姓氏書辨證引同而駁之云按晉趙衰少子嬰齊謂之樓季而穆侯之後無聞節信討論未審乎今按節信本書正列樓季於趙宗未云出穆侯鄧氏不檢原文而妄訾之呂氏

（春秋當務篇所謂辨若此不如無辨也）

盧氏原氏（僖廿四年左傳云文公妻趙衰生原同屏括樓嬰杜注原屏樓三子食邑按宣十二年傳稱趙同趙括趙嬰齊）皆趙嬴姓也惡來後有非子以善畜周孝王封之於秦世地理以爲西陲大夫汧秦亭是也（舊脫王字亭作高按秦紀云非子好馬及畜善養息之周孝王召使主馬於汧渭之閒馬大蕃息分土爲附庸邑之秦地理志云今隴西秦亭秦谷是也紀又云秦仲死於戎有子五人其長者曰莊公周宣王乃召莊公昆弟五人與兵七千人使伐西戎破之於是復予秦仲後及其先大駱地犬邱并有之爲西垂大夫正義引括地志云秦州上邽縣西南九十里漢隴西郡西縣是也此云非子爲西陲大夫蓋誤世地理三字未詳上下疑有脫文）其後列於諸侯□世而稱王（按漢書地理志云莊公破西戎有其地子襄公時幽王爲犬戎所敗平王東遷雒邑襄公將兵救周有功賜受郊酆之地列爲諸侯後八世穆公稱伯以河爲竟十餘世孝公用商君制轅田

開阡伯東雄諸侯子惠公初稱王得上郡西河孫昭王開巴蜀滅周取九鼎昭王曾孫政并六國稱皇帝空格程本作五字誤六世而始皇生於邯鄲故曰趙政史記秦始皇紀

及梁葛江黃徐莒蓼六英皆皐陶之後也並見左傳英傳稱英氏鍾離運掩菟裘尋梁修魚白寘飛廉密如東灌良時白巴公巴公巴鄭復蒲皆嬴姓也秦紀論云秦之先爲嬴姓其後分封以國爲姓有徐氏鄭氏莒氏終黎氏運奄氏菟裘氏將梁氏黃氏江氏修魚氏白冥氏蜚廉氏秦氏徐廣曰終黎世本作鍾離此文與世本同又以將爲尋冥爲寘蓋誤密如以下譌錯不可讀國名紀二後紀七並本此立說然所見已是誤本復以已意分合不可據也

帝堯之後爲陶唐氏襄廿四年左傳後有劉累能畜龍孔甲賜姓爲御龍以更豕韋之後昭廿九年左傳至周爲唐杜氏襄廿四年左傳周衰有隰叔

子違周難於晉國，生子輿爲李（晉語作理，理李古字通）以正於朝，朝無閒（晉語作姦）官，故氏爲士氏；爲司空以正於國，國無敗績，故氏司空；食采隨，故氏隨氏。士蔿（卽子輿）之孫會佐文襄於諸侯無惡（晉語作佐文襄爲諸侯，諸侯無二心。按昭廿六年左傳云王甚神聖，無惡於諸侯）爲卿以輔成景，軍無敗政；爲成卒居傅（晉語作爲成師居太傅。韋昭引唐尚書云爲成公軍師。按師當作帥，帥卒古通用，僖廿七年左傳疏引晉語作爲元帥）端刑法（舊重法字，衍）集（晉語作緝）訓典，國無姦民，晉國之盜逃奔於秦；於是晉侯爲請冕服於王，王命隨會爲卿（按宣十六年左傳云以黻冕命士會將中軍，且爲太傅，於是晉國之盜逃奔於秦，卽晉語所云居太傅國無姦民也。此文兼采左國，分爲二事，誤矣）是以受范，卒諡武子。武子文當作武子子文子晉語韋昭注文子武子之子燮也成晉荆之盟降晉語作豐王侍郎云降疑隆兄弟之國使無閒隙是以受郇櫟隰叔以下本晉語由此帝堯之後有陶唐氏劉氏御龍氏唐杜氏隰氏士氏季氏季氏當作士季氏古今姓氏書辨證云士蔿之後貞子士渥濁生莊子士弱弱生士文伯瑕瑕生景伯彌牟別爲士季氏亦見氏族畧五後紀十一司空氏隨舊作趙氏范氏郇氏櫟氏彘氏彘舊作巁國名紀四郇櫟下有彘後紀十一云士魴受彘故氏爲彘今据改按成十八年左傳士魴稱彘季襄十四年傳彘裘杜注士魴子也冀氏穀氏後紀十一云士蔿生士穀爲穀氏按士穀見文二年左傳蔫氏擾氏當作擾龍氏元和姓纂云劉累之後狸氏傅氏狸舊作摞按周語州朱之後狸姓在周爲傅氏楚楚下舊有氏字衍令尹建屈建嘗問范武子之德於文子趙武也文子對曰夫子

之家事治言於晉國竭情無私其祝史陳信不媿其家事無猜其祝史不祈建歸以告康王當爲康王曰神人無怨宜夫子之股肱傳作光輔五君以爲諸侯主也楚令尹以下本昭廿年左傳故劉氏自唐以下漢以上德著於世莫若范會之最盛也斯亦有修己以安人之功矣論語云修己以安人漢書高帝紀贊云春秋晉史蔡墨有言陶唐氏既衰其後有劉累學擾龍事孔甲范氏其後也而大夫范宣子亦曰祖自虞以上爲陶唐氏在夏爲御龍氏在商爲豕韋氏在周爲唐杜氏晉主夏盟爲范氏范氏爲晉士師魯文公世奔秦後歸於晉其處者爲劉氏劉向云戰國時劉氏自秦獲於魏秦滅魏遷大梁都於豐故周市說雍齒曰豐故梁徙也是以頌高祖云漢帝本系出自唐帝降及於周在秦作劉涉魏而東遂爲豐公豐公蓋太上皇父按蔡墨事見昭廿九年左傳范宣子事見襄廿四年傳歸晉事見文十

三年傳武王克殷而封帝堯之後於鑄也鑄舊作社據五德志篇改社或爲祝之誤注見前篇帝舜姓虞又爲姚居嬀武王克殷而封嬀滿於陳是爲胡公史記陳世家陳袁氏袁舊作哀廣韻二十二元袁字注云袁姓本自胡公之後或作爰唐書宰相世系表云陳胡公滿生申公犀侯犀侯生靖伯庚庚生季子惛惛生仲牛甫甫生聖伯順順生伯他父他父生戴伯戴伯生鄭叔鄭叔生仲爾金父金父生莊伯莊伯生諸字伯爰孫宣仲濤塗賜邑陽夏以王父字爲氏按僖四年左傳陳轅濤塗釋文云轅本多作袁咸氏咸疑當作鍼古今姓氏書辯證云陳僖公之孫鍼子以所食邑爲氏按鍼子見隱八年左傳襄廿四年傳陳鍼宜咎杜注鍼子八世孫疏云世本文也舀氏慶氏襄七年左傳陳有慶虎慶寅世族譜云慶虎桓公之五世孫夏氏氏族畧一云陳宣公之子少西字子夏其孫徵舒以王父字爲氏按夏徵舒見宣十年左傳昭廿三年傳疏引世本云宣公生子夏夏生御叔御叔生徵舒宗氏

哀十四年左傳陳有宗豎世族譜云宣公六世孫來氏儀氏宣九年左傳陳有儀行父司徒氏氏族畧四云陳有司徒公子招其後爲司徒氏按招見昭八年左傳杜注哀公弟司城氏氏族畧四云哀公之子公子勝之後按勝見昭八年左傳世族譜云司城氏公孫貞子哀公孫按公孫貞子見哀十五年左傳孟子所謂司城貞子也皆嬀姓也厲公孺子完奔齊桓公說之以爲工正莊廿二年左傳其子孫大得民心遂奪君而自立是謂威王五世而亡按史記田完世家陳氏自立始於太公和威王則和之孫也漢書地理志云九世至和而篡齊至孫威王稱王五世爲秦所滅元后傳又云十一世田和有齊國三世稱王齊人謂陳田矣何有脫誤田完世家云敬仲之如齊以陳氏爲田氏索隱云陳田二字聲相近漢高祖徙諸田關中史記高祖紀在九年而有第一至第八氏後漢書第五倫傳云其先齊諸田諸田徙園陵者多故以次第爲氏

元和姓纂引風俗通云第八氏亦齊諸田之後田廣弟英爲第八門因氏焉氏族畧四云廣孫田登爲第二氏古今姓氏書辨證又云廣孫田癸爲第三氏丞相田千秋見下司直田仁漢書田叔傳云其先齊田氏也仁叔少子及杜陽田先碭田先漢書儒林傳云漢興田何以齊田徙杜杜陵號杜田生又云丁寬授同郡碭田王孫此杜陵乃杜陵之誤漢時稱先生或單言先或單言生史記鼂錯傳云學申商刑名於軹張恢先所徐廣曰先即先生漢書錯傳作張恢生又云上招賢良公卿言鄧先顏師古注鄧先猶言鄧先生也史記叔孫通傳諸弟子以制禮皆賜爲郎喜曰叔孫生誠聖人也漢書梅福傳云叔孫先非不忠也叔孫先弟稱叔孫生同此言田先漢書言田生其稱一也皆陳後也武帝賜千秋乘小車入殿故世謂之車丞相漢書車千秋傳云本姓田氏其先齊諸田徙長陵千秋年老上優之朝見得乘小車入宮殿中故因號曰車丞相及莽自謂本田安之後以王家故更氏云漢書

元后傳云王建爲秦所滅項羽起封建孫安爲濟北王至漢興安失國齊人謂之王家因以爲氏莽之行詐論語子曰久矣哉由之行詐也漢書敍傳答賓戲云呂行詐以賈國實以田常之風敬仲之支舊作又上文云邾顏子之支別爲小邾今依俶改之有皮氏占氏廣韻二十四鹽占字注云占姓陳大夫子占之後後紀十二占氏以下並加子字氏族畧三同古今姓氏書辨證引世本云陳桓子生子占書書生子良堅堅子以王父字爲氏按子占昭十九年左傳稱孫書哀十一年傳稱陳書沮氏古今姓氏書辨證引世本云陳烈子子生子沮與後爲子沮氏與氏元和姓纂作子輿陳桓子生子石難爲子輿氏按子輿以字爲氏子石當是子輿獻氏元和姓纂子獻氏引世本云陳桓公孫子獻之後按桓公當作桓子子氏子字說或當爲宋元和姓纂云陳宣公生子楚其後爲子宋氏按宣公當爲宣子卽僖子子夷也見下鞅氏元和姓纂云陳僖子生簡子齒爲子鞅氏梧氏元和姓纂作子寤陳僖子生宣子其後爲子寤氏按哀十四年左傳杜注

宣子名夷疏引世本作其夷**坊氏**元和姓纂作子枋陳信子生穆子安為子枋氏**高氏**元和

姓纂作子尚引世本云陳信子生廩邱子尚意茲因氏焉按廩邱蓋所食邑子尚字意茲名哀十四年左

傳杜注云廩邱子意茲疏引世本作廩邱子鑿茲**芒氏**元和姓纂子芒氏引世本云陳信子生子

芒盈因氏焉按哀十四年左傳杜注作芒子盈疏引世本同**禽氏**古今姓氏書辨證云陳信子生

惠子得為子禽氏按惠子得亦見哀十四年傳杜注及疏引世本**帝乙元子微子開**

紂之庶兄也史記宋世家本名啟漢人避諱作開**武王封之於宋**注詳五德

志**今之睢陽是也**漢書地理志云周封微子於宋今之睢陽是也**宋孔氏**元和

姓纂云正考父生孔父嘉子孫以王父字為氏按孔父見桓元年左傳孔氏詳下**祝其氏**元和

姓纂引風俗通云宋戴公子祝其為司寇因氏焉見世本**韓獻氏**韓當作幹古今姓氏書辨證引

世本云宋司徒華定後為幹獻氏氏族畧四後紀十並作幹按宋司徒華定見襄廿九年左傳**季老**

男氏後紀十以季老男爲三字姓又別有季老氏老男氏古今姓氏書辨證引世本云宋有華氏有華季老其子氏焉成十五年左傳疏引世本云華督生世子家家生秀老秀蒸郎季之誤

巨辰經

氏事父氏皇甫氏唐書宰相世系表云宋戴公白生公子充石字皇父皇父生季子來來生南雍䶂以王父字爲氏廣韻九麌父字注云漢初有皇父鸞自魯徙居茂陵改父爲甫按父甫古通用非改字也皇父充石見文十一年左傳

華氏桓元年左傳宋華父督疏引世本云華父督宋戴公之孫好父說之子二年傳云會於稷以成宋亂爲賂故立華氏也杜注督未死而賜族督之妄也按華父爲督字以字爲氏

魚氏僖九年左傳云宋襄公卽位以公子目夷爲仁使爲左師以聽政於是宋治故魚氏世爲左師按目夷字子魚襄公庶兄

而董氏文十一年左傳宋有彤班而或當作彤

艾歲氏

鳩夷氏鳩氏族畧四古今姓氏書辨證後紀紀十一注並引作鴡

中野氏

越椒氏後紀十有椒氏越字疑衍元和姓纂氏族畧並以越椒爲楚芊姓

完氏

懷氏

不第氏第舊作弟据古今姓氏書辨證氏族畧五引改元和姓纂引潛夫論不更氏後紀十注云不更不茅見潛夫論又別有不夷氏云見世本姓纂以爲不不夷甫須之後按本書無不更不茅不夷第夷聲相近第誤爲茅夷誤爲更史記魯世家煬公築茅闕門徐廣曰茅一作第一作夷正與此同

冀氏

牛氏唐書宰相世系表云宋微子之後司寇牛父子孫以王父字爲氏按司寇牛父見文十一年左傳

司城氏元和姓纂引世本云宋戴公生東鄉克孫樂喜爲司城氏按襄九年左傳云樂喜爲司城杜注樂喜子罕也禮記檀弓疏引世本云戴公生樂甫術術生石甫願繹繹生夷甫傾傾生東鄉克克生西鄉士曹曹生子罕喜姓纂有脫文

冈氏按冈爲网字之俗見廣韻三十六養

近氏

止氏

朝氏

教氏氏族畧四教氏引風俗通云宋左師勃之後按左師勃宋繆公子見隱三年公羊傳敎與勃同

右歸氏元和姓纂右歸氏引此書按歸蓋師之誤姓纂有右師氏引世本云宋武公生公子中代爲右師因氏焉氏族畧四武公公子中作莊公公子申成十五年左傳疏引世本云莊公

生右師戌三伉氏王夫氏王疑是主春秋襄元年有楚公子王夫此其比也宜氏徵氏鄭氏昭廿一年左傳宋有鄭翩目夷氏廣韻六脂夷字注云宋公子目夷之後詳上魚氏注鱗氏文七年左傳鱹雎爲司徒疏引世本云桓公生公子鱗鱗生東鄉矔成十五年傳鱗朱爲少司寇杜注鱗矔孫臧氏虺氏沙氏黑氏圍龜氏宋文公子圍龜字子靈見成十五年左傳既氏據氏磚氏已氏成氏哀十三年左傳宋有成矔邊氏昭廿二年左傳宋邊卬爲大司徒杜注卬平公曾孫廣韻一先邊字注邊姓陳畱風俗傳云祖於宋平公氏族畧三云宋公子城之後城字子邊或言宋平公子御戎字子邊子孫以王父字爲氏戎氏襄十九年左傳齊靈公諸子仲子戎子杜注諸子諸妾姓子者二子皆宋女戎子即戎氏女也買氏尾氏桓氏急就篇顏師古注云宋桓公孫鱗矔爲宋司徒號曰桓子因爲氏焉唐書宰相世系表云宋桓公之後向魋亦號桓氏按桓魋見哀十三年左傳戴氏急就篇顏師古注云宋戴公生

公子文遂稱戴氏按昭八年左傳宋有戴惡**向氏**成十五年左傳華元使向戌爲左師杜注向戌桓公曾孫疏引世本云桓公生向父盻盻生司城訾守守生小司寇鱣及合左師左師卽向戌也廣韻四十一漾向字注云戌以王父字爲氏**司馬氏**哀十四年左傳宋桓魋弟司馬牛史記仲尼弟子傳索隱云以魋爲宋司馬故牛遂以司馬爲氏**皆子姓也閔公子弗父何**舊作河**生宋父宋父生世子世子生正考父正考父生孔父嘉孔父嘉生子木金父木金父降爲士故曰滅於宋**昭七年左傳孟僖子曰孔子聖人之後也而滅於宋**金父生祁父祁父生防叔防叔爲華氏所偪出奔魯爲防大夫故曰防叔防叔生伯夏伯夏生**舊脫**叔粱紇爲鄹大夫故曰鄹叔紇生孔子**閔公以下本世本詩那疏引之閔作湣彼云宋父生正考父文有脫滅王肅撰家語本姓

解與此同亦用世本也　周靈王之太子晉幼有成德聰明博達風俗通正失篇云周書稱靈王太子晉幼有盛德聰明博達今逸周書太子晉解不載此文蓋脫佚也溫恭敦敏穀雒水鬬將毀王宮王舊脫欲壅之太子晉諫以爲不順天必不若修政以上本周語　晉平公使叔譽聘於周見太子與之言五稱而三窮逡巡而退歸告平公曰太子晉行年十五而譽弗能與言君請事之平公遣師曠見太子晉太子晉與語師曠服德深相結也乃問曠曰吾聞太師能知人年之長短師曠對曰女色赤白女聲清汗逸周書二語互轉風俗通與此同　火色不壽晉曰然吾後三年將上賓於帝女愼無言殃將及女

其後三年而太子死（以上本逸周書）孔子聞之曰惜夫殺吾君也世人以其豫自知去期故傳稱王子喬仙（孔子聞之以下亦見風俗通知字舊脫據風俗通補列仙傳云王子喬者周靈王太子晉也漢書梅福傳云至今傳以爲仙）仙之後其嗣避周難於晉家於平陽因（舊作田）氏王氏（唐書宰相世系表云周靈王太子晉以直諫廢爲庶人其子宗敬爲司徒時人號曰王家因以爲氏）其後子孫世喜養性神仙之術（梅福傳云福居家嘗以讀書養性爲事）魯之公族有蟜氏（禮記檀弓云季武子寢疾蟜固不說齊衰而入見固蓋魯公族）后氏（禮記檀弓后木鄭注后木魯孝公子惠伯鞏之後疏引世本作孝公生惠伯革其後爲厚氏呂氏春秋察微篇郈昭伯高誘注郈氏魯孝公子惠伯華之後也以字爲氏華革鞏字形相近之誤郈昭伯見昭廿五年左傳漢書古今人表作厚昭伯五行志又作后氏襄十四年左傳厚成叔釋文云厚本或作

郈風俗通過譽篇亦作后后厚郈並通**衆氏**隱元年左傳公子益師衆父之後世族譜云衆父孝公子**臧氏**隱五年左傳臧僖伯之後疏云僖伯名彄字子臧世本云孝公之子**施氏**氏族畧三云魯惠公之子公子尾字施父其子因以爲氏古今姓氏書辨證云施父生施伯伯孫頃叔生孝叔始以王父字爲氏按施父見桓九年左傳孝叔見成十一年傳杜注魯惠公五世孫**孟氏**文十五年左傳齊人或爲孟氏謀杜注慶父爲長庶故或稱孟氏**仲孫氏**左傳桓公子慶父之後古今姓氏書辨證云魯桓公四子次曰慶父慶父生穆伯公孫敖敖生文伯穀惠叔難穀生孟獻子蔑始以仲孫爲氏**服氏**當是子服氏古今姓氏書辨證云仲孫蔑之子佗別爲子服氏按孟獻子子仲孫它子服見魯語襄廿三年左傳孟椒杜注孟獻子之孫子服惠伯卽它子昭三年傳稱子服椒其後有子服回子服何**公山氏**定五年左傳魯有公山不狃**南宮氏**元和姓纂云魯孟僖子生閱號南宮敬叔叔生路路生會會生虔爲南宮氏見世本按南宮敬叔見昭七年左傳閱作說**叔孫氏**莊卅二年

左傳成成季酖叔牙立叔孫氏僖四年傳公孫茲稱叔孫戴伯杜注叔牙之子

叔仲氏

禮記檀弓叔仲皮鄭注叔仲皮魯叔孫氏之族疏引世本云桓公生僖叔牙叔牙生武仲休休生惠伯彭彭生皮爲叔仲氏按彭當作彭生文七年左傳稱叔仲惠伯十八年傳云襄仲殺惠伯公冉務人奉其帑以奔蔡既而復叔仲氏

子我氏

元和姓纂云魯叔孫成子生申爲子我氏氏族畧三云申字子我按叔孫成子名不敢見定元年左傳

子士氏

古今姓氏書辨證引世本云魯叔孫成子生齊季爲子士氏

季氏

左傳桓公子季友之後亦曰季孫氏

公鉏氏

襄廿三年左傳季武子子公彌稱公鉏氏定八年傳公鉏極杜注公彌曾孫

公巫氏

襄廿九年左傳魯有公巫召伯

公之氏

元和姓纂云季悼子生惠伯鞅鞅生懿伯揹爲公之氏氏族畧三云鞅字公之按季平子弟公之見昭廿五年左傳

子干氏

華氏

當是子革氏元和姓纂引世本云季平子支孫爲子革氏

子言氏

元和姓纂云季平子生昭伯寤之後氏族畧三云昭伯字子言按季寤子言見定八年左傳杜注季

桓子之弟

子駒氏駒舊作駉据後紀十改昭廿五年左傳子家羈公羊傳作子家駒荀子大畧篇楊倞注云名羈駒其字子駒氏蓋其後也

子雅氏

子陽氏元和姓纂云魯公族有子陽者其後以王父字為氏又有子揚氏引世本云季桓子生穆叔其後為子揚氏按陽揚古通用疑本一氏

東門氏僖廿六年左傳東門襄仲杜注襄仲居東門故以為氏

公析氏史記仲尼弟子傳有公晳哀本書過利篇作公析晳析古通用哀蓋魯公族集解引家語云齊人始非也

公石氏元和姓纂云魯僖公生共叔堅堅生惠叔子叔為公石氏氏族畧三又云悼公子堅字公石之後

叔氏春秋襄十四年叔老杜注聲伯子也疏云叔老聲伯子叔盻孫故以叔為氏禮記檀弓疏引世本云叔盻生聲伯嬰齊齊生叔老

子家氏氏族畧三云魯莊公之孫公孫歸父字子家其後為子家氏按公孫歸父子家見宣十年左傳昭五年傳有子家羈

榮氏定元年左傳榮駕鵝杜注魯大夫榮成伯也魯語榮成伯韋昭注聲伯之子也名欒世族譜云叔盻曾孫

展氏隱八年左傳云無駭卒羽

父請謚於族公命以字爲展展氏杜注無駭公子展之孫故爲展氏廣韻二十八獮展字注云魯孝公之子子展之後**乙氏**僖廿六年左傳公使展喜犒師魯語作乙喜**皆魯姬姓也衛之公族石氏**隱四年左傳石錯之後世族譜云石錯靖伯孫**世叔氏**春秋世叔儀世叔申世叔齊左傳並作太叔桓九年傳疏云古者世之與大字義通也世族譜云太叔儀僖侯八世孫**孫氏**成十四年左傳疏引世本云孫氏出於衛武公唐書宰相世系表云衛武公和生公子惠孫惠孫生耳爲衛上卿生武仲乙以王父字爲氏**甯氏**襄廿五年左傳杜注甯氏出自衛武公氏族畧三云衛武公生季亹食采於甯因以爲氏**子齊氏**蓋即齊氏昭元年左傳衛齊惡世族譜云昭伯子齊子無子戴公以其子惡爲之後廿年傳齊豹稱齊子氏杜注惡之子**司徒氏**禮記檀弓衛司徒敬子鄭注司徒官氏公子許之後元和姓纂云衛文公生公子其許之後爲司徒氏**公文氏**襄廿五年左傳衛有公文要**析龜氏**龜字疑衍昭廿年左傳衛有析朱鉏杜注朱鉏成子黑背孫氏

族畧三有公析氏衛公子黑背字子析之後公叔氏禮記檀弓公叔文子疏引世本云獻公生
成子尚田田生文子拔拔生朱爲公叔氏公南氏氏族畧三云衛獻公之子楚字公南生子牟爲
公南氏按公南楚見昭廿年左傳公上氏廣韻一東公字注云衛大夫有公上王公孟
氏昭廿年左傳衛公孟縶杜注靈公兄定十二年傳衛公孟彄杜注彄孟縶子疏云縶字公孟故卽以
公孟爲氏劉炫謂公孟生得賜族將軍氏禮記檀弓疏引世本云靈公生昭子郢郢生文子木
文子生簡子瑕瑕生衛將軍文氏古今姓氏書辨證引世本作郢生文子彌牟爲將軍氏子強氏
元和姓纂云昭子郢之後強梁氏元和姓纂引世本云衛將軍文子生慎子會會生強梁氏因焉
卷氏當作卷子氏古今姓氏書辨證卷子氏引世本云衛文公後卷子子州氏焉後紀十衛後有卷
子氏會氏雅氏當作會雅氏元和姓纂云衛靈公子虺生竈爲會房氏氏族畧四房音雅後紀
十衛後有會房氏孔氏梁氏履繩云哀十一年傳孔文子以孔姑妻太叔疾是孔乃姑姓故禮記

祭統正義謂孔悝是異姓大夫潛夫論以爲姬姓誤也**趙陽氏**舊脫氏字廣韻十陽陽字注云衛公子趙陽之後以名爲氏按春秋定十四年衛趙陽出奔宋杜注陽趙黶孫疏引世本云懿子兼生昭子舉舉生趙陽兼即黶也黶見昭九年世族譜以趙爲氏**田章氏狐氏**孤疑是狐哀十五年左傳衛孟黶漢書古今人表作狐黶**王孫氏**定八年左傳衛有王孫賈哀廿六年傳有王孫齊杜注賈之子昭子也**史黿氏**黿當爲鼂氏族略五史晁氏引世本云衛史晁之後按史晁即昭七年左傳史朝漢書古今人表作史鼂廣韻四宵鼂字注引風俗通云鼂姓衛大夫史鼂之後鼂黿字形相近而誤**羌氏羌憲氏**古今姓氏書辯證引世本云衛公族羌之孫憲爲羌憲氏**遂氏皆衛姬姓也晉之公族郄氏**廣韻二十陌郤字注云郤姓俗从郄氏族畧三云晉大夫郄文子食邑於郄以邑爲氏按郤文子即晉語郤叔虎韋昭注郤芮之父郤豹也**又班爲呂**按僖十年左傳丕鄭言於秦伯曰呂甥郤稱冀芮實爲不從三人疑皆同族呂甥十五年傳稱

瑕呂飴甥又稱陰飴甥陰呂皆邑名班別也郤芮又從邑氏爲冀成二年左傳疏引世本云郤豹生冀芮芮生缺按僖十年左傳郤芮亦稱冀芮卅三年傳云臼季使過冀見冀缺耨又云以一命命郤缺爲卿復與之冀杜注還其父故邑後有呂錡號駒伯呂當作郤郤錡號駒伯見成十七年左傳呂錡見成十六年卽宣十二年魏錡世族譜云魏錡魏犨子爲呂氏郤犨食采於苦號苦成叔郤至食采於溫號曰溫季竝見成十七年左傳各以爲氏郤氏之班有州氏昭三年左傳杜注云郤稱晉大夫始受州州州氏蓋以邑爲氏者元和姓纂引風俗通云晉州綽其先食采於州因氏焉按州綽見襄十八年左傳

祁氏襄廿一年左傳祁大夫杜注祁奚也食邑於祁因以爲氏氏族畧三云晉獻侯四世孫

伯宗以直見殺其子州犂奔楚成十五年左傳又舊在楚上以郤宛直而和故爲子常所妬受誅昭廿七年左傳其子嚭奔吳

爲太宰（定四年左傳云楚之殺郤宛也伯氏之族出伯州犂之孫嚭爲吳太宰以謀楚史記楚世家以嚭爲宛之宗姓伯氏子伍子胥傳集解引徐廣云伯州犂者晉伯宗之子也伯州犂之子曰郤宛郤宛之子曰伯嚭宛亦姓伯又別氏郤盍郎本此書然此書之意本謂州犂奔楚後其子又遇禍出奔兩言其子文意相貫並未嘗以嚭爲宛子也唯傳云伯州犂之孫嚭此稱其子殊誤而高誘注呂氏春秋當染篇重言篇韋昭注越語並云嚭州犂之子則古有此誤矣）纘祖禰之行仍正直遇禍也乃爲諂諛而亡吳（史記吳世家云越王滅吳誅太宰嚭以爲不忠）凡郤氏之班有冀氏呂氏苦成氏溫氏伯氏靖侯之孫欒賓（桓二年左傳）及富氏（按莊廿三年左傳云晉桓莊之族偪獻公患之士蔿曰去富子則羣公子可謀已杜注富子二族之富強者此以富爲氏非也）游氏（莊廿四年左傳云晉士蔿又與羣公子謀使殺游氏之二子杜注游氏二子亦桓莊之族）賈氏（晉語云賈佗公族也韋昭注賈賈佗狐偃之

子射姑太師賈季也食邑於賈古今姓氏書辨證云晉唐叔虞少子公明周康王封之於賈爲附庸謂之賈伯曲沃武公取晉并賈因以其子孫爲大夫**狐氏**晉語云狐氏出自唐叔**羊舌氏**昭三年左傳叔向曰肸之宗十一族惟羊舌氏在而已疏引世族譜云羊舌其所食邑名**季夙氏**昭五年左傳疏云世本叔向兄弟有季夙元和姓纂引此書以季夙氏爲晉靖公孫季夙之後說**籍氏**

及襄公之孫孫黶昭十五年左傳云孫伯黶司晉之典籍以爲大政故曰籍氏**皆**

晉姬姓也晉穆侯生桓叔桓叔生韓萬傅晉大夫史記韓世家索隱云系本及左傳舊說皆謂韓萬是曲沃桓叔之子晉語韋昭注桓叔生子萬受韓以爲大夫是爲韓萬傳疑仕上云趙夙仕晉卿大夫是其證**十世而爲韓武侯五世爲**

韓惠王五世而亡國武侯韓世家作武子自武子至宣惠王凡八世漢書地理志云六韓自武子後七世稱侯六世稱王五世而爲秦所滅**襄王之孼孫信俗人謂之**

韓信都史記韓王信傳集解引徐廣曰一云信都索隱以爲出楚漢春秋高祖以信爲韓王孫以信爲韓王後徙王代爲匈奴所攻自降之王先生云自字疑衍或信字之誤漢遣柴將軍擊之斬信於參合信妻子亡入匈奴中至景帝降漢在孝文十四年非景帝時信子頽當及孫赤傳作嬰來降漢封頽當爲弓高侯赤爲襄城侯及韓嫣武帝時爲侍中貴幸無比案道侯韓說前將軍韓曾舊作魯皆顯於漢見史記漢書子孫各隨時帝分陽陵茂陵杜陵謂隨所事帝徙居其陵及漢陽金城諸韓皆其後也信子孫餘留匈奴中軍氏至此舊錯入後軒氏下宋本葢已如此故後紀十所載衞鄭公族往往淆亂者亦常在權寵爲貴臣及留侯張良

韓公族姬姓也秦始皇滅韓良弟死不葬良衍歟散家貲千萬爲韓報讎擊始皇於博浪沙中誤椎副車秦索賊急良乃變姓爲張孫侍御云張當作長張良易姓爲長見高士傳繼培按作張是也史記留侯世家索隱云王符皇甫謐並以良爲韓之公族姬姓也秦索賊急乃改姓名而韓先有張去疾及張譞恐非良之先代也是潛夫本作張矣匿於下邳遇神人黃石公遺之兵法及沛公之起也良往屬焉沛公使與韓信略定韓地立橫陽君城路史發揮五羅璧識遺並引作成與史合爲韓王而拜良爲韓信都見史記留侯世家按世家項梁使良求韓成立以爲韓王以良爲韓申徒與韓王將千餘人西略韓地韓王信傳云張良以韓司徒降下韓故地得信以爲韓將此云沛公使與韓信略地又以其事在拜司徒前並誤信都漢書功臣表又作申都顏師古曰楚漢春秋作信都信

都者舊不重信都据路史識遺補司徒也俗前疑閒禮記檀弓馬鬛封之謂也鄭注俗閒名王制東方曰寄南方曰象西方曰狄鞮北方曰譯鄭注皆俗閒之名亦見論衡訂鬼篇音不正曰信都或曰申徒申舊作司元和姓纂引風俗通云申徒本申屠氏隨音改爲申徒或勝屠史記酷吏傳周陽由爲河東尉時與其守勝屠公爭權相告言罪索隱引風俗通云勝屠卽申屠也然其本共一司徒耳後作傳者不知信都何因彊妄生意以爲此乃代王爲信都也凡桓叔之後有韓氏言氏當作韓言氏元和姓纂引世本云晉韓厥生無忌無忌生襄襄生魯爲韓言氏氏族畧五魯作子魚按無忌襄並見左傳嬰氏當作韓嬰氏元和姓纂云晉韓宣子玄孫韓嬰爲韓嬰氏禍餘氏元和姓纂氏族畧四並引作禍餘氏按當作禍氏餘氏卽韓禍氏韓餘氏廣韻九魚餘氏注云晉卿韓宣子之後有名餘子者奔於齊號韓餘氏古今姓氏書辯證云韓餘世本韓宣子子餘

之後氏焉叉云韓褐英賢傳曰韓厥後韓褐韓餘此稱褐氏餘氏亦猶韓言韓嬰之不言韓也宣二年左傳晉有餘子之官韓氏蓋嘗有爲此官者廣韻名餘子名當是爲世本子餘亦餘子之誤氏族畧引世本正作餘子說苑修文篇有韓褐子

公族氏宣二年左傳云晉成公卽位乃宦卿之嫡子而爲之田以爲公族成十八年傳云韓無忌爲公族大夫襄七年傳云晉侯謂韓無忌仁使掌公族大夫十六年傳云韓襄爲公族大夫杜注無忌

張氏此皆韓後姬姓也昔周宣王亦有韓侯其國也疑當作地**近燕故詩云普彼韓城燕師所完**韓奕普今作溥鄭箋燕安也大矣彼韓國之城乃古平安時衆民之所築完釋文云王肅孫毓並云此燕國**其後韓西亦姓韓爲衛滿所伐遷居海中**案韓西蓋卽朝鮮朝誤爲韓西卽鮮之轉故尚書大傳以西方爲鮮方史記朝鮮傳云朝鮮王滿者故燕人也自始全燕時嘗畧屬眞番朝鮮索隱云按漢書滿姓衛擊破朝鮮王而自

王之畢公高與周同姓封於畢因爲氏史記魏世家周公之薨也高繼職焉書康王之誥畢公率東方諸侯疏引王肅云畢公代周公爲東伯故率東方諸侯其後子孫失守爲庶世魏世家作庶人及畢萬佐晉獻公十六年使趙夙御戎畢萬爲右以滅耿滅魏封萬以上本魏世家世家云趙夙爲御畢萬爲右以伐霍耿魏滅之以耿封趙夙以魏封畢萬此文有脫誤閔元年左傳云滅耿滅霍滅魏賜趙夙耿賜畢萬魏今之河北縣是也漢書地理志河東郡河北詩魏國晉獻公滅之以封大夫畢萬魏顆又氏令狐晉語令狐文子韋昭注魏顆之子魏頡也襄三年左傳疏云世族譜魏顆魏絳俱是魏犨之子顆別爲令狐氏絳爲魏氏唐書宰相世系表云顆以獲秦將杜回功封令狐生文子頡因以爲氏自萬後九世爲魏文侯禮記樂記疏引世本云萬生芒芒生季季生武仲州州生莊子絳絳生獻子荼荼生簡子取取生襄

子多多生桓子駒駒生文侯文侯孫嵤爲魏惠王五世而亡漢書地理志云自畢萬後十世稱侯至孫稱王七世爲秦所滅按魏世家自惠王至王假被虜凡七世畢陽之孫豫讓事智伯智伯國士待之豫讓亦以見知之恩報智伯天下紀其義趙策魏氏史記魏世家云從其國名爲魏氏令狐氏不雨氏葉大夫氏伯夏氏魏強氏元和姓纂云魏武子支孫莊子快生強爲魏強氏豫氏皆畢氏本姬姓也周厲王之子友封於鄭史記鄭世家鄭恭叔之後隱元年左傳公叔段杜注段出奔共故曰共叔猶晉侯在鄂謂之鄂侯疏云賈服以共爲謚此作恭叔謚與賈服同爲公文氏文當作父莊十六年左傳公父定叔杜注共叔段之孫軒氏左傳鄭穆公子喜子罕其後爲罕氏軒與罕通昭元年左傳罕虎公羊傳作軒虎駟氏左傳鄭穆公子騑子駟其後爲駟氏豐氏舊脫氏字左傳

鄭穆公子子豐其後爲豐氏世族譜云子豐公子平**游氏**游舊作將左傳鄭穆公子偃子游其後爲游**國氏**左傳鄭穆公子發子國其後爲國氏**然氏**左傳鄭穆公子子然其後爲然氏昭四年有然丹**孔氏**左傳鄭穆公子嘉子孔其後爲孔氏**羽氏**左傳鄭穆公子子羽其後爲羽氏襄卅年有羽頡世族譜云子羽名翬**良氏**左傳鄭穆公子去疾子良其後爲良氏**大季氏**元和姓纂引世本云鄭穆公生大季子孔志父之後按襄十九年左傳士子孔杜注子良父世族譜志父作公子志以大季爲子良名與世本異**十族之祖穆公之子也各以字爲姓及伯有氏**襄廿九年左傳鄭大夫盟於伯有氏亦見卅年傳伯有即子良孫良霄字**馬師氏**昭七年左傳云馬師氏與子皮氏有惡杜注馬師氏公孫鉏之子罕朔也襄三十年馬師頡出奔公孫鉏代之爲馬師與子皮俱同一族**褚師氏**昭二年左傳鄭公孫黑請以子印爲褚師杜注褚師市官**皆鄭姬姓也太伯君吳端垂衣裳**王先生云垂疑委

以治周禮仲雍嗣立斷髮文身倮以為飾哀七年左傳倮今作嬴武王克殷分封其後於吳令大賜北吳漢書地理志云太伯卒仲雍立至曾孫周章而武王克殷因而封之又封周章弟中於河北是謂北吳後世謂之虞季札居延州來故氏延陵季子史記吳世家云季札封於延陵故號曰延陵季子禮記檀弓延陵季子適齊鄭注季子讓國居延陵因號焉春秋傳謂延陵延州來昭廿七年左傳吳子使延州來季子聘於上國杜注季子本封延陵後復封州來故曰延州來按此以延陵即延州來與鄭說同闔閭之弟夫槩王奔楚堂谿因以為氏定五年左傳此皆姬姓也鄭大夫有馮簡子襄卅一年左傳後韓有馮亭為上黨守嫁禍於趙以致長平之變史記趙世家秦有將軍馮劫與李斯俱誅史記秦始皇紀漢興二字舊脫據漢書馮奉世傳補此言馮氏俱本

奉世傳有馮唐與文帝論將帥史記後有馮奉世上黨人也位至將軍女爲元帝昭儀因家於京師漢書其孫衍當云曾孫字敬通篤學重義諸儒號之曰德行雍雍馮敬通著書數十篇孝章皇帝愛重其文後漢書按傳云子豹字仲文長好儒學鄉里爲之語曰道德彬彬馮仲文而不載敬通之號晉大夫郇息事獻公左傳郇作荀廣韻十八諄荀字注云荀姓本姓郇後去邑爲荀後世將中軍故氏中行文十三年左傳中行桓子杜注荀林父也僖二十八年始將中行故以爲氏史記趙世家索隱引世本云晉大夫逝遨生桓伯林父食采於智下當云故氏智宣十二年左傳知莊子杜注莊子荀首智與知同趙世家索隱引世本云逝遨生莊子首智果諫智伯而不見聽乃別族於太史爲輔氏晉語晉大夫孫伯黶實司典籍故

姓籍氏辛有二子董之故氏董氏昭十五年左傳詩頌宣王始有張仲孝友六月至春秋時宋有張白蔑矣白當作句張句見昭廿一年左傳史記建元以來王子侯表距陽侯劉白漢表作句誤與此同蔑字衍與下行滅字相並誤而惟晉張侯成二年左傳卽解張張老成十八年左傳實爲大家張孟談相趙襄子以滅智伯遂逃功賞耕於肎山趙策肎山作負親之邱後魏有張儀張丑魏策至漢張姓滋多常山王張耳梁人丞相張蒼陽武人也並見史記東陽侯張相如史記文帝紀十四年御史大夫張湯漢書張湯傳贊云馮商稱張湯之先與留侯同祖而司馬遷不言故闕焉增定律令以防姦惡有利於民又好薦賢達士故受福祜疑祜詩信南山桑扈下武並云受天之祜鄭箋祜福也漢書揚雄傳長楊賦云

受神人之福祐子安世漢書附湯傳為車騎將軍封富平侯敦仁儉約矜遂權當作務遂權漢書稱其欲匿名迹遠權勢按史記貨殖傳微重而矜節徐廣曰矜一作務此務矜相涉之證而好陰德按漢書張湯傳贊云湯雖酷烈及身蒙咎其推賢揚善固宜有後安世履道滿而不溢賀之陰德亦有助云賀安世兄也陰德謂賀為掖庭令時視養宣帝有恩此以好陰德屬安世蕃誤是以子孫昌熾世有賢胥更封武始遭王莽亂享國不絕按漢書云安世五世孫純嗣侯恭儉自修王莽時不失爵建武中更封富平之別鄉為武始侯此敘封武始於王莽前誤也家凡四公世著忠孝行義湯為御史大夫安世為大司馬純為大司空純子奮亦為司空見後漢書純傳前有丞相張禹漢書御史大夫張忠漢書成帝紀陽朔二年後有太尉張酺汝南人太傅張禹趙國人並見後漢書前後謂東西京也司邑閭

里司邑謂司隸所部邑無不有張者河東解邑有張城有西張城漢書曹參傳云別與韓信東攻魏將孫遬東張蘇林注東張屬河東水經涑水篇又南過解縣東又西南注於張陽池注云又西南逕張陽城竹書紀年齊師逐鄭太子齒奔張城南鄭者也漢書之所謂東張矣豈晉張之祖所出耶偃姓舒庸舒鳩舒龍舒共止龍鄜潞參會六院蓼高國偃姓舒庸舒鳩舒龍舒共舊作偃姓舒唐鳩舒龍舒其据後紀七注引改文出世本見文十二年左傳疏後紀止下無龍字按止龍當為舒鮑左傳疏引世本有舒鮑此下列鮑姓在鄜上可證其世本作龔又別有舒蓼參疑即蓼之譌潞後紀作謠按當為繇後漢書邘惲傳有西部督郵繇延章懷注繇姓咎繇之後院後紀作院當為皖漢書地理志廬江郡皖縣在舒與龍舒之後國名紀二引地記皖偃姓皐陶後白與自偏旁形近之譌高當為鬲即漢志平原郡之鬲國名紀引郡國縣道記云古鬲國偃姓皐陶後漢為縣亦見紀國名紀六蓼後紀作桊王侍郎云疑是裴廣韻

十五灰裴字注云裴姓伯益之後封於蜚鄉因以爲氏後徙封解邑乃去邑从衣

慶姓樊尹

駱曼姓鄧優曼舊作嫚桓七年左傳疏引世本云鄧爲曼姓九年傳鄧南鄙鄾人此作優當誤

歸姓胡有何國名紀六云世本胡子國歸姓又云有本一作湑

葴姓滑齊後紀五國名紀一葴作箴齊作濟

掎姓棲疏掎後紀十四寒浞傳注國名紀六作猗按上云黃帝之子有葴氏拘氏此在葴姓下疑掎即拘之誤

御姓署番湯鬼姓饒攘剎剎舊作殺据前紀三國名紀六改國名紀剎一作利

隗姓赤狄周語富辰曰狄隗姓也韋昭注隗姓赤狄也

姮姓白狄昭十二年穀梁傳范甯注鮮虞姬姓白狄也疏云世本文此姮字疑姬之誤

此皆大吉之姓孫侍御云大吉疑太古

齊有鮑叔世爲卿大夫見左傳接齊語韋昭注云鮑叔姒姓之後

晉有鮑癸宣十二年左傳

漢有鮑宣累世忠直漢名臣宣見漢書宣子永永子昱見後漢書漢名臣上當脫爲字

漢

酈生為使者弟商為將軍（史記酈食其傳）今高陽諸酈為著姓昔仲山甫亦姓樊諡穆仲（見周語按後漢書樊宏傳云其先周仲山甫封於樊因為氏焉）封於南陽南陽者在今河內（續漢書郡國志河內郡修武故南陽秦始皇更名有南陽城陽樊攢茅田劉昭注引服虔曰樊仲山之所居故名陽樊）後有樊傾子（昭廿二年左傳傾作頃）曼姓封於鄧後因（舊作田）氏焉南陽鄧縣上蔡北有古鄧城新蔡北有古鄧城（按漢書地理志南陽郡鄧注故國汝南郡上蔡注故蔡國新蔡注蔡平侯自蔡徙此春秋桓二年蔡侯鄭伯會於鄧杜注潁川召陵縣西南有鄧城疏云賈服以鄧為國言蔡鄭會於鄧之國都釋例以此潁川鄧城為蔡地以鄧是小國去蔡路遠蔡鄭不宜遠會其都昭十三年左傳蔡公召二子而盟於鄧杜注亦云潁川召陵縣西南有鄧城召陵漢屬汝南杜云潁川據當時言之按漢志及左傳注鄧縣是鄧國其上蔡新蔡之鄧城即在召

陵西南者乃蔡地此合二地爲一蓋誤春秋時楚文王滅鄧莊六年左傳至
漢有鄧通史記佞幸傳鄧廣廣下脫漢字鄧廣漢霍光女壻見漢書霍光傳及宣帝紀
地節四年後漢新野鄧舊脫禹以佐命元功封高密侯後漢書
孫太后口程本作天性慈仁嚴明約勅諸家莫得權京師
淸淨若無貴戚勤思憂民晝夜不怠是以遭羌兵叛
大水饑匱舊作饋而能復之整平豐穰後漢書和熹鄧皇后紀太
后崩後羣姦相參競加譖潤論語云浸潤之譖破壞鄧氏天
下痛之續漢書五行志云安帝不能明察信宮人及阿毋聖等讒言破壞鄧太后家事詳後漢書
鄧騭傳魯昭公毋家姓歸氏襄卅一年左傳漢有隗囂季孟後漢
書短卽犬戎氏其先本出黃帝短當爲姮上云姮姓白狄是也山海經大

荒北經云黃帝生苗龍苗龍生融吾融吾生
弄明弄明生白犬白犬有牝牡是爲犬戎　及徐氏
蕭氏索氏長勺氏陶氏繁氏騎氏飢氏樊氏荼氏皆
殷氏舊姓也　定四年左傳騎作錡荼作終葵又有條
氏尾勺氏施氏殷氏傳作殷民按續漢
書五行志注載杜林疏亦作殷氏漢書高惠高
后文功臣表序杜業云湯法三聖殷氏太平　漢興
相國蕭何封鄼侯本沛人　漢書按廣韻三蕭蕭字注
引風俗通云宋樂叔以討
南宮萬立御說之功受封於蕭例附
庸之國漢相國蕭何即其後氏也　今長陵蕭其後
也前將軍蕭望之東海杜陵蕭其後也　漢書蕭望之
傳云東海蘭
陵人徙杜陵廣韻蕭字注云本自宋支子食采於蕭
後因爲氏漢侍中蕭彪始居蘭陵彪玄孫望之居杜
陵望之孫紹
復還蘭陵　御史大夫有繁延壽南郡襄陽人也　郡
舊
作陵漢書百官公卿表初元三年丞相司直南郡李
延壽子惠爲執金吾建昭二年爲衛尉三年爲御史

大夫一姓繫按馮奉世後野王傳作李谷永陳湯蕭望之傳作繫杜陵新豐繫其後也周氏邵氏畢氏榮氏單氏尹氏鐳氏富氏鞏氏萇氏並見左傳鐳舊作鍢按鐳與劉同宣十年天王使王季子來聘傳稱劉康公杜注王季子其後食采於劉襄十五年公羊傳云劉夏者何天子之大夫也劉者何邑也其稱劉何以邑氏也此皆周室之世公卿家也周召者周公召公之庶子食二公之采以爲王吏故世有周公召公不絕也鄭康成詩譜云文王受命作邑於豐乃分岐邦周召之地爲周公旦召公奭之采地周公封魯死謚曰文公召公封燕死謚曰康公元子世之其次子亦世守采地在王官春秋時周公召公是也詩疏云平王以西都賜秦則春秋時周公召公別於東都受采存本周召之名也非復岐周之地晉書地道記云河東東郡垣縣有召亭周則未聞按隱六年左傳周桓公杜注周采地扶風雍縣東北有周城僖廿四年傳召穆公杜注召采地扶風雍

縣東南有召亭水經注渭水篇云雍水又東逕召亭南亭故召公之采邑也京相璠曰亭在周城南五十里此西都時周召采邑之可考者也王吏舊作主吏據程本改昭卅年左傳王吏不討周語其貴國之賓至則以班加一等益虔至於王吏則皆官正莅事皆王吏之證尹者本官名也毛詩崧高序鄭箋尹吉甫周之卿士也尹官氏元和姓纂引風俗通云師尹三公官也以官爲姓若宋有太師師當作宰左傳宋有太宰無太師楚有令尹左尹矣並見左傳尹吉甫相宣王者大功績者疑當作著或有字之誤詩云尹氏太師維周之底也節南山底今作氐單穆公襄公頃舊作廎公靖公世有明德次聖之才王先生云次疑欲之誤故叔嚮美之以後必繁昌並見周語按穆公爲靖公曾孫此列於襄公上誤也苦成舊作城據元和姓纂氏族畧五國名紀五引改左傳魯語晉語並作苦成城名也在鹽池東北漢書地理志河東郡

安邑注鹽池在西南後人書之或爲枯苦枯古通用儀禮士虞禮鉶用芼苦鄭注古文苦爲枯齊人聞其音則書之曰庫成舊作車一字按氏族畧五引風俗通云苦成方言音變爲庫成後紀十有庫成燉煌見其字呼之曰車成舊作城按廣韻九麻車字注云世本有車成氏十四清成字注云晉戊己校尉燉煌車成將古成氏之後後紀十有車成吳語越大夫苦成春秋繁露對膠西王問篇作車成亦苦車音近之證其在漢陽者不喜枯苦之字則更書之曰古成氏成舊作城按下云或分爲古氏成氏氏族畧五引風俗通云古成苦成之後隨音改焉後紀十有古成廣韻十四清成字注云漢有廣漢太守古成雲古音枯堂谿谿谷名也在汝南西平西平當作吳房漢書地理志汝南郡吳房孟康曰本房子國楚靈王遷房於楚吳王闔閭弟夫槩奔楚楚封於此爲堂谿氏以封吳故曰吳房今吳房城堂谿亭是禹字子啓者啓開之字也文有脫誤漢書景帝

紀注荀悅曰諱啓之字曰開閔元年左傳疏云漢景帝諱啓啓開因是而亂前人書堂谿
誤作啓後人變之則又作開古漆雕開公治長並見論語
前人書雕從易消作周消舊作洎按說文云消少減也書治復誤作
蠱舊作書治漢誤作蠹按蠱治古字通史記貨殖傳作巧姦治徐廣曰一作蠱後漢書馬融傳田開古
蠱章懷注蠱音治晏子春秋曰公孫捷用開疆古治子事景公以勇蠱與治通後人又傳與轉
同作古或復分爲古氏成氏堂舊作常氏開氏公氏治
氏漆氏漆舊作粱按廣韻五質漆俗作柒柒粱形近之誤周氏此數氏者皆
本同末異凡姓之離合變分固多此類可以一況難
勝載也易曰君子以類族辯物同人象詞辯敘錄作變本書辯多爲變此
蓋後人據王易改之多識前言往行以蓄其德見讀學篇彼文識作志蓄作畜

學以聚之問以辯之乾文言故畧觀世記采經書漢書元帝紀初元二年詔云道以經書依國土及有明文以贊賢聖之後漢書敍傳云總百氏贊篇章顏師古注贊明也班也族類之祖言氏姓之出序此假意二篇以貽後賢今之焉也按今之焉三字有誤今或是合此二語與前畧紀顯者以待士合把損意指相同淮南子修務訓云通士者不必孔墨之類曉然意有所通於物故作書以喻意以爲知者也假意蓋即喻意之義

潛夫論卷第九終

潛夫論卷第十

蕭山汪繼培箋

敍錄第三十六

夫生於當世貴能成大功太上有立德其下有立言襄廿四年左傳闒茸而不才史記賈誼傳云闒茸尊顯隱引胡廣云闒茸不才之人先疑无器能當官文十年左傳云當官而行未嘗服斯役新書官人篇云王者官人有六等六曰廝役斯廝古今字哀二年左傳人臣隸圉免杜注去廝役釋文廝字又作斯引韋昭注漢書云析薪曰廝按詩墓門有棘斧以斯之毛傳斯析也說文無廝字依義當作斯宣十二年公羊傳廝役扈養新序雜事四亦作斯役漢書食貨志云服役者不下二人顏師古注服事也無所效其勳中心時有感援筆紀數文初學記廿一引尚書中候云元龜負圖出周公援筆

以時文寫之字以綴愚情財令不忽忘財與纔同說文云忽忘也忘不識也二字連文漢書翟方進傳陳慶云前我爲尙書時嘗有所奏事忽忘之留月餘芻蕘雖微陋先聖亦咨詢詩板云先民有言詢于芻蕘按漢書藝文志論小說家云閭里小知者之所及亦使綴而不忘如或一言可采此亦芻蕘狂夫之議也此文本於彼草創論語云裨諶草創之敘先賢三十六篇先賢二文字疑誤以繼前訓周語云咨之前訓左邱明五經白虎通五經篇云五經何謂易尙書詩禮春秋也左傳序疏沈氏云嚴氏春秋引觀周篇云孔子將修春秋與左邱明乘如周觀書於周史歸而修春秋之經邱明爲之傳共爲表裏漢書藝文志注左邱明魯太史按草創下數語疑有脫誤先聖遺業莫大教訓博學多識疑則思問論語凡經書已注本篇者此不重出智明所成德義所建夫子好學誨人不倦論語

故敘讚學第一

凡士之學貴本賤末大人不華君子務實文五年左傳云華而不實怨之所聚也禮雖媒紹儀禮聘禮云士爲紹擯必載於贊孟子云出疆必載質贄與質同白虎通文質篇云贄者質也質已之誠致已之悃愊也時俗趨末懼毀術句脫一字程本作行術

故敘務本第二

人皆智德苦爲利昏史記平原君傳論云鄙語曰利令智昏說苑貴德篇云凡人之性莫不欲善其德然而不能爲善德者利敗之也行汙求榮漢書楚元王傳劉向封事云行汙而寄治身私而託公戴盆望天漢書司馬遷傳答任安書云僕以爲戴盆何以望天後漢書第五倫傳云戴盆望天事不兩施爲仁不富爲富不仁孟子將修德行必慎其原

故敘遏利第三

世不識論以士卒化字誤王侍郎云卒化當作族位論榮篇云今觀俗士之論也以族舉德以位命賢下文又以族位對文是其證弗問志行官爵是紀不義富貴仲尼所恥論語傷俗陵遲荀子宥坐篇云世之陵遲亦久矣漢書于定國傳云俗化陵夷顏師古注言穨替也陵夷與陵遲同說文作夌屖遂遠聖述述字誤故敘

論榮第四

惟賢所苦方言云惟凡思也察妒所患皆嫉過己以爲深怨燕策云我有深怨積怒於齊而欲報之或因纇釁舊作類釁淮南子氾論訓云夏后氏之璜不能無考明月之珠不能無纇高誘注考瑕釁也纇磐若絲之結纇也或空造端漢書楚元王後劉向傳元帝詔云俗人乃造端作基非議詆欺痛君不察而信讒言詩河水云讒言其興毛傳疾王不能察讒也青蠅云無信讒言故敘賢難第五

原明所起，迷暗所生，距諫所敗史記殷本紀云知足以拒諫距與拒通禍亂所成，當塗之人咸舊作成欲專君治要載申子大體篇云一臣專君羣臣皆蔽晏子春秋諫下云臣專其君謂之不忠壅蔽賢士以擅主權管子明法解云臣有擅主者則主令不得行而下情不上通故敍明暗第六

上覽先王所以致太平太字衍本篇致平凡四見法言寡見篇云因秦之法清而行之亦可以致平乎漢書王莽傳輔翼於帝期於致平顏師古注致太平後漢紀明帝紀宋均曰治皆致平乎後漢書崔駰後實傳政論云以嚴致平非以寬致平也馬融傳廣成頌云致平於仁義之淵中論審大臣篇云其術誠合乎致平之道又云治國致平之術皆其證考績黜陟著在五經罰賞之實不以虛名明豫德音豫疑當作務昭四年左傳云先王務修德音焉問揚庭易夬揚于王庭故敍考績第七

人君選士咸求賢能羣舊作君司貢薦兢進下材史記儒林傳云郎有秀才異等輒以名聞其不事學若下材及不能通一藝輒罷之漢書王嘉傳云下材懷危內顧懀是掊克詩蕩懀今作曾何官能治買藥得鴈廣韻三十諫贗僞物鴈贗古今字韓非子說林下云齊伐魯索讒鼎魯以其鴈往齊人曰鴈也魯人曰眞也難以爲醫

故敍思賢第八

原本天人參連相因春秋繁露王道通三篇云古之造文者三畫而連其中謂之王三畫者天地與人也而連其中者通其道也取天地與人之中以爲貫而參通之非王者孰能當致和平機毛詩芣苢序云和平則婦人樂有子矣鄭箋天下和政教平也史記秦始皇紀琅邪臺刻石辭云天下和平述當作術在於君奉法選賢國自我身淮南子泰族訓云身者國之本也蠹門竊位注見賢難篇將誰督察失韻故敍本

政第九

覽觀古今爰暨書傳漢書成帝紀贊云博覽古今異姓諸侯王表序云書傳所記未嘗有焉律歷志云稽之於古今考之於經傳君皆欲治臣恒樂亂忠佞溷淆漢書董仲舒傳云賢不肖渾殽顏師古注渾殽雜也渾殽與溷淆同五行志又作溷肴各以類進常苦不明而信姦論漢書京房傳云房嘗宴見問上曰幽厲之君何以危所任者何人也上曰君不明而所任者巧佞故敘潛歎第十

夫位以德興德貴忠立社稷所賴安危是繫非夫讜直貞亮仁慈惠和文十八年左傳云宣慈惠和事君如天宣四年左傳云君天也視民如子注見救邊篇則莫保爵位而全令名故敘忠貴第十一

先王理財禁民爲非易繫辭下傳洪範憂民漢書食貨志云洪範八政一曰食二曰貨二者生民之本詩刺末資詩板云喪亂蔑資毛傳蔑無資財也鄭箋云其遭喪禍又素以賦歛空虛無財貨以共其事窮困如此說苑政理篇又云相亂蔑資曾莫惠我師此傷奢侈不節以爲亂者也末資卽蔑資蔑末古通用漢書韋立成傳云於蔑小子卽書顧命眇眇予末小子也浮僞者衆本農必衰節以制度如何弗議故敍浮侈第十二

積微傷行懷安敗名僖廿三年左傳云懷與安實敗名明莫恣欲明莫猶言晨昏或明爲朝之壞而無悛容襄八年左傳云亦無悛容足以悛諫僖十五年左傳云悛諫違卜聞善不從微安召辱終必有凶故敍愼微第十三

明主思臣勞精賢知漢書匡衡傳云身體勞心以求賢爲務韓非子難二桓公曰吾
聞君人者勞於索人佚於使人勞精注見愼微篇百寮阿黨禮記月令云是察阿黨不
覈眞僞苟崇虛譽舊作舉虛學士改以相誑曜居官任職史記
汲黯傳莊助曰使黯任職居官無以踰人則無功效漢書朱博傳云分職授政以考功效翟方
進傳云陳咸內自知行辟亡功效故敘實貢第十四
聖人養賢以及萬民先王之制皆足代耕增爵損祿
必程以傾逸周書史記解云昔有畢程氏損祿增爵羣臣貌匱比而戾民畢程氏以亡畢必古
字通先益吏俸乃可致平故敘班祿第十五
君憂臣勞越語范蠡曰爲人臣者君憂臣勞古今通義漢書董仲舒傳云天地之
常經古今之通義上思致平下宜竭惠惠疑慮之誤考績篇云羣臣所當盡情竭

虞稱君詔也貞良信士咸痛數赦姦宄繁興但以赦故乃
敍述赦第十六前後文俱云故敍此作乃變文使與上相避
先王御世兼秉威德賞有建侯罰有刑渥賞重禁嚴
二字舊例臣乃敬職將修太平必循此法循舊作媚按考續篇云世主不
循考功而思太平今據改故敍三式第十七
民爲國基穀爲民命管子山權數篇云穀者民之司命也初學記卅七引范子計然
云五穀者萬民之命國之重寶日力不暇穀何由盛公卿師尹卒勞
百姓詩節南山輕奪民時誠可憤諍故敍愛日第十八
觀吏所治鬭訟居多原禍所起詐欺所爲將絕其末
必塞其原民無欺詒世乃平安論衡宣漢篇云聖主治世期於平安故

敍斷訟第十九

五帝三王優劣有情白虎通號篇云德合天地者稱帝仁義合者稱王別優劣也後漢書曹褒傳肅宗元和二年詔云三五步驟優劣殊軌章懷注引孝經鈎命決云三皇步五帝驟三王馳雖欲超皇當先致平白虎通云號之爲皇者煌煌人莫違也煩一夫擾一士以勞天下不爲皇也不擾匹夫匹婦故爲皇必世後仁論語仲尼之經遭衰姦牧

得不用刑故敍衰制第二十

聖王憂勤毛詩魚麗序云始於憂勤終於逸樂漢書司馬相如傳云王者固未有不始於憂勤而終於佚樂者也選練將帥史記趙世家云選練舉賢任官使能授以鈇鉞淮南子兵略訓云凡國有難君自宮召將詔之將軍受命卜吉日以受鼓旗君入廟門西面而立將入廟門趨至堂下北面而立主親操鉞持頭授將軍其柄曰從此上至天者將軍制之復操斧持頭授將軍其柄曰

從此下至淵者將軍制之鈇與斧同假以權貴誠多蔽暗不識變勢賞罰不明安得不敗故敘勸將第二十一

蠻夷猾夏志氏姓篇猾作滑古今所患堯舜憂民孟子云聖人之憂民如此皐陶御叛御舊作衙按御與禦同宣王中興毛詩序云烝民尹吉甫美宣王也任賢使能周室中興焉南仲征邊詩常武今民日死如何弗蓄詩崧高云四國于蕃鄭箋四國有難則往扞禦之爲之蕃屏哀十六年左傳子西曰吾聞勝也信而勇不爲不利舍諸邊竟使衛蕃焉杜注使爲蕃屏之衛蓄與蕃通故敘救邊第二十二

凡民之情與君殊戾不能遠慮論語云人無遠慮各取一制各舊作督按本篇云各取一闕今據改苟挾舊作扶私議管子法法篇云明君在上位民毋敢立私議自貴者以爲國計宜尋其言以詰所謂漢書賈誼傳云聽言

之道必以其事觀之，則言者莫敢妄言。故敘邊議第二十三

邊既遠門（王先生云：門疑闕。繼培按：作闕是也。本篇云：小民謹劣，不能自達闕廷。後漢書南蠻板楯蠻夷傳云：雖陳冤州郡，而牧守不爲通理，闕庭悠遠，不能自聞。亦一證。）太守擅權，臺閣不察（後漢書仲長統傳昌言法誡篇云：光武皇帝矯枉過直，政不任下，雖置三公，事歸臺閣。章懷注：臺閣謂尚書也。），信其姦言，令壞（舊作今懷）郡縣，毆民內遷。今又巨荒，慮必生心（王先生云：必疑戎之誤。莊廿八年左傳云：戎之生心。），故敘實邊第二十四

天生神物，聖人則之（易繫辭下傳）。蓍龜卜筮，以定嫌疑（禮記曲禮云：卜筮者，先聖王之所以使民決嫌疑、定猶與也。）。俗工淺源，莫盡其才，自大非賢（句有誤字），何足信哉？故敘卜列第二十五

易有史巫巽九二詩有工祝楚茨聖人先成民後致力桓六年左傳云聖王先成民而後致力於神兆黎勸樂王侍郎云孟子而民歡樂之音義歡樂本亦作勸樂臧氏玉琳經義雜記引左氏昭九年注疏謂晉唐時本皆作勸樂又引中庸子庶民則百姓勸及漢書王莽傳注以證歡爲勸之誤今按靈臺篇不日成之鄭箋云言說文王之德勸其事忘巳勞也綿篇鼛鼓弗勝毛傳云言勸事樂功也孔疏云是其勸樂之甚也勸事樂功卽解勸勸樂之義神乃授福桓六年左傳云民和而神降之福孔子不祈以明在德卽本篇子路請禱事也禮記禮器云君子曰祭祀不祈鄭注祈求也祭祀不爲求福也詩云自求多福福由已耳在孔子曰我戰則克祭則受福之後古本或有君子作孔子者

故敍巫列第二十六

五行八卦陰陽所生稟氣薄厚以著其形論衡無形篇云人稟氣於天氣成而形立天題厥象詩麟之趾疏引中候握河記云帝軒題象麒麟在圖後漢書曹

褒傳章懷注引帝命驗曰順堯考德題期立象宋均注云題五德之期立將起之象題象蓋用彼文人實奉成白虎通三正篇云王者當奉順而成之弗修其行福祿不臻故

敘相列第二十七

詩稱吉夢斯干書傳亦多觀察行事占驗不虛福從善來禍由德痛爾雅釋詁云痛病也吉凶之應與行相須說苑敬慎篇老子曰人為善者天報以福人為不善者天報以禍新書大政上篇云行之善也粹以為福已矣行之惡也粹以為菑已矣故受天之福者天不功焉被天之菑則亦無怨天矣行自為取之也故敘夢列

第二十八

論難橫發介道不通後進疑惑不知所從論語云後進於禮樂何晏注先進後進謂士先後輩也漢書游俠陳遵傳云為後進冠馮奉世傳杜欽疏云臣聞功同賞異則

勞臣疑罪鈞刑殊則百姓惑疑生亡常惑生不知所從亡常則節趨不立不知所從則百姓亡所錯手足

自昔庚子而有責舊作貴云予豈好辯孟子將以明眞故

敍釋難第二十九

朋友之際義存六紀白虎通三綱六紀篇云六紀者謂諸父兄弟族人諸舅師長朋友也攝以威儀詩既醉講習王道易兌象曰君子以朋友講習漢書揚雄傳長楊賦云士有不談王道者則樵夫笑之又法言吾子篇序云降周迄孔成於王道顏師古注言自周公以降至於孔子設教垂法皆帝王之道或云王當爲至善其久要貴賤不改今民遷久論語云民散久矣遷散同義周語云猶有散遷懈慢而著在刑辟流在裔土莫之能奉當作矣與上韻協故敍交際第三十

君有美稱臣有令名二人同心所願乃成寶權神術

勿示下情勿舊作勾按韓非子二柄篇云人主不掩其情不匿其端而使人臣有緣以侵其主難三云術者藏之於胷中以偶衆端而潛御羣臣者也主道篇云君無見其所欲君見其所欲臣將自雕琢君無見其意君見其意臣將自表異皆勿示下情之義治勢一定終莫能傾故

敘明忠第三十一

人天情通氣感相和善惡相徵異端變化淮南子泰族訓云聖人者懷天心聲然能動化天下者也故精誠感於內形氣動於天則景星見黃龍下祥鳳至醴泉出嘉穀生河不滿溢海不溶波逆天暴物則日月薄蝕五星失行四時干乖晝冥宵光山崩川涸冬雷夏霜天之與人有以相通也聖人運之若御舟車作民精神莫能疑不含嘉故敘本訓第三十二

明王統治莫大身化管子權修篇云身者治之本也君臣上篇云身立而民化淮南

子主術訓云人主之立法先自爲檢式儀表故令行於天下孔子曰其身正不令而行其身不正雖令不從故禁勝於身則令行於民矣道應訓詹何曰臣未嘗聞身治而國亂者也未嘗聞身亂而國治者也

道德爲本仁義爲佐淮南子覽冥訓云持以道德輔以仁義說苑說叢篇云萬物得其本者生百事得其道者成道之所在天下歸之德之所在天下貴之仁之所在天下愛之義之所在天下畏之思心順政責民務廣四海治焉何有消長故敘

德化第三十三

上觀大古五行之運洛之詩書考之前訓周語云必問於遺訓而咨於故實後漢書胡廣傳云必議之於前訓咨之於故老氣終度盡後代復進雖未必正可依傳問問當作聞哀十四年公羊傳云所傳聞異辭白虎通禮樂篇云聖人之道猶有文質所以擬其說述所聞者亦各傳其所受而已故敘五德志第三

十四

君子多識前言往行類族變物古有斯姓博見同□

□□□□□□□□□□□故敘志氏姓第三十

五

潛夫論卷第十終

湖海樓雕本